金毓黻等 編

文溯閣四庫全書提要

六 附録

中華書局

本册目録

欽定四庫全書書名索引……四〇七一
文溯閣四庫全書提要與總目異同表……四一六五
聚珍版本提要與四庫本提要異同表……四二二一
插圖……四二三三
文溯閣全景……四二三三
文溯閣全景平面圖……四二三四
文溯閣扁額　御製文溯閣記碑亭……四二三五
文溯閣舊書庫内書架之一部留影……四二三六
文溯閣新建書庫外景……四二三七
文溯閣新建書庫内部書架之一部……四二三八
書影彩插

文溯閣四庫全書要略……四二三九
一 全書概略……四二三九
二 本閣沿革……四二四五
三 印行原本提要……四二四九
四 附錄……四二五一
附錄一 御製文溯閣記……四二五三
附錄二 文溯閣四庫全書運復記……四二五五
附錄三 文溯閣全書函架册數表……四二五八
附錄四 文溯閣四庫全書舊書庫書架配置圖（褶頁）
附錄五 文溯閣四庫全書新書庫書架配置圖（褶頁）
附錄六 文溯閣四庫全書抄補書名表……四二六三
附錄七 簡明目錄著錄文溯閣四庫全書無書書名表……四二六五
附錄八 文溯閣四庫全書重複及缺佚書名表……四二六七
附錄九 文溯閣四庫全書缺佚提要書名表……四二六七
文溯閣四庫全書書名索引……四二六九
文溯閣四庫全書書名索引檢字說明

欽定四庫全書書名索引

書名	卷 葉
一畫	
一山文集	一〇〇●一〇
一峯集	一〇三●一
二畫	
二老堂詩話	一一一●一六
二希堂文集	一〇五●一八
二妙集	一〇八●二
二皇甫集	一〇六●九
二家宮詞	一〇九●二六
二家詩選	一一〇●八
二程子鈔釋	五一●九
二程文集	一〇六●一九
二程外書	五〇●四
二程粹言	五〇●四
二程遺書	五〇●三
二薇亭集	九四●三
七政推步	五八●五
七國考	四四●七
七頌堂識小錄	七一●五
七經小傳	二〇●三
七經孟子考文補遺	二〇●一一
丁卯集	八三●七
丁鶴年集見鶴年詩集	
十一經問對	二〇●八
十七史纂古今通要見史纂通要	
十三經注疏正字	二〇●一六
十三經義疑	二〇●一三
十六國春秋（別本）	三七●五
十六國春秋	三七●四
十五家詞	一一四●一四
十先生奧論註	一〇七●一九
十國春秋	三七●一三
卜法詳考	六一●八
八白易傳見葉八白易傳	

八旬萬壽盛典
八面鋒 七三●一四
八旗通志初集
八旗滿洲氏族通譜 三五●八
入蜀記 三五●一六
人臣儆心錄 四三●一三
人物志 六五●七
人倫大統賦 六一●一七
人譜 五一●一三
九家集註杜詩 八一●八
九章算術 五九●一
九章錄要 五九●一五
九朝編年備要 二九●一六
九華詩集 九七●二一
九華集 九二●七
九經三傳沿革例（刋正） 二〇●五
九經古義 二〇●一四
九經字樣 二五●七
九經直音見明本排字九經直音
九經補韻 二六●七
九經誤字 二〇●二二
九經辨字瀆蒙 二〇●一八
九靈山房集 一〇〇●一五
了翁易說 二●五

三畫

三正考 一八●一五
三史國語解見遼金元三史國語解
三因極一病證方論 五六●二一
三合切音清文鑑 二五●二〇
三吳水考 四〇●八
三吳水利錄 四〇●六
三事忠告 四三●一二
三易洞璣 六〇●一一
三易備遺 三●二二
三命指迷賦補註 六一●一三
三命通會 六一●一五
三家宮詞 一〇九●二六
三家詩拾遺 一〇●一九
三畧直解 五三●四

三國史辨誤 二七●二一
三國志文類 一〇七●一八
三國志 二七●一〇
三國志補註 二七●二一
三國雜事 四八●四
三魚堂文集 一〇五●一七
三魚堂賸言 五二●六
三朝北盟會編 三〇●二
三華集 一〇九●四
三楚新錄 三七●九
三傳折諸 一八●八
三傳辨疑 一七●三
三輔黃圖 三九●一
三餘集 八八●一八
三劉家集 一〇六●一九
三禮圖 一四●二
三禮圖集注 一四●一
三體唐詩 一〇七●一四
干祿字書 二五●五
于忠肅集見忠肅集
于清端政書 一〇五●一〇
于湖詞 一一三●一八
于湖集 九〇●一七
土官底簿 四三●七
士翼 五一●七
才調集 一〇六●一一
大全集 一〇一●一七
大事記 二九●一五
大事記講義見宋大事記講義
大事記續編 二九●二三
大易通解 六●一一
大易集義粹言 六●一三
大易象數鉤深圖 四●七
大易粹言 三●一一
大易緝說 四●五
大易擇言 六●二三
大金弔伐錄 三二●一〇
大金國志 三一●八
大金集禮 四五●四
大金德運圖說 四五●四

大衍索隱 六〇•一〇
大唐西域記 四二•三
大唐開元禮 四五•一
大唐創業起居注見唐創業起居注
大唐新語見唐新語
大唐傳載 七四•六
大清一統志 三九•六
大清律例 四五•一九
大清通禮 四五•一〇
大清會典 四四•八
大清會典則例 四四•八
大復集 一〇三•一九
大統歷志 五八•一六
大雅集 一〇八•一一
大德昌國州圖志見昌國州圖志
大學古本說見榕村四書說
大學衍義 五〇•一九
大學衍義補 五一•四
大學章句 二一•八
大學疏義 二一•一五
大學翼眞 二二•一二
大學證文 二二•一五
大隱居士集 九〇•六
大隱集 八八•一八
大戴禮記 一三•一三
小山詞 一一三•六
小山畫譜 六三•一六
小山類稿 一〇四•三
小字錄 七二•一九
小名錄 七二•六
小亨集 九八•二〇
小兒衞生總微論方 五六•一七
小畜集 八四•四
小鳴稿 一〇三•一一
小辨齋偶存 一〇四•二六
小學紺珠 七二•二三
小學集註 五〇•一二
上蔡語錄 五〇•八
山中白雲詞 一一四•六
山水純全集 六二•一四

山西通志　三九●二九
山村遺集　九八●一八
山谷內集詩注　八六●五
山谷詞　一一三●四
山谷集　八六●四
山房集　九三●六
山房隨筆　七五●一九
山東通志　三九●二八
山居新語　七五●一九
山海經　七六●一
山海經廣註　七六●一
山海漫談　一〇四●一四
山帶閣註楚辭　七九●四
山堂考索見羣書考索
山堂肆考　七三●七
山窗餘稿　一〇〇●一二
山齋文集　一〇三●一四
千金要方見備急千金要方
千叟宴詩　一一〇●六
千叟宴詩　一一〇●四
千頃堂書目　四六●七
子史精華　七三●一〇
子思子　五〇●一七
子夏易傳　一●一
子淵詩集　九九●三二
子畧　四六●四
子華子　六五●二

四畫

斗南老人集　一〇一●三二
六一詞　一一三●一
六一詩話　一一一●四
六壬大全　六一●八
六帖補　七二●二三
六家詩名物疏見詩名物疏
六書正譌　二五●一五
六書本義　二五●一六
六書故　二五●一二
六書統　二五●一三
六研齋筆記　七〇●一三

六朝事迹編類 四一●一六
六朝通鑑博儀 四八●五
六經天文編 五八●二
六經正誤 二〇●四
六經奥論 二〇●七
六經圖 二〇●四
六韜 五三●一
六藝之一錄 六三●一五
六藝綱目 二六●二〇
文山集 九六●一二
文子 七八●一二
文子纘義 七八●一三
文心雕龍 一一一●一
文心雕龍輯註 一一一●一
文公易說 三●一九
文氏五家詩 一〇九●一二
文正集 八四●一三
文安集 九九●一三
文定集 九〇●九
文房四譜 六四●五
文昌雜錄 六八●六
文忠集 九一●六
文忠集 八五●一七
文忠集見范文忠集
文苑英華 一〇六●一二
文苑英華辨證 一〇六●一三
文則 一一一●一六
文信公集杜詩 九六●一三
文泉子集 八三●七
文恭集 八四●一二
文淵閣書目 四六●五
文章正宗 一〇七●九
文章軌範 一〇七●一六
文章精義 一一一●二
文章緣起 一一一●二
文章辨體彙選 一〇九●一三
文莊集 八四●八
文敏集 一〇二●一〇
文陽端平詩雋 九七●二一
文溪存稿 九六●一

文端集 一〇五・一
文說 一一三・一
文毅集 一〇二・七
文編 一〇九・八
文憲集 一〇一・一
文選 一〇六・一
文選註 一〇六・一
文選補遺 一〇七・一七
文選顏鮑謝詩評 一〇六・二
文襄奏疏 三三・一六
文簡集 一〇四・二
文藪 八三・一一
文獻通考 四四・六
文獻集 九九・一七
方舟集 九一・八
方言註 二四・二
方洲集 一〇二・二
方是閒居士小稿 九四・一三
方泉詩集 九四・八
方壺存稿 九五・六
方輿勝覽 三九・五
方簡肅文集 一〇三・一
方齋存稿 一〇四・一六
方麓集 一〇四・二
亢倉子 七八・二〇
亢倉子注 七八・二〇
心泉學詩稿 九七・二四
心經 五〇・二〇
王子安集 八一・二
王文正筆錄 七四・一五
王文成全書 一〇三・一七
王文忠集 九九・八
王氏談錄 六八・六
王右丞集箋註 八一・一一
王司馬集 八二・一七
王忠文集 一〇一・四
王舍人詩集 一〇二・八
王荊公詩註 八五・二一
王常宗集 一〇一・一二
王著作集 八九・一〇

王端毅奏議 三三●八
王魏公集 八五●一三
井觀瑣言 七○●一○
天下同文集 一○八●五
天中記 七三●六
天玉經 六一●三
天台集 一○七●九
天步眞原 五八●一五
天馬山房遺稿 一○四●六
天原發微 六○●九
天問畧 五八●八
天經或問 五八●一四
天祿琳琅書目 四六●七
天學會通 五八●一五
天籟集 一一四●七
元文類 一○八●八
元元棋經見棋經
元氏長慶集 八三●一
元史 二八●八
元史紀事本末 三○●四
元史續編 二九●一三
元包經傳 六○●三
元明事類鈔 七一●一三
元和姓纂 七二●四
元和郡縣志 三九●二
元音 一○九●一
元音遺響 一○八●一三
元英集見玄英集
元城語錄解 六九●一
元眞子見玄眞子
元風雅 一○八●八
元朝名臣事畧 三九●二
元朝典故編年考 四四●一三
元詩選 一一○●一一
元詩體要 一○九●五
元經 二九●四
元憲集 八四●一○
元儒考畧 三五●六
元豐九域志 三九●三
元豐類藁 八五●九

元藝圃集　一〇九・一三
木鐘集　五〇・一八
切韻指掌圖　二六・三
不繫舟漁集　一〇〇・三
太乙金鏡式經　六一・一八
太玄本旨　六〇・二
太玄經　六〇・一
太平治迹統類　三二・九
太平御覽　七二・八
太平惠民和劑局方　五六・一八
太平經國書　一一・四
太平廣記　七六・一三
太平寰宇記　三九・三
太白山人漫稿　一〇三・二二
太白陰經　五三・六
太宗聖訓　三三・一
太祖聖訓　三三・一
太倉稊米集　九〇・一七
太清神鑑　六一・一七
太常續考　四三・七
太極圖說述解　五〇・一
太醫局諸科程文格　五六・二〇
友石山人遺稿　一〇〇・七
友古詞　一一三・九
友林乙稿　九五・五
五代史　二八・四
五代史記纂誤　二八・四
五代史補　三二・七
五代史闕文　三二・六
五代名畫補遺　六二・七
五代詩話　一一二・一〇
五代會要　四四・二
五百家注昌黎集見韓昌黎集
五百家注柳先生集見柳先生集
五百家播芳大全文粹　一〇七・七
五音集韻　二六・七
五峯集　九〇・五
五峯集　九九・三〇
五曹算經　五九・三
五國故事　三七・一〇

五經文字 二五●六
五經說見經說
五經算術 五九●六
五經稽疑 二〇●九
五經蠡測 二〇●八
五誥解 七●七
五燈會元 七七●六
五總志 六九●五
五禮通考 一四●六
少谷集 一〇三●三
少室山房筆叢 七一●一三
少室山房集 一〇四●三三
少陽集 八九●一二
少廣補遺 五九●一四
少墟集 一〇四●二七
少儀外傳 五〇●一五
止山全集 一〇四●一一
止堂集 九二●二
止齋集 九一●一〇
日下舊聞考 三九●二一
日知薈說 五二●二
日知錄 六七●六
日涉園集 八七●九
日損齋筆記 六七●一
日聞錄 七〇●三
日講四書解義 三三●一一
日講易經解義 六●一
日講春秋解義 一八●一
日講書經解義 八●一〇
日講禮記解義 一三●八
中山詩話 一一一●四
中丞集 一〇二●二
中州人物考 三五●一〇
中州名賢文表 一〇九●五
中州集 一〇八●一
中西經星同異考 五八●一八
中吳紀聞 四一●一七
中星譜 五八●一四
中原音韻 一一四●一九
中庸指歸中庸分章大學發微大學本旨 二一●一四

中庸衍義　五一●一〇
中庸章段見榕村四書說
中庸餘論見榕村四書說
中庸輯畧　二一●一〇
中朝故事　七四●一〇
中菴集　九九●七
中說　四九●九
中論　四九●七
中興小紀　二九●一一
中興間氣集　一〇六●七
內外服制通釋　一三●一三
內外傷辨惑論　五七●三
內則衍義　五三●二
內訓　五〇●三
內經素問　五六●一
內簡尺牘編註　八九●八
水心集　九三●一五
水部集　八〇●八
水東日記　七五●二一
水雲村稿　九八●一三
水道提綱　四〇●一三
水經注　四〇●一
水經注集釋訂譌　四〇●二
水經注釋　四〇●二
公是弟子記　五〇●五
公是集　八五●二
公孫龍子　六五●五
分甘餘話　七〇●一六
分門古今類事　七六●一五
分隸偶存　四七●一八
分類字錦　七三●一〇
分類補注李太白集　八一●七
今獻備遺　三五●五
介菴詞　一一三●二〇
毛詩古音考　二六●一三
毛詩本義　九●三
毛詩名物解　九●五
毛詩注疏　九●一
毛詩草木鳥獸魚蟲疏　九●二
毛詩指說　九●三

毛詩陸疏廣要見陸氏詩疏廣要
毛詩集解 九●五
毛詩集解 九●一〇
毛詩寫官記 一〇●一三
毛詩稽古編 一〇●一一
毛詩講義 九●九
毛詩類釋 一〇●一七
午亭文編 一〇五●八
午溪集 九九●三三
升菴集 一〇四●一
片玉詞 一一三●八
仁山文集 九七●二二
仁端錄 五七●一一
仁齋直指 五六●二四
仇池筆記 六六●八
化書 六五●一一
氏族大全 七三●一
丹淵集 八五●五
丹陽詞 一一三●一一
丹陽集 八八●五
丹鉛餘錄 六七●一
月令明義 一三●四
月令解 一三●一
月令輯要 三八●一
月波洞中記 六一●一六
月洞吟 九七●一八
月泉吟社 一〇七●一六
月屋漫稿 九八●八
勿軒集 九七●一二
勿菴歷算書記 五八●一七
勿齋集 九六●一一
尹文子 六五●三
巴西集 九八●一二
孔子家語 四九●一
孔子集語 五〇●二六
孔子編年 三四●一
孔氏談苑 七四●二三
孔北海集 八〇●二
孔叢子 四九●二

五畫

半軒集　一〇一●二〇
半農春秋說見春秋說
玄英集　八三●一五
玄眞子　七八●二一
立齋遺文　一〇三●一〇
永嘉八面鋒見八面鋒
平江紀事　四一●二一
平宋錄　三二●一二
平定三逆方略　三〇●八
平定兩金川方略　三〇●七
平定金川方略　三〇●五
平定朔漠方略　三〇●五
平定準噶爾方略　三〇●六
平定臺灣紀略　三〇●一〇
平臺紀略　三〇●一四
平橋稿　一〇二●一九
平齋詞　一一三●二五
平齋集　九四●一〇
玉山名勝集　一〇八●一〇
玉山紀遊　一〇八●一一
玉山璞稿　一〇〇●一八
玉斗山人集　九八●一三
玉井樵唱　九九●一
玉坡奏議　三三●一二
玉芝堂談薈　七一●一一
玉泉子　七四●八
玉海　七二●二一
玉堂嘉話　七〇●四
玉堂雜記　四三●四
玉笥集　一〇〇●二七
玉笥集　一〇〇●八
玉壺野史　七四●二三
玉楮集　九六●四
玉照定眞經　六一●一〇
玉照新志　七五●八
玉臺新詠　一〇六●三
玉臺新詠考異　一〇六●四
玉管照神局　六一●一六
玉篇　二五●五
玉璣微義　五七●一一

玉瀾集見韋齋集
示兒編 六九●一〇
未軒集 一〇三●三
正楊 六七●二
正蒙初義 五〇●三
正學隅見述 五二●四
甘肅通志 三九●二九
甘澤謠 七六●一一
世宗上諭八旗 三三●二
世宗上諭內閣 三三●二
世宗上諭旗務議覆 三三●二
世宗諭行旗務奏議見諭行旗務奏
世宗硃批諭旨 三三●二
世宗御製文集 一〇五●一
世宗聖訓 三三●一
世祖聖訓 三三●一
世說新語 七四●一
世緯 五一●一一
世醫得效方 五七●六
古文四聲韻 二五●八
古文孝經孔氏傳 一九●一
古文孝經指解 一九●二
古文尚書冤詞 八●一二
古文尚書疏證見尚書古文疏證
古文苑 一〇六●一
古文參同契集解 七八●一七
古文淵鑑 一一〇●一
古文雅正 一一〇●一三
古文集成 一〇七●一五
古文龍虎經注疏見龍虎經注疏
古文關鍵 一〇七●六
古夫于亭雜錄 七〇●一五
古史 三一●四
古今刀劍錄 六四●一
古今考 六六●一六
古今列女傳 三五●三
古今同姓名錄 七二●一
古今合璧事類備要 七二●二〇
古今事文類聚見事文類聚
古今姓氏書辨證 七二●一二

古今律歷考　五八●六
古今紀要　三一●九
古今通韻　二六●一八
古今註　六六●二
古今源流至論　七三●二一
古今詩刪　一〇九●一一
古今說海　七一●一三
古今歲時雜詠見歲時雜詠
古今禪藻集　一〇九●二五
古今儲貳金鑑　四八●一二
古今韻會舉要　二六●八
古列女傳　三四●一〇
古刻叢鈔　四七●一〇
古周易　三●一一
古周易訂詁　五●一一
古周易章句外編見周易古占法
古音表　二六●一七
古音略例　二六●一一
古音駢字　二五●一七
古音叢目獵要音餘　二六●一〇
古城集　一〇三●七
古梅遺稿　九七●一三
古畫品錄　六二●一
古詩記　一〇九●二
古詩鏡　一〇九●二四
古廉集　一〇二●一三
古經解鉤沈　二〇●一九
古微書　二〇●二〇
古賦辨體　一〇八●五
古樂府　一〇八●九
古樂苑　一〇九●一六
古樂書　二三●一二
古樂經傳　二三●一一
古韻標準　二六●二〇
古懽堂集　一〇五●一六
古儷府　七三●八
古穰集　一〇二●一六
古靈集　八四●二〇
本事詩　一一一●三
本草乘雅半偈　五七●二〇

本草綱目 五七●一五
本堂集 九六●一四
本語 六五●一四
可間老人集 一〇〇●三五
可傳集 一〇一●三五
可齋雜稿 九五●三
丙子學易編 三●一六
石山醫案 五七●一三
石田文集 九九●一〇
石田詩選 一〇二●二三
石初集 一〇〇●一一
石刻鋪叙 四七●六
石林居士建康集見建康集
石林詞 一一三●一一
石林詩話 一一一●九
石林燕語 六九●二
石門文字禪 八六●一一
石門集 一〇〇●二六
石洞集 一〇四●一八
石柱記箋釋 四一●一一
石峯堡紀略 三〇●九
石倉歷代詩選 一〇九●一五
石屏詞 一一四●五
石屏詩集 九三●一
石湖詩集 九二●一一
石渠寶笈 六三●一一
石鼓論語問答 二一●二
石經考 四七●一五
石經考 四七●一六
石經考異 四七●二〇
石墨鐫華 四七●一三
石隱園藏稿 一〇四●二八
左氏博議 一六●九
左氏傳說 一六●八
左氏釋 一七●一五
左史諫草 三三●七
左傳杜林合注 一七●一九
左傳杜解補正 一八●一
左傳注疏見春秋左氏傳注疏
左傳事緯 一八●五

左傳附注	一七●一一
左傳記事本末	三〇●一三
左傳補注	一八●一三
左傳屬事 見秋左傳屬事	
北山小集	九〇●六
北山酒經	六四●一七
北山集	八八●一二
北戶錄	四一●一三
北史	二八●一
北河紀	四〇●七
北郊配位尊西向議	四五●一二
北狩見聞錄	三二●八
北海集	八九●六
北軒筆記	七〇●六
北堂書鈔	七二●三
北郭集	一〇一●一九
北郭集	一〇〇●八
北湖集	八七●七
北窗炙輠錄	七五●一二
北溪大全集	九三●六
北溪字義	五〇●一三
北遊集	九七●六
北齊文紀	一〇九●二〇
北齊書	二七●一四
北夢瑣言	七四●一二
北磵集	九六●八
田間易學	六●四
田間詩學	一〇●一〇
甲乙經 見鍼灸甲乙經	
甲申雜記	七四●一三
申忠愍詩集	一〇四●三六
申齋集	九九●二
申鑒	四九●七
叶韻彙輯	二六●一四
史氏菊譜	六四●一九
史糾	四八●九
史記	二七●一
史記正義	二七●三
史記索隱	二七●二
史記集解	二七●一

史記疑問 二七●六
史通 四八●一
史通通釋 四八●一
史傳三編 三五●一三
史纂通要 四八●八
四川通志 三九●三〇
四六法海 一〇九●一六
四六話 一一一●八
四六談塵 一一一●一三
四六標準 九五●一
四如集 九七●一一
四如講稾 二〇●六
四明文獻集 九七●五
四明它山水利備覽 四〇●四
四書大全 三三●六
四書文 一一〇●六
四書因問 三三●七
四書或問 二一●八
四書近指 三三●一一
四書留書 三三●一〇
四書通 三三●二
四書通旨 三三●四
四書通證 三三●三
四書集義精要 三三●一
四書集編 二一●一三
四書逸箋 三三●一八
四書經疑貫通 三三●三
四書蒙引 三三●六
四書管窺 三三●五
四書箚記 三三●一六
四書疑節 三三●三
四書辨疑 三三●一
四書講義困勉錄 三三●二
四書臆言 三三●一五
四書釋地 三三●一六
四書纂疏 二一●一五
四書纂箋 三三●四
四朝詩 一一〇●三
四朝聞見錄 七五●一五
四溟集 一〇四●三

四聲等子 二六●八
刋正九經三傳沿革例見九經三傳沿革例
刋誤 六六●三
仕學規範 七一●九
白氏長慶集 八三●一
白孔六帖 七三●五
白石山房遺稿 一〇一●一二
白石道人歌曲 一一三●三五
白石道人詩集 九四●九
白田雜著 六七●一〇
白沙集 一〇二●一八
白谷集 一〇四●三二
白虎通義 六六●一
白香山詩集 八三●二
白雲集 九八●六
白雲集 一〇一●六
白雲集 九八●二六
白雲稿 一〇一●九
白雲樵唱集 一〇一●一九
白蓮集 八三●一八
瓜廬詩 九四●五
外科理例 五七●一二
外科精義 五七●八
外臺秘要方 五六●八
外藩蒙古回部王公功績表傳 三五●八
用易詳解 三●二〇
句曲外史集 一〇〇●三
句股引蒙 五九●一三
句股矩測解原 五九●一四
册府元龜 七二●九
包孝肅奏議 三三●五
弁山小隱吟錄 九九●四
司空表聖文集 八三●一三
司馬法 五三●二
弘秀集 一〇七●一一
弘明集 七七●一
皮子日藪見日藪

六畫

汗簡 二五●七

江文通集	八〇●七
江月松風集	一〇〇●一一
江西通志	三九●二六
江村銷夏錄	六三●一三
江表志	三七●七
江南別錄	三七●七
江南野史	三七●七
江南通志	三九●二五
江南經略	五三●一〇
江南餘載	三七●八
江城名蹟記	四一●九
江淮異人錄	七六●一三
江湖小集	一〇七●一三
江湖長翁集	九三●二
江湖後集	一〇七●一三
江漢叢談	四一●二一
池北偶談	七〇●一五
汝南遺事	三二●一一
守城錄	五三●八
宅經	六一●一
字通	二五●一二
字詁	二四●七
字溪集	九六●一〇
字鑑	二五●一五
字孿	二五●一八
安岳集	八五●八
安南志畧	三七●一三
安陸集	一一三●二
安雅堂集	九九●二四
安晚堂詩集	九四●一六
安陽集	八四●一三
次山集	八一●一四
次柳氏舊聞	七四●四
亦玉堂稿	一〇四●二一
州縣提綱	四三●一〇
式古堂書畫彙攷見書畫彙考	
圭峯集	九九●二九
圭峯集	一〇三●八
圭塘小稿	九九●二〇
圭塘欵乃集	一〇八●六

圭齋集　九九•一七
老子道德經　七八•四
老子道德經注　七八•二
老子道德經解　七八•四
老子說略　七八•六
老子翼　七八•五
老圃集　八八•四
老學菴筆記　六九•一三
考工記解見周官新義
考工記解　一一•六
考古文集　一〇一•一四
考古圖　六四•一
考古質疑　六六•一五
考古編　六六•一一
考功集　一〇四•三
西山文集　九四•七
西山讀書記　五〇•一九
西村集　一〇三•一〇
西村詩集　一〇四•五
西河集　一〇五•一二
西河詞話　一一四•一六
西京雜記　七四•一
西使記　三五•一六
西陂類稿　一〇五•一四
西郊笑端集　一〇一•一三
西晉文紀　一〇九•一八
西清古鑑　六四•四
西清硯譜　六四•八
西域同文志　二五•一九
西崑酬唱集　一〇六•一五
西渡集　八八•四
西湖百詠　九七•一四
西湖志纂　四一•四
西湖遊覽志　四一•二
西菴集　一〇一•一二
西溪集　八五•六
西溪叢語　六六•九
西塘集　八六•一五
西塍集　九六•九
西漢文紀　一〇九•一七

西漢年紀 二九•一七
西漢會要 四四•四
西臺集 八七•六
西樵語業 一一三•二二
西谿易說 三•一五
西隱文稿 一〇一•四
西巖集 九四•四
西巖集 九九•三
在軒集 九七•二〇
列子 七八•八
列仙傳 七八•一四
百正集 九七•一七
百官箴 四三•一一
百越先賢志 三五•六
百菊集譜 六四•二一
存悔齋稿 九八•二四
存家詩稿 一〇四•一六
存研樓文集 一〇五•二〇
存雅堂遺稿 九七•一九
至大金陵新志 三九•一六
至元嘉禾志 三九•一四
至正集 九九•一九
夷白齋稿 一〇〇•二四
夷堅支志 七六•一六
匡謬正俗 二四•五
此山集 九九•二
此木軒四書說 二三•一七
此事難知 五七•五
艾軒集 九一•四
曲江集 八一•五
曲阜集 八五•一五
曲洧舊聞 六九•一
曲譜 一一四•一九
同文算指前編 五九•一一
同文館唱和詩 一〇六•一六
同文韻統 二六•一三
同姓名錄 七三•五
因話錄
因園集 一〇五•一八
回文類聚 一〇七•六

全史日至源流 五八●一八
全生指迷方 五六●一六
全芳備祖 七三●一九
全金詩增補中州集 一一〇●三
全室外集 一〇一●三三
全唐詩 一一〇●一
全唐詩錄 一一〇●二二
全閩詩話 一一二●九
全蜀藝文志 一〇九●一〇
合訂刪補大易集義粹言見大易集義粹言
朱子五經語類 二〇●一六
朱子全書 五二●三
朱子年譜 三四●九
朱子抄釋 五一●九
朱子語類 五〇●一二
朱子禮纂 一四●八
朱子讀書法 五〇●二六
朱文公易說見文公易說
先進遺風 七五●二二
先聖大訓 五〇●二三
先醒齋廣筆記 五七●一七
竹山詞 一一四●六
竹友集 八七●九
竹坡詞 一一三●一四
竹坡詩話 一一一●一五
竹洲集 九一●三
竹屋癡語 一一四●三
竹素山房詩集 九八●一四
竹軒雜著 九〇●一五
竹書紀年 二九●一
竹書統箋 二九●二
竹莊詩話 一一一●二一
竹雲題跋 四七●一九
竹溪鬳齋十一稿續集 九六●一五
竹澗集 一〇三●一九
竹嶼山房雜部 七一●三
竹齋集 一〇一●二七
竹齋詩集 九三●八
竹齋詩餘 一一四●三
竹隱畸士集 八七●一五

竹譜 六四●二三
竹譜 六二●二〇
竹巖集 一〇二●二〇
印典 六三●一九
伐檀集 八四●二一
伐檀集 一〇四●一七
仲氏易 六●六
仲宏集 九九●一二
伊川易傳 二●四
伊落淵源錄 三四●一三
伊濱集 九九●一五
仰節堂集 一〇四●二八
自怡集 一〇一●三〇
自堂存稿 九七●二三
自鳴集 九二●一七
自警編 七一●九
后山詩註 八六●七
行水金鑑 四〇●一三
名臣言行錄 三四●一三
名臣碑傳琬琰集 三四●一四
名臣經濟錄 三三●一八
名義考 六七●四
名賢氏族言行類稿 七二●一七
名疑 七三●二
名蹟錄 四七●一一
名醫類案 五七●一三
羽庭集 一〇〇●二
牟氏陵陽集 九七●九
艮齋詩集 九九●五

七畫

汴京遺蹟志 四一●九
沈下賢集 八二●一八
沈氏樂府指迷見樂府指迷
沙溪集 一〇三●一六
沖虛至德眞經解 七八●九
宋九朝編年備要見九朝編年備要
宋大事記講義 四八●五
宋文紀 一〇九●一九
宋文選 一〇二●〇六

宋文鑑 一〇七●五
宋元詩會 一一〇●一〇
宋史 二八●五
宋史全文 二九●二〇
宋史紀事本末 三〇●四
宋布衣集 一〇四●三三
宋百家詩存 一一〇●一五
宋名臣言行錄見名臣言行錄
宋名臣奏議 三三●一七
宋季三朝政要 二九●一九
宋宰輔編年錄 四三●四
宋高僧傳 七七●三
宋書 二七●一三
宋朝名畫評 六二●八
宋朝事實 四四●二
宋景文筆記 六八●五
宋景文集見景文集
宋景濂未刻集 一〇一●二
宋詩紀事 一二三●九
宋詩鈔 一二〇●一〇
宋稗類鈔 七三●一三
宋藝圃集 一〇九●一三
宋寶祐四年登科錄 三四●一六
宏明集見弘明集
冷齋夜話 六八●一二
言行龜鑑 七一●九
初寮集 八八●二
初寮詞 一一三●一〇
初學記 七二●四
求古錄 四七●一五
坊記集傳 一三●六
赤水玄珠 五七●一四
赤松山志 四一●二
赤城志 三九●一〇
赤城集 一〇七●一〇
赤雅 四二●九
孝詩 九六●一〇
孝經大義 一九●三
孝經刊誤 一九●二
孝經注 一九●五

孝經注疏 一九●一
孝經定本 一九●三
孝經述注 一九●四
孝經衍義 五二●二
孝經問 一九●六
孝經集註 一九●五
孝經集傳 一九●四
攻媿集 九一●一六
折獄龜鑑 五四●四
投轄錄 七五●九
抑菴文集 一〇二●一三
杜工部年譜 三四●四
杜工部詩年譜 三四●四
杜詩見補注杜詩
杜詩詳解 八一●一〇
杜詩攟 八一●九
杜楊雜編 七六●九
杏亭摘稿 九九●二三
李文公集 八二●一二
李元賓文編 八二●一四
李太白集 八一●六
李太白集見分類補註李太白集
李太白詩集註 八一●七
李氏學樂錄 二三●一四
李北海集 八一●五
李長吉歌詩 八二●一六
李相國論事集 三四●三
李虛中命書 六一●九
李義山文集箋註 八三●六
李義山詩集 八三●四
李義山詩集註 八三●五
李羣玉集 八三●九
李遐叔文集 八二●二
李衛公問對 五三●六
甫田集 一〇四●五
甫里集 八三●一一
吾汶稿 九七●一九
吾吾類稿 一〇〇●一三
酉陽雜俎 七六●一八
成都文類 一〇七●八

戒子通錄 五〇・一三
克齋詞 一一三・二〇
克齋集 九四・二
夾漈遺稿 九一・一
步里客談 七五・一三
盱江集 八五・一
見素文集 一〇三・六
困知記 五一・六
困學集聞 六六・一九
困學齋雜錄 七〇・一
呂氏春秋 六五・六
呂氏春秋或問 一六・一五
呂氏家塾讀詩記 九・八
呂氏雜記 六八・一一
呂衡州集見衡州集
吹劍錄外集 六九・一五
別本十六國春秋見十六國春秋
別本韓文考異見韓文考異
別雅 二四・九
別號錄 七三・一三
吳子 五三・二
吳文正集 九八・一七
吳文肅摘稿 一〇三・九
吳中水利書 四〇・八
吳中水利書 四〇・三
吳中金石新編 四七・一一
吳中舊事 四一・二一
吳地記 四一・五
吳郡志 三九・八
吳郡圖經續記 三九・七
吳船錄 三五・一五
吳都文粹 一〇七・一五
吳都文粹續集 一〇九・一五
吳越春秋 三七・一
吳越備史 三七・一二
吳園周易解 二・六
吳興備志 三九・一九
谷音 一〇八・三
谷響集 九八・一四
希澹園詩 一〇一・三一

延平答問 五〇●一〇
延祐四明志 三九●一五
何文簡疏義 三三●一一
何水部集見水部集
何氏語林 七五●二三
何博士備論 五三●八
伯牙琴 九七●一八
作義要訣 一一二●二
佛祖歷代通載 七七●八
佛國記 四二●三
卮林 六七●五
伸蒙子 四九●一〇
肘後備急方 五六●五
妙絕古今 一〇七●一〇
局方發揮 五七●七
甬上耆舊詩 一一〇●一二

八畫

注解正蒙 五〇●二
法言集注見楊子法言
法帖刊誤 四七●二
法帖譜系 四七●六
法帖釋文 四七●三
法帖釋文刊誤見墨藪
法帖釋文考異 四七●一三
法苑珠林 七七●二
法書考 六三●二
法書要錄 六三●四
法藏碎金錄 七七●四
河汾諸老詩集 一〇八●三
河防一覽 四〇●六
河防通議 四〇●四
河東集 八四●一
河南通志 三九●二八
河南集 八四●一四
河朔訪古記 四二●一
河源記畧 四〇●九
河嶽英靈集 一〇六●六
泊宅編 七五●一

泊菴集	一〇二●八
泠然齋集	九五●二
治世龜鑑	五一●二
治河奏績	四〇●一二
治河圖畧	四〇●五
性情集	一〇〇●二〇
性理大全書	
性理羣書句解	五〇●二四
性理精義	五二●三
性善堂稿	九四●一
宗子相集	一〇四●一九
宗玄文集	八一●一五
宗伯集	一〇四●二四
宗忠簡集	八八●一
宗室王公功績表傳	三五●七
定山集見莊定山集	
定宇集	九九●五
定菴類稿	九一●一四
定齋集	九二●六
官箴	四三●一〇

空同集	一〇三●一三
宛邱集見柯山集	
宛陵集	八五●一〇
宛陵羣英集	一〇八●七
京口耆舊傳	三四●一七
京氏易傳	六一●七
放翁詞	一一三●二三
放翁詩選	九二●一三
庚子銷夏記	六三●一二
庚溪詩話	一一一●一一
炎徼紀聞	三〇●三
武功集	一〇二●一七
武功縣志	三九●一八
武夷新集	八四●五
武林梵志	四一●九
武林舊事	四一●二〇
武林舊事	四一●二三
武英殿聚珍版程式	四五●二〇
武溪集	八四●一二
武經總要	五三●七

武編　五三●九
青山集　八六●一三
青山集　九八●一一
青山續集　八六●一二
青村遺稿　一〇〇●九
青城山人集　一〇二●一〇
青崖集　九八●一三
青陽集　九九●二七
青箱雜記　七四●二〇
青霞集　一〇四●一三
青囊序　六一●二
玩齋集　一〇〇●一
表度說　五八●七
表記集傳　一三●五
幸魯盛典　四五●九
却掃編　六九●四
卦變考畧　五●一一
坦菴詞　一一三●一三
坦齋通編　六六●一四
坤輿圖說　四二●一〇
坡門酬唱集　一〇七●一
政府奏議　三三●四
政和五禮新儀　四五●三
政書見于清端政書
政經　五〇●二一
押韻釋疑　二六●六
拙軒集　九八●一
拙齋文集　九〇●一六
抱朴子　七八●一八
抱犢山房集　一〇五●一一
林下偶談　一一●二〇
林外野言　一〇〇●五
林泉高致集　六二●九
林間錄　七七●五
林蕙堂集　一〇五●六
林霽山集見霽山集
松亭行記　三五●一八
松泉集　一〇五●二三
松風閣琴譜　六三●一七
松桂堂全集　一〇五●九

松絃館琴譜　六三●一七
松雪齋集　九八●一六
松陵集　一〇六●八
松陽鈔存　五二●七
松陽講義　二二●一三
松鄉文集　九八●一六
松漠紀聞　三三●八
松窗雜錄　七四●六
松隱文集　八八●一一
杼山集　八一●一五
來齋金石刻考略　四七●一六
來鶴亭詩　一〇〇●一九
東山存稿　一〇〇●二一
東山詩選　九四●八
東田遺稿　一〇三●一六
東江家藏集　一〇三●一三
東西洋考　四二●七
東牟集　八八●一六
東里全集　一〇二●一〇
東谷易翼傳見易翼傳
東京夢華錄　四一●一六
東坡全集　八六●一
東坡志林　六八●九
東坡易傳見易傳
東坡書傳見書傳
東坡詞　一一三●三
東坡詩集註　八六●二
東林列傳　三五●一一
東征錄見平臺紀略
東洲初稿　一〇三●二三
東南紀聞　七五●一七
東浦詞　一一三●一六
東家雜記　三四●一
東宮備覽　五〇●二五
東城雜記　四一●二六
東軒筆錄　七四●二四
東原錄　六八●五
東堂詞　一一三●七
東堂集　八七●一二
東野農歌集　九五●九

東都事略 三一●五
東菴集 九八●二五
東雅堂韓昌黎集注 見韓昌黎集注
東萊書說 七●六
東萊集 九一●九
東萊詩集 九〇●三
東皐子集 八一●一
東皐錄 一〇一●八
東塘集 九一●一七
東溪日談錄 五一●六
東溪集 八九●一三
東溪試茶錄 六四●一五
東園文集 一〇二●二三
東園叢說 六九●八
東漢文紀 一〇九●一七
東漢會要 四四●四
東維子集 一〇〇●二三
東澗集 九四●一二
東窗集 八八●九
東齋記事 七四●一九
東巖集 一〇四●一
東觀奏記 三二●六
東觀集 八四●九
東觀漢記 三一●一
東觀餘論 六六●六
事文類聚 七三●一六
事物記原 七三●九
事實類苑 七一●八
事類賦 七三●七
雨航雜錄 七〇●一一
兩同書 六五●一一
兩宋名賢小集 一〇七●二〇
兩河清彙易覽 四〇●一一
兩河經略 三三●一四
兩垣奏議 三三●一五
兩朝綱目備要 二九●一八
兩溪文集 一〇二●一五
兩漢刊誤補遺 二七●九
兩漢詔令 三三●四
兩漢博文 三六●一

兩漢筆記　四八●六
協紀辨方書　六一●二〇
奇字韻　二五●一七
奇經八脉考　五七●一六
奇器圖說　六四●五
直隸河渠志　四〇●一二
直齋書錄解題　四六●四
尚史　三一●一五
尚書大傳　八●一八
尚書日記　八●八
尚書古文疏證　八●一一
尚書句解　八●五
尚書考異　八●六
尚書地理今釋　八●一六
尚書全解　七●二
尚書注疏　七●一
尚書表注　七●一三
尚書故實　六八●三
尚書要義　七●一一
尚書砭蔡編　八●八
尚書埤傳　八●一三
尚書通考　八●三
尚書註考　八●九
尚書疏衍　八●九
尚書集傳或問見書集傳或問
尚書集傳纂疏見書集傳纂疏
尚書詳解　七●一二
尚書詳解　七●四
尚書詳解　七●九
尚書稗疏　八●一一
尚書解義　八●一五
尚書說　七●六
尚書精義　七●八
尚書疑義　八●七
尚書廣聽錄　八●一二
尚書輯錄纂注見書傳輯錄纂注
尚書講義　七●四
尚書纂傳　八●四
尚絅齋集　一〇一●一四
尚論篇　五七●二一

長江集 八三•一五
長安志 四一•六
長安志圖 四一•八
長物志 七一•四
長短經 六五•一〇
長興集 八六•一五
芳谷集 九八•三〇
芳蘭軒集 九四•三
芸菴類稿 九二•九
芸隱横舟稿 九六•七
芥隱筆記 六六•一四
花木鳥獸集類 七三•一二
花草稡編 一一四•一二
花菴詞選 一一四•一〇
花間集 一一四•九
花谿集 一〇〇•二一
卓異記 三四•一一
虎鈐經 五三•七
具茨集 一〇四•一三
果堂集 一〇五•二三
昌谷集 九三•三
昌谷集 八二•一六
昌國州圖志 三九•一五
昌黎先生集見韓昌黎集
昌黎集注見韓昌黎集註
廸功集 一〇三•二一
明一統志 三九•五
明文海 一一〇•七
明文衡 一〇九•六
明太祖文集 一〇一•一
明本排字九經直音 二〇•七
明本釋 五〇•一四
明史 二八•一一
明史紀事本末 三〇•一二
明臣奏議 三三•一九
明臣謚考 四五•六
明名臣琬琰錄 三五•五
明皇雜錄 七四•五
明宮史 四五•八
明唐桂二王本末見通鑑輯覽

明堂灸經　五六●九
明集禮　四五●六
明詩綜　一一○●九
明會典　四四●六
明謚記彙編　四五●八
明儒言行錄　三五●一二
明儒學案　三五●一○
易小帖　六●七
易小傳　二●八
易本義附錄纂疏見周易本義附錄纂疏
易外別傳　七八●二四
易用　五●九
易林見焦氏易林
易例　六●二三
易音　二六●一六
易俟　六●八
易酌　六●三
易原　三●四
易原就正　六●一一
易原奧義　四●三
易通　三●一六
易通變　六○●五
易稗傳　三●一三
易象大意存解　六●二三
易象正　五●一○
易象鈔　五●四
易象鉤解　五●五
易象意言　三●一七
易象義　三●二四
易象圖說　六○●一○
易義古象通　五●八
易筮通變見易圖通變
易傳　二●三
易傳見伊川易傳
易傳燈　三●一二
易經存疑　五●三
易經衷論　六●一三
易經通注　六●一
易經蒙引　五●一
易漢學　六●二二

易說　六●一五
易說　三●九
易精蘊大義　四●九
易圖明辨　六●一二
易圖通變　三●二五
易圖說　三●一一
易箋　六●一七
易璇璣　三●二
易數鉤隱圖　二●一
易學　六〇●七
易學啓蒙小傳　三●一九
易學啓蒙通釋　三●二一
易學啓蒙意見　五●二
易學啓蒙翼傳見周易啓蒙翼傳
易學象數論　六●五
易學辨惑　二●五
易學濫觴　四●五
易學變通　四●一〇
易緯八種　六●二五
易緯坤靈圖　六●二七
易緯是類謀　六●二七
易緯乾元序制記　六●二七
易緯乾坤鑿度　六●二五
易緯乾鑿度　六●二六
易緯通卦驗　六●二八
易緯稽覽圖　六●二六
易緯辨終備　六●二八
易齋集　一〇二●五
易翼述信　六●一九
易翼宗見學易初津
易翼傳　三●一八
易翼說見學易初津
易韻　二六●一九
易纂言　四●二
易纂言外翼　四●二
易變體義　三●二
呻吟語摘　五一●一一
忠介燼餘集　一〇四●三一
忠正德文集　八八●九
忠宣集見范忠宣集

忠貞集　一〇五●五
忠貞錄　三四●七
忠慧集　八八●一〇
忠靖集　一〇二●一二
忠義集　一〇八●六
忠愍集　八四●二
忠愍集　八七●一八
忠肅集　八五●一〇
忠肅集　八七●一九
忠肅集　一〇四●三四
忠肅集　一〇二●一五
忠穆集　八八●一四
念菴文集　一〇四●八
金文靖集　一〇二●一一
金氏文集　八五●一
金石文字記　四七●一五
金石文考畧　四七●一七
金石史　四七●一三
金石考異見石經考異
金石林時地考　四七●一三
金石例　一一二●二
金石要例　一一二●六
金石經眼錄　四七●二〇
金石錄　四七●一
金史　二八●七
金陀粹編　三四●五
金陵百詠　九二●一四
金淵集　九八●一八
金華子　七四●一〇
金漳蘭譜　六四●二一
金臺集　九九●三一
金匱要畧論注　五六●四
金匱鈎玄　五七●七
金樓子　六五●八
金薤琳琅　四七●一二
金鼇退食筆記　四一●一〇
知言　五〇●一四
知非堂稿　九九●六
知稼翁詞　一一三●二四
知稼翁集　九〇●一二

牧菴文集 九八●二八
牧潛集 九八●二〇
物理小識 七〇●一三
乖崖集 八四●三
和清眞詞 一一三●一〇
和靖集 八九●一〇
和靖集 八四●六
佩文韻府 七三●一〇
佩文齋書畫譜 六三●一〇
佩文齋詠物詩選見詠物詩選
佩玉齋類稿 一〇〇●一七
佩韋齋集 九七●一三
佩韋齋輯聞 六九●一七
佩觿 二五●八
岳武穆遺文 九〇●一
岳陽風土記 四一●一五
兒易內外儀 五●一〇
近光集 九九●二七
近事會元 六六●五
近思錄 五〇●一〇
近思錄集註 五〇●一一
近思錄集註 五〇●一一
所安遺集 九九●一九
征南錄 三五●一四
徂徠集 八四●一五
周子抄釋 五一●八
周元公集 八五●一五
周官集注 一一●一一
周官集傳 一一●七
周官新義 一一●一
周官義疏 一一●一〇
周官祿田考 一一●一三
周官總義 一一●五
周易口訣義 一●五
周易口義 二●一
周易文詮 四●一三
周易爻變義蘊 四●一一
周易孔義集說 六●一八
周易古占法 三●五
周易本義 三●六

周易本義 三●五
周易本義附錄纂註 四●一
周易本義通釋 四●六
周易本義集成 四●六
周易折中 五●二
周易玩辭 三●九
周易玩辭困學記 五●一二
周易玩辭集解 六●一五
周易卦爻經傳訓解 三●一七
周易易簡說 五●八
周易函書 六●一六
周易洗心 六●二〇
周易述義 六●二
周易要義 三●一七
周易衍義 四●四
周易述 六●一八
周易淺述 六●一〇
周易淺釋 六●二〇
周易章句證異 六●二五
周易啓蒙翼傳 四●一
周易通論 六●九
周易參同契分章註 七八●一七
周易參同契考異 七八●一五
周易參同契通眞義 七八●一五
周易參同契發揮 七八●一六
周易參同契解 七八●一六
周易參義 四●一二
周易註 一●三
周易註疏 一●四
周易程朱傳義折衷 四●四
周易稗疏 六●三
周易集註 五●五
周易集說 三●二三
周易集傳 四●八
周易集解 一●四
周易象旨決錄 五●四
周易象義見易象義
周易象辭 六●五
周易新講義 二●六
周易義海撮要 三●七

周易筮述	六●五
周易傳義大全	五●一
周易傳義合訂	六●一四
周易傳義附錄	三●二一
周易傳註	六●一三
周易會通	四●一〇
周易經傳集解	三●三
周易圖書質疑	六●二四
周易圖說	四●一一
周易箚記	六●一四
周易箚記	五●八
周易像象述	五●九
周易鄭康成註	一●一
周易窺餘	三●一
周易辨畫	六●二四
周易辨錄	五●三
周易輯聞	三●一九
周易舉正	一●六
周易總義	三●一五
周易觀彖	六●九
周忠愍奏疏	三三●一五
周書	二七●一五
周秦刻石釋音	二五●一四
周禮句解	一一●七
周禮全經釋原	一一●九
周禮注疏	一一●一
周禮注疏刪翼	一一●九
周禮訂義	一一●五
周禮述註	一一●一〇
周禮集說	一一●七
周禮復古編	一一●三
周禮詳解	一一●二
周禮傳	一一●八
周禮疑義舉要	一一●一三
周禮纂訓	一一●一一
周髀算經	五八●一
居竹軒集	一〇〇●三
居易錄	七〇●一四
居業錄	五一●五
居濟一得	四〇●一一

屈宋古音義	二六●一三
弧矢算術	五九●一〇
孟子注疏	二一●一
孟子音義	二一●四
孟子師說	三三●一一
孟子集註考證	二一●一五
孟子集疏	二一●一三
孟子說	二一●一一
孟子傳	二一●六
孟子解	二一•五
孟子辨	二一●七
孟子雜記	三三●八
孟東野詩集	八三●一四
孟浩然集	八一●一二
姑溪居士前集	八七●三
姑溪詞	一一三●七
姑蘇志	三九●一七
姓氏急就篇	七三●一三
始豐稿	一〇一●一一
附釋文互註禮部韻畧見禮部韻畧	

九畫

洪武正韻	二五●九
洪範口義	七●一
洪範正論	八●一五
洪範明義	八●一〇
洪範皇極內篇	六〇●八
洪範統一	七●一一
洪龜父集	八七●一六
洹詞	一〇三●二〇
洞天清錄	七一●一
洞冥記見漢武洞冥記	
洞霄圖志	四一•七
洞麓堂集	一〇四●一一
洗心齋讀易述見讀易述	
洛水集	九四●五
洛陽名園記	四一●六
洛陽牡丹記	六四●一八
洛陽伽藍記	四一●四
洛陽縉紳舊聞記	七四●一四

宣明方論 五六●一
宣和北苑貢茶錄 六四●一五
宣和奉使高麗圖經 四二●四
宣和書譜 六三●一四
宣和博古圖 六四●二
宣和畫譜 六三●一三
宣室志 七六●一〇
宣德鼎彝譜 六四●三
客亭類稿 九二●一八
帝王經世圖譜 七三●一三
帝範 四九●一〇
帝學 四九●一二
音論 二三●一五
音韻述微 二三●一四
音韻闡微 二六●一三
彥周詩話 一二一●七
訂譌雜錄 六七●一二
郊社禘祫問 一四●四
施註蘇詩 八六●二
前定錄 七六●九
前漢紀 二九●三
前漢書 二七●七
春王正月考 一七●八
春明退朝錄 六八●四
春明夢餘錄 七〇●一四
春秋三傳辨疑見三傳辨疑
春秋三傳讞 一六●五
春秋大全 一七●九
春秋大事表 一八●一二
春秋王霸列國世紀編 一六●一三
春秋凡例見春秋輯傳
春秋毛氏傳 一八●五
春秋比事 一六●一〇
春秋公羊傳注疏 一五●一
春秋分記 一六●一一
春秋孔義 一七●一六
春秋平義 一八●三
春秋正旨 一七●一二
春秋正傳 一七●一〇
春秋本例 一六●一

春秋本義 一七●二
春秋五禮例宗 一六●三
春秋世族譜 一八●二一
春秋占筮書 六●七
春秋左氏傳注疏 一五●一
春秋左氏傳事類始末 三〇●一
春秋左氏傳補注 一七●七
春秋左氏傳說 見春秋毛氏傳
春秋左氏傳續說 一六●八
春秋左傳小疏 一八●一四
春秋左傳要義 一六●一〇
春秋左傳屬事 一七●一五
春秋四傳糾正 一八●三
春秋四傳質 一七●一八
春秋考 一六●四
春秋地名攷略 一八●七
春秋地理考實 一八●一四
春秋臣傳 三四●一一
春秋名號歸一圖 一五●六
春秋年表 一五●七
春秋究遺 一八●一五
春秋別典 三一●一一
春秋宗朱辨義 一八●九
春秋或問 見程氏春秋或問
春秋或問 見呂氏春秋或問
春秋直解 一八●一
春秋事義全考 一七●一四
春秋長歷 一八●一〇
春秋明志錄 一七●一三
春秋例要 一六●一
春秋金鎖匙 一七●七
春秋胡氏傳辨疑 一七●一一
春秋胡傳考誤 一七●一四
春秋胡傳附錄纂疏 一七●八
春秋皇綱論 一五●八
春秋後傳 一六●八
春秋師說 一七●六
春秋通訓 一六●三
春秋通義 一五●八
春秋通說 一六●一三

春秋通論 一八●一〇
春秋尊王發微 一五●七
春秋集註 一六●七
春秋集註 一六●一二
春秋集義 一六●一二
春秋集傳 一七●五
春秋集傳微旨 一五●五
春秋集傳辨疑 一五●五
春秋集傳纂例 一五●四
春秋集傳釋義大成 一七●一
春秋集解 一六●五
春秋集解 一五●一一
春秋意林見劉氏春秋意林
春秋稗疏 一八●二
春秋提綱 一七●一
春秋詳說 一六●一六
春秋鉤玄 一七●九
春秋傳 一五●九
春秋傳 一六●六
春秋傳 一六●四
春秋傳說例 一五●一〇
春秋傳說彙纂 一八●一
春秋會通 一七●四
春秋經筌 一六●一五
春秋經解 一五●一一
春秋經解 一六●一二
春秋經傳辨疑 一七●一〇
春秋經傳闕疑 一七●五
春秋說 一八●一二
春秋說 一六●一四
春秋管窺 一八●七
春秋穀梁傳註疏 一五●一
春秋億 一三●一三
春秋質疑 一七●一五
春秋辨疑 一五●一二
春秋諸國統紀 一七●二
春秋輯傳 一七●一三
春秋戰國異辭 三一●一五
春秋隨筆 一八●一六
春秋講義 一六●一一

春秋繁露	一八●一六
春秋簡書刋誤	一八●六
春秋闕如編	一八●八
春秋識小錄	一八●一三
春秋屬辭	一七●六
春秋屬辭比事記	一八・六
春秋纂言	一七●一
春秋釋例	一五●二
春秋辨義	一七●一七
春秋權衡	一五●八
春秋讞義	一七●四
春草齋集	一〇一●二四
春卿遺稾	八四●九
春渚紀聞	六九●二
珂雪詞	一一四●八
珍席放談	七五●一
珊瑚木難	六三●一
珊瑚鉤詩話	一二一●九
珊瑚網	六三●一〇
契丹國志	三一●七
封氏聞見記	六八●二
拾遺記	七六●五
拾遺錄	六七●六
革除逸史	三二●一三
革象新書原本	五八●三
革象新書重訂	五八●四
述書賦	六二●三
述異記	七六●一七
柯山集	八六●八
柘軒集	一〇一●九
相山集	八八●一七
柏齋集	一〇三●一八
柳先生集	八二●九
柳河東集	八二●八
柳河東集注	九七●四
柳塘外集	八二●九
厚齋易學	三●一三
咸平集	八四●一
咸淳遺事	三二●一〇
咸淳臨安志	三九●一三

南方草木狀 四一●一二
南北史識小錄 三五●二
南史 二八●一
南行集見止山全集
南巡盛典
南宋院畫錄 六三●一五
南宋館閣錄 四三●三
南宋雜事詩 一一〇●一五
南郵詩集 一〇一●二
南宮奏稾 三三●二
南唐近事 七四●二
南唐書 三七●一
南唐書 三七●一
南軒易說 三●七
南軒集 九三●四
南部新書 七四●一四
南湖集 九二●一五
南湖集 一〇〇●一六
南窗記談 七五●五
南華眞經新傳 七八●一〇
南華眞經義海纂微 七八●一一
南陽書畫表 六三●九
南陽集 八四●四
南陽集 八五●一六
南園漫錄 七〇●一一
南齊文紀 一〇九●一九
南齊書 二七●一三
南澗甲乙稿 九二●一六
南嶽小錄 四一●一
南嶽倡酬集 一〇七●三
胡文穆雜著 七〇●八
胡文敬公集見敬齋集
胡仲子集 一〇一●一一
胡端敏奏議 三三●一〇
郁氏書畫題跋記見書畫題跋記
省心雜言 五〇●八
省愆集 一〇二●一一
省齋集 九三●四
貞白遺稿 一〇二●三
貞素齋集 一〇〇●一〇

貞觀公私畫史 六二●一
貞觀政要 三二●五
范文正集見文正集
范文忠集 一〇四●三一
范太史集 八五●一三
范村梅譜 六四●二〇
范村菊譜 六四●二〇
范忠貞集見忠貞集
范忠宣集 八五●一九
范德機詩 九九●一三
苑洛志樂 二三●五
苑洛集 一〇三●二三
茅亭客話 七六●一四
茅簷集 一〇四●三五
苕溪集 八八●一六
苕溪漁隱叢話見漁隱叢話
柴氏四隱集 一〇七●二一
則堂集 九七●一五
昭明太子集 八〇●六
昭忠錄 五四●一八
昭德新編 六五●一二
星命溯源 六一●一〇
星命總括 六一●一三
星歷考原 六一●二〇
星學大成 六一●一四
品茶要錄 六四●一三
思陵翰墨志 六二●七
思辨錄輯要 五二●五
畏齋集 九八●二七
毘陵集 八二●一
毘陵集 八八●六
迪功集 一〇三●二一
幽閒鼓吹 七四●六
卻掃編見却掃編
弇山堂別集 三二●一二
弇州四部稿 一〇四●一五
垂光集 三三●一一
秋堂集 九七●七
秋崖集 九六●六
秋澗集 九八●二八

秋聲集 九九●二三
秋聲集 九七●八
秋巖詩集 九八●三一
香山集 九一●二二
香祖筆記 七〇●二五
香乘 六四●一三
香屑集 一〇五●二一
香溪集 九〇●一四
香譜 六四●一一
重訂詩經疑問見詩經疑問
重修玉篇見玉篇
重修宣和博古圖見宣和博古圖
重修革象新書見革象新書
重修廣韻見廣韻
重編瓊臺會稿見瓊臺會稿
保命集 五七●二
保械錄 三五●一七
俗書刋誤 二五●一八
俟菴集 九九●二六
俟鯖錄 七四●二四
皇王大紀 二九●一〇
皇言定聲錄 二三●一三
皇甫少玄集 一〇四●一〇
集甫司勳集 一〇四●八
皇甫持正集 八二●一二
皇祐新樂圖記 二三●一
皇清文穎 一一〇●五
皇清開國方畧 二九●二五
皇清職貢圖 三九●二三
皇朝文獻通考 四四●九
皇朝通志 四四●一一
皇朝通典 四四●一〇
皇朝禮器圖式 四五●一〇
皇極經世觀物外篇衍義 六〇●五
皇極經世索隱 六〇●四
皇極經世書 六〇●三
皇極經世書解 六一●七
皇輿西域圖志 三九●二三
皇霸文紀 一〇九●一七
禹貢山川地理圖見禹貢論

禹貢長箋 八•一三
禹貢指南 七•三
禹貢會箋 八•一七
禹貢說斷 七•五
禹貢論 七•三
禹貢錐指 八•一四
衍極 六二•二一
待制集 九九•一八
待軒詩記 一〇•八
律呂正義 二三•九
律呂正義後編 二三•九及二三•一〇
律呂成書 二三•三
律呂新書 二三•二
律呂新論 二三•一五
律呂闡微 二三•一五
後山集 八六•六
後山詩話 二一一•五
後山談叢 七四•二一
後村集 九五•三
後村詩話 二一一•一九
後周紀文 一〇九•二一
後漢紀 二九•三
後漢書 二七•八
後漢書補遺 三一•一四
後樂集 九三•七
勉齋集 九三•五
急救仙方 五六•二五
急就篇 二五•一
扁鵲神應鍼灸玉龍經 五七•八
風月堂詩話 二一一•一〇
風俗通義 六八•一
風雅翼 一〇八•一三
負暄野錄 七一•一
盈川集 八一•二
癸巳孟子說見孟子說
癸巳論語解見論語解
癸辛雜識 七五•五
建炎以來繫年要錄 二九•一五
建炎朝野雜記 四四•三
建康集 八八•二一

建康實錄 三一●三
眉山文集 八七●一六
眉菴集 一〇一●一八
韋蘇州集 八一●一七
韋齋集 八九●四
姚少監詩集 八三●四
紀效新書 五三●一

十畫

浣川集 九四●一四
浣花集 八三●一九
浪語集 九二●一〇
浙江通志 三九●二六
浙西水利書 四〇●五
浦陽人物記 三五●三
涑水記聞 七四●一六
酒譜 六四●一七
酒邊詞 一一三●一三
涇野子內篇 五一●八
涇皐藏稿 一〇四●二六
涉史隨筆 四八●五
涉齋集 九一●一九
浮山集 九〇●七
浮沚集 八七●一三
浮湘集見顧華玉集
浮溪文粹 八八●七
浮溪集 八八●六
浩然齋雅談 一一一●一三
海內十洲記 七六●二
海岳名言 六三●一三
海岱會集 一〇九●七
海叟集 一〇一●二八
海桑集 一〇一●二六
海島算經 五九●三
海野詞 一一三●一九
海國聞見錄 四三●一一
海陵集 九一●二
海棠譜 六四●二二
海塘錄 四〇●一四
海語 四二●七

海粟吟稿　一〇四●一七
海錄碎事　七三●一
海鹽澉水志　三九●一二
悟眞篇註疏　七八●二三
家山圖書　五〇●二七
家範　四九●一一
家禮　一四●八
家藏集　一〇三●四
宮室考　一二●一〇
宮教集　九一●一二
容春堂全集　一〇三●八
容齋隨筆　六六●一〇
記纂淵海　七三●一六
凌忠介集　一〇四●三五
高士傳　三四●一〇
高子遺書　一〇四●二七
高氏三宴詩集　一〇六●五
高峯文集　九一●四
高常侍集　八一●一一
高齋漫錄　七五●七
病機氣宜保命集見保命集
席上腐談　七八●二五
庭訓格言見聖祖庭訓格言
唐人萬首絕句選　一一〇●九
唐才子傳　三五●一
唐大詔令集　三三●三
唐子西集見眉山文集
唐六典　四三●一
唐文粹　一〇六●一二
唐史論斷　四八●二
唐四僧詩　一〇六●九
唐百家詩選　一〇六●一六
唐宋八大家文鈔　一〇九●一四
唐宋文醇　一一〇●五
唐宋元名表　一〇九●一四
唐宋詩醇　一一〇●五
唐音　一〇八●九
唐音癸籤　一一三●五
唐英歌詩　八三●一四
唐風集　八三●一五

唐律疏義 四五●一七
唐書見新唐書
唐書直筆 四八●三
唐國史補 七四●三
唐策見增註唐策
唐朝名畫錄 六三●五
唐開元占經 六〇●一三
唐創業起居注 二九●五
唐御覽詩見御覽詩
唐新語 七四●三
唐詩 一一〇●四
唐詩品彙 一〇九●二
唐詩紀事 一一一●一三
唐詩鼓吹 一〇八●一
唐愚士詩 一〇三●一
唐會要 四四●一
唐僧宏秀集見弘秀集
唐語林 七五●四
唐摭言 七四●九
唐賢三昧集 一一〇●八
唐闕史 七六●一一
唐韻正 二六●一七
唐韻考孫氏 二六●一九
唐鑑 四八●二
旅舍備要方 五六●一三
益古演段 五九●九
益州名畫錄 六三●八
益部方物略記 四一●一五
益部談資 四一●一三
秉明書 六六●四
秉濟堂文集 一〇五●四
剡源集 九八●九
剡錄 三九●九
泰西水法 五五●四
泰泉集 一〇四●四
泰泉鄉禮 一四●八
班馬字類 二五●一一
班馬異同 二七●七
珠玉詞 一一三●一
珩璜新論 六八●九

珞琭子三命消息賦註　六一●一一
珞琭子賦註徐氏　六一●一二
素書見黃石公素書
素問入式運氣論奧　五六●一三
素問元機原病式　五七●一
素履子　四九●一一
祕書監志　四三●五
祕殿珠林　六三●一一
祛疑說　六九●一四
祠部集　八四●一六
祖英集　八四●一七
神仙傳　七八●一九
神異經　七六●二
神農本草百種錄　五七●二三
神農本草經疏　五七●一八
恥堂存稿　九六●六
袁氏世範　五〇●九
耆舊續聞　七五●一四
捕蝗考　四五●一五
桂林風土記　四一●一三
桂苑叢談　七六●一〇
桂海虞衡志　四一●一八
桂勝　桂故　四一●三
桂隱文集　九八●一一
栲栳山人集　九九●三三
桐山老農文集　一〇〇●一四
桐江續集　九八●七
格古要論　七一●二
格物通　五一●一〇
格致餘論　五七●七
格致鏡原　七三●一一
格齋四六　九一●一〇
眞山民集　九七●一六
眞誥　七八●一九
眞蹟日錄　六三●八
眞臘風土記　四二●五
夏小正戴氏傳　一三●一四
夏忠靖集見忠靖集
夏侯陽算經　五九●四
原本革象新書見革象新書

原本韓集考異 見韓集考異
晉書 二七●一三
馬政紀 四五●一七
馬端肅奏議 見端肅奏議
荒政叢書 四五●一五
荆川集 一〇四●九
荆川稗編 見稗編
荆南唱和詩集 一〇八●一三
荆楚歲時記 四一●一二
草木子 七〇●八
草堂雅集 一〇八●一一
草堂詩話 一一一●二〇
草堂詩餘 一一四●一二
草閣集 一〇一●一三
草澤狂歌 一〇一●二〇
茶山集 九〇●一
茶經 六四●一三
茶錄 六四●一三
荀子 四九●一
荔枝譜 六四●二三
晏子春秋 三四●二
晏元獻遺文 八四●七
晁氏客語 六八●一〇
晁旡咎詞 一一三●六
蚓竅集 一〇一●二三
峴泉集 一〇二●一
耕學齋詩集 一〇一●二五
矩山存稿 九五●一一
倚松詩集 八六●一五
修辭鑑衡 一一三●一
倪文貞集 一〇四●三四
倪文僖集 一〇二●一七
倪石陵書 九一●一三
島夷志略 四二●六
師山集 一〇〇●六
師友詩傳錄 一二三●七
師友談記 六八●一〇
鬼谷子 六五●五
徐氏珞琭子賦注 見珞琭子賦注
徐氏筆精 六七●四

徐正字詩賦　八三●一六
徐孝穆集　八〇●一〇
徐霞客遊記　四二●二
逃禪詞　一一三●一八
追昔遊集　八二●一九
脈訣刊誤　五七●九
芻言　六五●一三
芻蕘集　一〇二●四
能改齋漫錄　六六●七
書小史　六二●一八
書史　六二●一一
書史會要　六三●一
書舟詞　一一三●五
書法正傳　六三●一三
書法雅言　六三●四
書法離鉤　六三●五
書苑菁華　六三●一八
書品　書譜　六三●二
書叙指南　七二●一一
書訣　六三●三
書集傳或問　七●二
書集傳纂疏　八●一
書畫見聞表見淸河書畫表
書畫跋跋　六三●三
書畫彙考　六三●一三
書畫題跋記　六三●六
書畫譜見佩文齋書畫譜
書義矜式　八●一八
書義斷法　八●四
書傳　七●二
書傳大全　八●六
書傳旁通　八●三
書傳會通　八●五
書傳輯錄纂注　八●二
書經衷論　八●一六
書經集傳　七●八
書經傳說彙纂　八●一〇
書經稗疏見尙書稗疏
書說見東萊書說
書儀　一四●七

書齋夜話 六九●一七
書錄 六二●一九
書斷 六二●三
書纂言 八●一
郡齋讀書志 四六●二
孫子 五三●二
孫子算經 五九●一
孫公談圃 七四●二
孫氏唐韻考見唐韻考
孫白谷集見白谷集
孫可之集 八三●九
孫明復小集 八四●一四
孫威敏征南錄見征南錄
孫穀菴奏議 三三●二
娛書堂詩話 一一一●一九
純正蒙求 七三●一
純白齋類稾 九九●二八
陣紀 五三●一〇
陝西通志 三九●二九
邕州小集 八五●四

十一畫

淙山讀周易 三●二〇
淳化秘閣法帖考正 四七●一九
淳化閣帖釋文 四七●一四
淳熙三山志 三九●八
淳熙玉堂雜記見玉堂雜記
淡然軒集 一〇四●二五
深衣考 一三●八
深衣考誤 一三●一二
清文鑑 二五●二〇
清文鑑見三合切音清文鑑
清正存稿 九五●一一
清江三孔集 一〇六●一八
清江詩集 一〇一●一〇
清河書畫表 六三●九
清河書畫舫 六三●七
清波雜志 七五●一〇
清苑齋集 九四●四
清風亭稿 一〇二●二〇

清容居士集	九九•一
清秘藏	七一•四
清異錄	七六•一九
清惠集	一〇三•一五
清閟閣集	一〇〇•一七
清谿漫稿	一〇二•二四
清獻集	八四•二三
清獻集	九四•一一
淨德集	八五•八
淮南鴻烈解	六五•七
淮海詞	一一三•五
淮海集	八六•九
淮陽集	九八•五
梁文紀	一〇九•一九
梁書	二七•一四
梁園寓稿	一〇一•三〇
梁谿集	八八•二
梁谿漫志	六九•一一
梁谿遺稿	九一•六
淵穎集	九九•一六
淵鑑類函	七三•九
惜香樂府	一一四•一
惟實集	九九•九
密菴集	一〇一•九
密齋筆記	六九•一一
寇忠愍公詩集見忠愍集	
商子	五四•三
商文毅疏稿	三三•七
竟山樂錄	二三•一三
產育寶慶集	五六•二二
產寶諸方	五六•二四
訥谿奏議	三三•一三
郭氏傳家易說	三•六
郭鯤溟集見鯤溟詩集	
痎瘧論說	五七•二〇
庶齋老學叢談	七〇•五
庾子山集註	八〇•九
庾開府集箋註	八〇•八
康熙字典	二五•一九
康範詩集	九四•一一

康濟錄 四五●一五
康齋文集 一〇三●二五
庸菴集 一〇〇●三五
庸齋集 九六●一
鹿皮子集 一〇〇●五
鹿洲初集 一〇五●二一
望雲集 一〇一●三三
望溪集 一〇五●二〇
雪山集 九一●七
雪坡集 九六●一二
雪溪集 九〇●二
雪樓集 九八●二九
雪牕集 九五●一二
雪履齋筆記 七〇●六
雪磯叢稿 九六●八
理學類編 五〇●三
救荒本草 五五●三
救荒活民書 四五●一三
執中成憲 五三●四
埤雅 二四●六
教坊記 七四●六
碧溪詩話 一一一●一二
授時通考 五五●五
授經圖 四六●六
採芹錄 七〇●三
排字九經直音見明本排字九經直音
排韻增廣事類氏族大全見氏族大全
推易始末 六●六
推求師意 五七●一〇
郴江百咏 八九●一一
梧岡集 一〇二●一四
梧溪集 一〇〇●一二
桯史 七五●一三
梅山續稾 九三●九
梅村集 一〇五●三
梅花字字香 九九●七
梅花百詠 一〇八●四
梅花道人遺墨 一〇〇●一
梅苑 一一四●九
梅屋集 九六●九

梅溪詞　一二四●四
梅溪集　九五●一一
梅巖文集　九七●一一
曹子建集　八〇●二
曹文貞詩集　九八●三〇
曹月川集　一〇二●一四
曹祠部集　八三●一〇
研山齋雜記　七一●六
研北雜志　七〇●五
硃批諭旨見世宗硃批諭旨
乾坤清氣集　一〇九●一
乾坤體義　五八●七
乾坤鑿度見易緯
乾道稿　九二●一
乾道臨安志　三九●七
乾隆御製文集　一〇五●二
乾隆御製詩集　一〇五●二
常建詩　八一●一三
常談　六九●九
逍遙集　八四●二
莊子口義　七八●一一
莊子註　七八●九
莊子翼　七八●一二
莊氏算學　五九●一五
莊定山集　一〇三●一
莊渠遺書　一〇三●二〇
莊靖集　九八●三
莊簡集　八八●八
紫山大全集　九八●一五
紫微集　八八●一五
紫微雜說　六九●五
紫薇詩話　一一一●八
紫巖易傳　二●七
紫巖詩選　九七●二〇
野古集　一〇二●六
野古詩稿　九四●九
野老記聞見野客叢書
野客叢書　六六●一四
野處集　九九●三〇
野處類稿　九二●八

野菜博錄 五五●五
野趣有聲畫 九八●八
畦樂詩集 一〇一●二七
晦菴集 九一●五
晞髮集 九七●一〇
國子監志 四三●八
國老談苑 七五●二
國秀集 一〇六●六
國朝宮史 四五●一一
國語 三三●一
國語補音 三三●二
唯室集 九〇●一三
問辨錄 二三●七
崇文總目 四六●一
崇古文訣 一〇七●八
崧菴集 八九●八
崑崙河源考 四〇●一一
笠澤藂書 八三●一一
釣磯立談 三七●六
敝帚稿畧 九五●一〇
猗覺寮雜記 六六●七
術數記遺見數術記遺
御覽詩 一〇六●七
脚氣治法總要 五六●一三
脚氣集 六九●一六
扈從西巡日錄 三五●一八
習學記言 六五●一三
通志 三一●五
通典 四四●一
通書述解 五〇●一
通雅 六七●五
通鑑外紀見資治通鑑外紀
通鑑地理通釋 二九●七
通鑑前編見資治通鑑前編
通鑑胡注舉正 二九●八
通鑑紀事本末 三〇●一
通鑑問疑 四八●三
通鑑答問 四八●七
通鑑綱目 四八●一〇
通鑑綱目三編 二九●二四

通鑑綱目前編外紀	四八●一〇
通鑑綱目續編	
通鑑輯覽	二九●二三
通鑑總類	三六●一
通鑑釋例	二九●六
通鑑續編	二九●二一
參寥子詩集	八六●一〇
參讀禮志疑	一四●四
晝簾緒論	四三●一一
屏山集	八九●六
屏巖小稿	九八●一三
尉繚子	五三●三
張子抄釋	五一●九
張子全書	五〇●一
張文貞集	一〇五●一四
張氏可書	七五●九
張氏拙軒集	九六●三
張司業集	八二●一一
張邱建算經	五九●五
張莊僖文集	一〇四●一二
張燕公集	八一●四
張襄壯奏疏	三三●一五
婦人大全良方	五六●二〇
紺珠集	七一●七
紹陶錄	三四●五
紹熙州縣釋奠儀圖	四五●三
紹興十八年同年小錄	三四●一二
陸士龍集	八〇●三
陸子餘集	一〇四●八
陸氏易解	一●二
陸氏詩疏廣要	九●二
陵川集	九八●五
陵陽集	八九●四
陳文紀	一〇九●二〇
陳氏香譜	六四●一二
陳氏禮記集說補正	一三●九
陳拾遺集	八一●四
陳剛中集	九八●三一
陳秋巖詩集見秋巖詩集	
陳書	二七●一四

陳檢討四六 一〇五●一三
陰符經考異 七八●一
陰符經解 七八●一
陰符經講義 七八●二
陶山集 八六●一四
陶朱新錄 七六●一五
陶淵明集 八〇●四
陶菴全集 一〇四●三六
陶學士集 一〇一●三
巢氏諸病源候總論 五六●六

十二畫

游宦紀聞 六九●一〇
游城南記見遊城南記
游廌山集 八七●五
渾蓋通憲圖說 五八●一〇
渚山堂詞話 一二四●一五
渚宮舊事 三二●五
湛淵集 九八●一九
湛淵靜語 七〇●二
湛然居士集 九八●四
湛園札記 六七●九
湛園集 一〇五●一六
湘山野錄 七四●二三
湖山集 九〇●九
湖山類稿 九七●九
湖廣通志 三九●二七
測量法義 五八●一〇
測圓海鏡 五九●八
測圓海鏡分類釋術 五九●九
湯子遺書 一〇五●四
湯液本草 五七●五
溫公易說 二●二
溫氏母訓 五一●一三
溫疫論 五七●一九
溫恭毅集 一〇四●二一
溫飛卿集箋注 八三●六
渭南文集 九二●一三
寒山子詩集 八一●一
寒山帚談 六三●五

寒松閣集 九五●一
富山遺稿 九七●一六
寓意編 六三●一
寓意草見醫門法律
寓簡 六九●七
童子問 九●一〇
童溪易傳 三●一四
童蒙訓 五〇●七
詠史詩 八三●一二
詠物詩 一〇〇●四
詠物詩選 一一〇●二
評鑑闡要 四八●一一
詞林典故 四三●八
詞苑叢談 一一四●一七
詞律 一一四●一七
詞話見西河詞話
詞綜 一一四●一三
詞譜 一一四●一七
馮少墟集見少墟集
馮安岳集見安岳集
普濟方 五七●一〇
曾子 五〇●一六
尊白堂集 九一●一七
尊孟辨見孟子辨
尊前集 一一四●九
尊嚴集 一〇四●七
雲仙雜記 七四●九
雲村集 一〇四●三
雲谷雜記 六六●八
雲林石譜 六四●一三
雲林集 九九●六
雲林集 一〇一●六
雲松巢集 一〇〇●一九
雲南通志 三九●三一
雲泉詩 九五●五
雲烟過眼錄 七一●二
雲笈七籤 七八●二三
雲峯集 九八●二七
雲莊集 九〇●一五
雲莊集 九二●六

雲莊禮記集說見禮記集說
雲集編 八六●一六
雲溪友議 七四●七
雲溪居士集 八七●一
雲溪集 八九●五
雲陽集 一〇〇●一六
雲臺編 八三●一三
雲麓漫鈔 六九●九
琴史 六三●一六
琴旨 三三●一六
琴堂諭俗編 六九●一四
琴譜合璧 六三●一八
絜齋毛詩經筵講義 九●九
絜齋家塾書鈔 七●七
絜齋集 九二●五
項氏家說 五〇●二一
壺山四六 九五●七
彭城集 八五●三
彭惠安集 一〇二●二〇
堯峰文鈔 一〇五●七
越史畧 三七●一四
越絕書 三五●一
都官集 八五●五
都城記勝 四一●一九
揮麈錄 七五●八
揚子法言 四九●六
揚子雲集 八〇●一
揚州芍藥譜 六四●一九
搜玉小集 一〇六●一一
搜神記 七六●五
搜神後記 七六●六
握奇經 五三●一
黃文獻集見文獻集
黃氏日抄 五〇●二三
黃氏補注杜詩見補注杜詩
黃石公三略 五三●四
黃石公素書 五三●五
黃帝素問見內經素問
黃御史集 八三●一七
散花菴詞 一一四●四

博物志　七六•一七
博異記　七六•八
博濟方　五六•一〇
栟櫚集　八九•一
棋訣　六三•二一
棋經　六三•二〇
椒丘文集　一〇二•二三
盛京通志　三九•二四
朝邑縣志　三九•一八
朝野僉載　七四•二
朝野類要　六六•一九
朝鮮史略　三七•一五
朝鮮國志　四二•九
朝鮮賦　四二•六
硯史　六四•六
硯箋　六四•七
硯譜　六四•六
雁門集　九九•二三
雅頌正音　一〇九•二
棠陰比事　五四•五
萍洲可談　七五•七
華亭百詠　九三•九
華泉集　一〇三•一五
華野疏稾　三三•一七
華陽國志　三七•二
華陽集　八二•三
華陽集　八四•二〇
華陽集　八八•一四
菽園雜記　七五•二一
菌譜　六四•二四
菊磵集　九四•一
虛舟集　一〇二•七
虛齋集　一〇三•七
景文集　八四•一一
景迂生集　八六•一六
景定建康志　三九•一三
景定嚴州續志見嚴州續志
景岳全書　五七•一九
異苑　七六•六
異域錄　四二•一一

異魚圖贊 六四●二六
異魚圖贊補 六四●二七
異魚圖贊箋 六四●二六
開天傳信記 七六●一三
開元天寶遺事 七四●一一
開元釋敎錄 七七●二
閑居錄 七〇●六
閒居叢稿 九九●一八
鄂州小集 九一●四
喩林 七三●三
蛟峯文集 九七●七
貴州通志 三九●三三
貴耳集 六九●一五
筆記見朱景文筆記
筆精見徐氏筆精
筍譜 六四●二四
鈍吟雜錄 七一●一四
舒文靖集 九三●五
斐然集 九〇●五
無住詞 一一三●一四

無爲集 八五●一一
無能子 七八●二一
無錫縣志 三九●一七
剩語 九八●九
嵇中散集 八〇●三
程氏春秋或問 一七●三
程氏經說 二〇●三
程氏演繁露 六六●一一
喬氏易佺見易佺
焦氏易林 六一●六
集千家注杜詩集 八一●九
集玉山房稿 一〇四●三三
集古錄 四七●一
集異記 七六●八
集韻 二六●三
集驗背疽方 五六●三二
備忘集 一〇四●一八
備急千金要方 五六●七
衆妙集 一〇七●一二
傅子 四九●八

傅與礪詩文集　九九●二四
傲軒吟稿　一〇〇●六
粵西詩載　一一〇●一一
粵閩巡視紀略　三五●一七
復古詩集　一〇〇●二三
復古編　二五●一〇
復齋易說　三●八
須溪四景詩集　九七●一
須溪集　九七●一
勝朝殉節諸臣錄　三五●九
脾胃論　五七●三
逸周書　三一●一
象山集　九二●三
象臺首末　三四●六
觚不觚錄　七五●二二
登州集　一〇一●七
發微論　六一●五
畫山水賦　六二●六
畫史　六二●一一
畫史會要　六三●六
畫墁集　八六●一三
畫墁錄　七四●三
畫蟬室隨筆　七〇●一三
畫鑒　六二●二〇
畫繼　六三●一六
巽隱集　一〇三●五
巽齋文集　九六●一一
强齋集　一〇一●二六
給事集　八七●一四
絳守居園池記　八二●一七
絳帖平　四七●五
絳雪園古方選註　五七●二三
絕妙好詞箋　一一四●一一
幾何原本　五九●一一
幾何論要　五九●一三
隋文紀　一〇九●二一
隋書　二七●一五
隆平集　三一●四

十三畫

溢水集 九八●一
滋溪文稿 九九●二六
源流至論見古今源流至論
滇考 三〇●一二
滇略 三九●一九
溪堂詞 一一三●七
溪堂集 八七●八
溪蠻叢笑 四二●五
滄浪集 九五●二
滄浪詩話 一一一●一八
滄溟集 一〇四●一三
滄洲塵缶編 九四●一五
滄海遺珠 一〇九●五
滄螺集 一〇一●一三
準齋雜說 五〇●二三
愼子 六五●三
愧郯錄 六九●一三
靖康要錄 二九●一八
靖康緗素雜記 六六●六
意林 七一●六
新五代史見五代史
新安文獻志 一〇九●七
新安志 三九●九
新序 四九●五
新法算書 五八●九
新唐書 二八●二
新唐書糾謬 二八●二
新書 四九●三
新語 四九●三
新論 六五●九
新儀象法要 五八●二
廉吏傳 三四●一二
詳註東萊左氏博議見左氏博議
詩人玉屑 一一一●一八
詩本音 二六●一六
詩本義見毛詩本義
詩外傳 一〇●二一
詩札 一〇●一三

詩地理攷 九●一二
詩考 九●一二
詩名物疏 一〇●六
詩序 九●一
詩序補義 一〇●二〇
詩所 一〇●一二
詩林廣記 一一一●二三
詩故 一〇●六
詩品 一一一●三
詩紀匡謬 一〇九●一〇
詩家鼎臠 一〇七●一九
詩童子問見童子問
詩集傳 九●四
詩集傳名物鈔 一〇●一
詩話補遺 一一二●四
詩話總龜 一一一●七
詩義折中 一〇●九
詩補傳 九●五
詩傳大全 一〇●五
詩傳名物集覽 一〇●一五
詩傳旁通 一〇●二
詩疑辨證 一〇●一八
詩緝 九●一二
詩總聞 九●六
詩傳通釋 一〇●一
詩傳詩說駁義 一〇●一三
詩傳遺說 九●一二
詩經世本古義 一〇●七
詩經通義 一〇●一一
詩經集傳 九●六
詩經稗疏 一〇●一〇
詩經傳說彙纂 一〇●九
詩經疏義會通 一〇●二
詩經疑問 一〇●七
詩經樂譜全書 二三●一〇
詩經箚記 一〇●一六
詩解頤 一〇●四
詩演義 一〇●四
詩說 一〇●一五
詩說解頤 一〇●五

詩疑問 一〇●三
詩瀋 一〇●一九
詩識名解 一〇●一四
詩續續 一〇●三
雍錄 四一●六
資治通鑑 二九●五
資治通鑑目錄 二九●七
資治通鑑外紀 二九●九
資治通鑑考異 二九●五
資治通鑑前編 二九●二一
資治通鑑後編 二九●二六
資治通鑑釋文辨誤 二九●八
資政要覽 五二●一
資暇集 六六●三
義府 六七●七
義門讀書記 六七●一〇
義豐集 九一●一八
煎茶水記 六四●一六
遊城南記 四二●一
運甓漫稿 一〇二●一三
道山清話 七五●三
道院集要 七七●五
道鄉集 八七●五
道園遺稿 九九●一二
道園學古錄 九九●一一
道德指歸論 七八●三
道德眞經註 七八●五
道德經註 七八●六
道德經註 七八●七
道德經解見老子道德經解
道德寶章 七八●四
道藏目錄詳註 七八●二五
遂初堂書目 四六●三
遂昌雜錄 七五●二〇
補後漢書年表 二七●八
補注杜詩 八一●八
補漢兵志 四五●一六
補歷代史表 三一●一三
補繪離騷全圖 七九●三
補饗禮 一二●九

瑟譜　二三●二
瑞竹堂經驗方　五七●六
聖求詞　一一三●一〇
聖祖庭訓格言　五三●一
聖祖聖訓　三三●一
聖祖御製文集　一〇五●一
聖壽萬年歷　五八●六
聖諭廣訓　五三●一
聖諭樂本解說　二三●一二
聖學宗要見劉子遺書
聖濟總錄纂要　五六●一五
靳文襄奏疏見文襄奏疏
勤有堂隨錄　七〇●三
勤齋集　九九●一〇
賈氏譚錄　七四●一三
楳埜集　九五●五
禁扁　三九●一
楚蒙山房易經解見學易初津
楚辭章句　七九●一
楚辭集註　七九●二
楚辭補註　七九●一
楊文忠公三錄　三三●九
楊文敏集見文敏集
楊公筆錄　六八●一〇
楊氏易傳　三●八
楊仲宏集見仲宏集
楊忠介集　一〇四●九
楊忠愍集　一〇四●一四
楊誠齋詩話見誠齋詩話
極玄集　一〇六●八
楓山集　一〇三●二
楓山語錄　五一●五
楓窗小牘　七五●五
肆獻祼饋食禮　一二●一一
廣東學詩　一〇●一二
歲時廣記　三八●一
歲時雜詠　一〇七●二
歲華記麗譜　四一●二〇
歲寒堂詩話　一一一●一一
葉八白易傳　五●六

葬書 六一●一
萬花谷集見錦繡萬花谷集
萬首唐人絕句詩 一〇七●四
萬姓統譜 七三●三
萬壽盛典初集 四五●一〇
敬止集 四〇●七
敬軒集 一〇二●一四
敬鄉錄 三五●一
敬業堂詩集 一〇五●一九
敬齋古今黈 七〇●二
敬齋集 一〇三●一一
葦航漫遊稿 九六●二
葯房樵唱 九九●三三
蜀中廣記 四一●二三
蜀檮杌 三七●一〇
蜀鑑 三〇●三
鼎錄
愚谷集 一〇四●七
愚菴小集 一〇五●一〇
農政全書 五五●三
農桑衣食撮要 五五●二
農桑輯要 二五●五
農書 五五●一
農書 五五●三
跨鼇集 八七●一七
路史 三一●六
鄖溪集 八五●六
蜺菴集 九九●二九
蜺巖詞 一一四●七
過庭錄 七五●六
嵩山集 九〇●一一
嵩陽石刻集記 四七●一七
筠軒集 九九●二五
筠溪集 八八●一三
筠谿樂府 一一三●一一
愛日齋叢抄 六六●二〇
稗編 七三●二
禽星易見 六一●一九
禽經 六四●二五
會昌一品集 八二●一九

會稽三賦　四一●一七
會稽志　三九●一〇
會稽掇英總集　一〇六●一七
傳信適用方　五六●一八
傳家集　八四●二一
傳神祕要　六三●一六
催官篇　六一●四
傷寒舌鑑　五七●三三
傷寒直格論方　五六●二
傷寒兼證析義　五七●三三
傷寒微旨　五六●一四
傷寒論條辨　五七●一七
傷寒論註釋　五六●四
傷寒總病論　五六●一四
傷寒類方　五七●二四
鼠璞　六六●一九
梟藻集　一〇一●一七
遁甲演義　六一●一九
殿閣詞林記　三五●四
羣書考索　七三●一九
羣書會元截江網　七二●一八
羣經音辨　二四●五
羣經補義　二〇●一七
經史正音切韻指南　二六●九
經史講義　五二●四
經外雜鈔　六六●一六
經典釋文　二〇●二
經典稽疑　二〇●九
經咫　二〇●一八
經問　二〇●一三
經幄管見　四八●四
經稗　二〇●一五
經義考　四六●八
經義模範　一〇九●八
經說　二〇●八
經濟文集　九九●二八
經濟文衡集　五〇●一九
經濟類編　七三●四
經禮補逸　一二●五
綏寇紀略　三〇●一一

鄉黨圖考 二二●一七
勦捕臨清逆匪紀略 三〇●九

十四畫

演山集 八七●二
演禽通纂 六一●一四
演繁露見程氏演繁露
滿洲祭神祭天典禮 四五●一一
滿洲源流考 三九●二二
滿珠蒙古漢字三合切音清文鑑見三合切音清文鑑
漢上易集傳 二●九
漢官舊儀 四五●一
漢武故事 七六●三
漢武洞冥記 七六●四
漢武帝內傳 七六●三
漢制考 四四●五
漢隸分韻 二五●一六
漢隸字源 二五●一一
漢濱集 九〇●一三
漢魏六朝百三名家集 一〇九●二四
漢藝文志考證 四六●五
漱玉詞 一一三●一五
滹南集 九八●二
漫塘文集 九四●二
漁洋詩話 一一三●七
漁墅類稿 九四●一五
漁隱叢話 一一一●一五
寧海將軍固山貝子功績錄 三四●八
寧極齋稿 九七●二二
賓退錄 六六●一八
實賓錄 七三●一〇
說文字原 二五●一五
說文解字 二五●一
說文解字篆韻譜 二五●四
說文繫傳 二五●二
說文繫傳考異 二五●三
說苑 四九●五
說郛 七一●一〇
說略 七三●五
說學齋稿 一〇一●五

語林見何氏語林
誠意伯文集　一一〇●二
誠齋易傳　三●一〇
誠齋集　九三●一一
誠齋詩話　一二一●一七
韶舞九成樂補　二三●四
端明集　八四●一五
端溪硯譜　六四●六
端肅奏議　三三●八
瘟疫論見溫疫論
齊民要術　五五●一
齊東野語　六九●一八
齊乘　三九●一五
榮進集　一〇一●二九
滎陽外史集　一〇一●三三
頖宮禮樂疏　四五●七
精華錄　一〇五●六
瑤石山人詩稿　一〇四●一〇
碧梧玩芳集　九七●六
碧雞漫志　一一四●一五
福建通志　三九●二七
壽親養老新書　五六●一一
摛文堂集　八七●一一
臺海使槎錄　四一●二五
嘉禾百詠　九七●三
嘉定赤城志見赤城志
嘉泰會稽志見會稽志
嘉祐集　八五●二〇
嘉祐雜志　七四●一八
嘉靖以來首輔傳　三五●四
趙氏鐵網珊瑚見鐵網珊瑚
趙考古文集見考古文集
榕村四書說五種　二三●一三
榕村集　一〇五●一六
榕村語錄　五三●七
榕壇問業　五一●一三
槎翁詩集　一〇一●七
爾雅注疏　二四●一
爾雅鄭註　二四●一
爾雅翼　二四●七

蒲江詞 一一三●二四
蒲室集 九九●四
蒙川遺稿 九六●七
蒙古王公功績表傳見外藩蒙古回部王公功績表傳
蒙古源流 三二●一三
蒙求集註 七二●六
蒙齋中庸講義 二一●一二
蒙齋集 九四●一〇
蒙隱集 九一●一三
夢粱錄 四一●一九
夢窗稿 一一四●一
夢溪筆談 六八●八
夢澤集 一〇四●四
夢觀集 九九●三一
墓銘舉例 一二二●三
慈湖詩傳 九●七
慈湖遺書 九二●四
對山集 一〇三●一八
對牀夜話 一一一●二二
睽車志 七六●一六
聞見後錄 七五●一二
聞見前錄 七五●一〇
聞過齋集 一〇〇●七
閩中十子詩 一〇九●四
閩中海錯疏 四一●二三
閩中理學淵源考 三五●一四
閩越巡視記略見粵閩巡視記畧
鳴盛集 一〇一●一九
幔亭集 一〇四●三三
圖書編 七三●六
圖畫見聞誌 六三●九
圖繪寶鑑 六三●二三
管子 五四●一
管子補注 五四●一
管城碩記 六七●一一
管窺外篇 五一●二
箋註評點李長吉歌詩見李長吉歌詩
算學見數學
銅人鍼灸經 五六●九
銀海精微 五六●七

榘菴集 九九・一一
僑吳集 一〇〇・四
像象管見 五・七
鳳池吟稿 一〇一・三
翠屏集 一〇一・五
翠渠摘稿 一〇三・四
翠寒集 九九・一四
翠微南征錄 九四・一三
熊峯集 一〇三・九
蕘言集 三三・六
遜志齋集 一〇二・三
疑獄集 五四・四
疑耀 六七・三
綱山集 九一・九
綱目分註拾遺 二九・一三
綱目訂誤 二九・一四
綱目續麟 二九・一三
緇衣集傳 一三・六

十五畫

澉水志見海鹽澉水志
潛山集 九六・一六
潛夫論 四九・六
潛邱箚記 六七・八
潛虛 六〇・三
潛齋文集 九七・一〇
潤泉日記 六九・一二
潤泉集 九五・三
潞公文集 八五・一三
潘司空奏疏 三三・一四
潏水集 八七・三
審齋詞 一一五・一九
毅齋詩集 一〇二・九
談苑見孔氏談苑
談龍錄 一一三・八
談藝錄見迪功集
論孟精義 二一・九
論語注疏 二一・二
論語全解 二一・五
論語拾遺 二一・四

論語商 二二●九
論語筆解 二一●三
論語集註考證 二一●一六
論語集解義疏 二一●一
論語集說 二一●一四
論語意原 二一●一〇
論語解 二一●一一
論語稽求篇 二三●一四
論語類考 二三●八
論語學案 二三●一〇
論衡 六八●一
論學繩尺 一〇七●一四
廣川書跋 六二●一五
廣川畫跋 六二●一五
廣州四先生詩 一〇九●三
廣西通志 三九●三一
廣成集 八三●二〇
廣弘明集 七七●一
廣東通志 三九●三〇
廣陵集 八五●二二
廣博物志 七三●八
廣雅 二四●四
廣羣芳譜 六四●二五
廣韻 二六●一
廣韻重修 二六●一
廟制圖考 四五●一三
廟學典禮 四五●五
慶元黨禁 三四●一五
慶湖遺老詩集 八七●一〇
羯鼓錄 六三●一九
養吾齋集 九八●二三
養蒙集 九八●一〇
鄭少谷集見少谷集
鄭氏周易 一●二
鄭志 二〇●一
鄭忠肅奏議遺集 九〇●一四
鄭開陽雜著 四〇●一五
褚氏遺書 五六●五
震川集 一〇四●二二
震澤長語 七〇●一〇

震澤集 一〇三●五
璇璣圖詩讀法 八〇●五
熬波圖 四五●一四
穀誠山館詩集 一〇四●二四
熱河志 三九●二〇
增修互註禮部韻略見禮部韻略
增修校正押韻釋疑見押韻釋疑
增註唐策 一〇七●一八
增補武林舊事見武林舊事
樗菴類稿 一〇一●二四
樗隱集 一〇〇●二一
樓居雜著 一〇二●二五
樊川集 八三●三
樊榭山房集 一〇五●二三
輟耕錄 七五●二一
歐陽文粹 八五●一八
歐陽行周集 八二●一三
歐陽修撰集 八九●一二
蓮洋詩鈔 一〇五●一三
蓮峰集 九三●一
蔡中郎集 八〇●一
劇談錄 七六●一〇
頤山詩話 一一三●四
頤菴文選 一〇二●九
頤菴居士集 九二●一四
墨子 六五●一
墨史 六四●一〇
墨池璅錄 六三●二
墨池編 六二●一〇
墨法集要 六四●一〇
墨客揮犀 七五●三
墨莊漫錄 六九●七
墨經 六四●八
墨譜法式 六四●八
墨藪 六二●六
閭風集 九七●六
數度衍 五九●一三
數理精蘊 五九●一二
數術記遺 五九●二
數學 五八●一九

數學九章　五九●七
數學鑰　五九●一二
箴膏肓起廢疾發墨守　一五●二
篋中集　一〇六●五
篁墩集　一〇三●一
篆隸考異　二五●二一
節孝集　八五●一六
節孝語錄　五〇●六
劍南詩稿　九二●一二
鄱陽五家集　一一〇●一四
鄱陽集　八五●一四
鄱陽集　八九●三
稼村類稿　九八●七
稼軒詞　一一三●二一
稽古錄　二九●九
稽神錄　七六●一二
黎嶽集　八三●八
儀象考成　五八●一三
儀禮小疏　一二●一二
儀禮注疏　一二●一
儀禮析疑　一二●八
儀禮述註　一二●七
儀禮要義　一二●四
儀禮商　一二●七
儀禮章句　一二●八
儀禮集說　一二●五
儀禮集編　一二●一二
儀禮集釋　一二●二
儀禮逸經　一二●四
儀禮義疏　一二●六
儀禮經傳通解　一四●五
儀禮圖　一二●三
儀禮鄭注句讀　一二●六
儀禮識誤　一二●一
儀禮釋宮　一二●三
儀禮釋宮增註　一二●一一
樂全集　八五●一八
樂府指迷　一一四●一五
樂府詩集　一〇七●一
樂府補題　一一四●一二

樂府雅詞　一一四●一〇
樂府雜錄　六三●一九
樂郊私語　七五●二〇
樂律全書　三三●七
樂律表微　三三●一五
樂軒集　九一●一四
樂圃餘稿　八七●一
樂書　三三●一
樂章集　一一三●二
樂庵語錄　六五●一三
樂善堂文集定本　一〇五●一
樂静集　八七●七
德隅齋畫品　六三●一〇
盤山志　四一●三
盤洲文集　九三●八
鄮峰真隱漫錄　九一●一
劉子遺書　五一●一二
劉氏春秋意林　一五●九
劉氏菊譜　六四●一九
劉左史集　八七●一四
劉彥昺集　一〇一●一五
劉清惠集見清惠集
劉給事集見給事集
劉賓客文集　八二●一〇
劉賓客嘉話錄　七四●四
劉隨州集　八一●一六
劉蕺山集　一〇四●二九
魯齋集　九六●一五
魯齋遺書　九八●一二
鄧子　五四●二
鄧紳伯集見大隱居士集
履齋遺集　九五●八
練中丞集見中丞集
練兵實紀　五三●一二
練兵雜紀見練兵實紀
編珠　七三●一
緝古算經　五九●七
緣督集　九二●三
畿輔通志　三九●五二

十六畫

澠水燕談錄 七四●一七
澹軒集 九一●一五
澹菴集 九〇●四
澹齋集 八九●三
親征朔漠方畧 三〇●五
辨定祭禮通俗譜 一四●九
辨惑編 五一●一
龍川詞 一一三●二〇
龍川畧志 七四●二〇
龍川集 九四●六
龍沙紀畧 四一●二六
龍虎經註疏 七八●二四
龍洲詞 一二四●二
龍洲集 九四●六
龍雲集 八七●一
龍筋鳳髓判 七二●三
龍學文集 八五●九
龍龕手鑑 二五●一三
謚法 四五●二
諸史然疑 見三國志補注
諸臣奏議 見宋名臣奏議
諸葛忠武書 三四●八
諸蕃志 四三●四
諭行旗務奏議 三三●二
學史 六八●七
糖霜譜 六四●一七
遵生八牋 七一●三
遼史 二八●五
遼史拾遺 二八●七
遼金元三史國語解 二八●九
霏雪錄 七〇●七
靜春堂集 九九●九
靜思集 一〇〇●一四
靜修集 九六●三
靜菴集 一〇一●一八
靜學文集 一〇三●四
撼龍經 六一●二
燕石集 九九●二一

燕堂詩稿 九一●二
燕翼貽謀錄 三二●九
整菴存稿 一〇三●一二
融堂四書管見 二〇●五
融堂書解 七●一〇
瓢泉吟稿 九九●二五
横浦集 九〇●八
横塘集 八八●三
横渠易說 二●三
樵香小記 六七●一一
樵雲獨唱 一〇〇●一三
樵隱詞 一一三●二二
橘山四六 九三●七
橘錄 六四●二二
歷代史表見補歷代史表
歷代名臣奏議 三三●一八
歷代名畫記 六二●五
歷代名賢確論 四八●七
歷代兵制 四五●一六
歷代制度詳說 七三●一四
歷代帝王宅京記 三九●三二
歷代建元考 四五●一二
歷代紀事年表 三一●一一
歷代通畧 四八●八
歷代詩話 一一二●六
歷代詩餘 一一四●一三
歷代賦彙 一一〇●一
歷代職官表 四三●九
歷代題畫詩類 一一〇●二
歷代鐘鼎彝器款識法帖 二五●九
歷象考成 五八●一二
歷象考成後編 五八●一二
歷算全書 五八●一六
歷體畧 五八●一一
翰林志 四三●一
翰林記 四三●六
翰苑新書 七三●一三
翰苑集 八二●三
翰苑羣書 四三●三
翰墨志見思陵翰墨志

駮五經異義 二〇●一
駱丞集 八一●三
鬳齋考工記解見考工記解
鬳齋續集見竹溪鬳齋十一稿續集
盧昇之集 八一●二
盧溪文集 八九●六
鄴中記 三七●三
默成文集 八九●一
默記 七五●七
默堂集 九〇●一一
默菴集 九八●二七
默齋遺稿 九五●七
曉菴新法 五八●一三
遺山文集 九八●三
圜容較義 五八●二一
戰國策 三二●三
戰國策注 三二●四
戰國策校註 三二●四
篔窗集 九五●四
餘師錄 一一一●一七
錢氏私志 七四●二〇
錢仲文集 八二●三
錢通 四五●一四
錢塘先賢傳贊 三四●一四
錢塘集 八五●七
錢塘遺事 三二●一一
錢錄 六四●一一
錦里耆舊傳 三七●九
錦繡萬花谷 七二•一五
歙州硯譜 六四●六
歙硯說 六四●六
學古編 六三●一八
學古緒言 一〇四●三〇
學史 四八●九
學言詩稿 一〇〇●八
學林 六六●九
學易初津 六●一七
學易記 四●七
學易集 八七●四
學庸正說 二二●九

學庸集說啓蒙　二二●五
學餘堂文集　一〇五●五
學齋佔畢　六六●一八
學禮質疑　一四●二
積齋集　九九●二一
穆天子傳　七六●二
穆參軍集　八四●六
儒行集傳　一三●七
儒言　五〇●七
儒志編　四九●一二
儒林公議　七四●一五
儒林宗派　三五●一二
儒門事親　五七●三
獨醉亭集　一〇一●二八
獨醒雜志　七五●一四
獨斷　六六●二
衡州集　八二●一一
衡廬精舍藏稿　一〇四●一九
衛濟寳書　五六●一九
鮑氏戰國策注見戰國策注
鮑明遠集　八〇●五
鮑溶詩集　八三●三
龜山集　八八●一
龜巢集　一〇〇●一一
龜溪集　八九●一
豫章文集　八九●九
潁川語小　六六●一七
縉雲文集　九〇●一〇
緯畧　六六●一二
隨隱漫錄　七五●一六

十七畫

濟生方　五六●三
濟南集　八六●一〇
鴻慶居士集　八九●七
謙齋文錄　一〇二●三
謝宣成集　八〇●六
襄陵文集　八七●一二
襄毅文集　一〇二●一八
應齋雜著　九二●九

營平二州地名記 四一●一〇
營造法式 四五●一九
燭湖集 九三●三
霞外詩集 九九●三
環谷集 一〇〇●二〇
環溪詩話 一一一●一四
禪月集 八三●一九
禪林僧寶傳 七七●五
聲畫集 一〇七●五
聲調譜 一一二●八
輿地碑記目 四七●九
輿地廣記 三九●四
擊壤集 八五●一四
檀弓疑問 一三●一一
檀園集 一〇四●三〇
檆溪居士集 八八●一三
隸辨 二五●二三
隸釋 四七●四
隸續 四七●五
檜亭集 九九●一五

檇李詩繫 一一〇●一三
韓文考異別本 八三●六
韓內翰別集 八三●一四
韓非子 五四●三
韓昌黎集 八二●七
韓昌黎集註東雅堂 八二●七
韓集考異原本 八二●五
韓集舉正 八二●五
韓集點勘 八二●八
韓詩外傳見詩外傳
薛文清集見敬軒文集
薛氏醫案 五七●一一
薛濤李冶詩集 一〇六●九
薛荔園詩集 一〇四●二〇
還山遺稿 九八●二一
還寃志 七六●七
嘯堂集古錄 六四●二
牆東類稿 九八●一〇
嶺外代答 四一●一八
嶺表錄異 四一●一四

嶺南風物紀　四一●二五
嶺海輿圖　三九●一九
臨川集　八五●二〇
臨安集　一〇一●一三
臨清紀畧見勦捕臨清逆匪紀畧
臨皐文集　一〇四●二五
臨漢隱居詩話　一一一●六
鍼灸甲乙經　五六●三
鍼灸問對　五七●一二
鍼灸資生經　五六●二〇
鍾律通考　二三●六
僧寶傳見禪林僧寶傳
優古堂詩話　一一一●六
避暑錄話　六九●三
隱居通議　七〇●一

十八畫

雜學辨　五〇●一二
顏山雜記　四一●二四
顏氏家訓　六五●一〇
顏魯公集　八一●一四
甕牖閒評　六六●一二
豐千拾得詩見寒山子詩集
豐川易說　六●二一
璿璣圖詩讀法見璇璣圖詩讀法
禮記大全　一三●四
禮記注疏　一三●一
禮記析疑　一三●一〇
禮記述註　一三●一〇
禮記訓義擇言　一三●一二
禮記集說　一三●三
禮記集說　一三●二
禮記義疏　一三●八
禮記纂言　一三●二
禮書　一四●四
禮書綱目　一四●六
禮部志稿　四三●六
禮部集　九九●二〇
禮部韻畧　二六●六
禮部韻畧　二六●五

禮經本義　一三●九
禮經會元　一一●三
禮說　一一●一二
職方外紀　四三●八
職官分紀　七三●一三
轉注古音畧　二六●一一
覆瓿集　九七●五
覆瓿集　一〇一●八
醫旨緒餘　五七●一四
醫宗金鑑　五七●二〇
醫門法律　五七●二一
醫經溯洄集　五七●九
醫說　五六●一九
醫閭集　一〇三●三
醫壘元戎　五六●四
醫學源流論　五七●二五
邇言　五〇●一七
駢字類編　七三●九
駢志　七三●七
駢雅　二四●七

騎省集　八四●一
藏一話腴　六九●一六
藏春集　九八●四
藏海居士集　八九●九
藏海詩話　一一一●一〇
藍山集　一〇一●一五
藍澗集　一〇一●一六
舊五代史　二八●三
舊唐書　二八●一
舊聞證誤　四八●六
蕭茂梃文集　八二●一
題畫詩類見歷代題畫詩類
蟫精雋　七〇●九
簡平儀說　五八●八
簡端錄　二〇●九
簡齋集　八八●一二
雞肋　七三●一八
雞肋集　八六●一七
雞肋編　七五●一二
鵝湖集　一〇一●三三

魏書　二七●一四
魏鄭公諫錄　三四●三
魏鄭公諫續錄　三四●七
儲光羲詩　八一●一三
雙溪集　九二●一
雙溪集　一〇三●一七
雙溪集　八九●一一
雙溪醉隱集　九八●二四
雙橋隨筆　五二●五
歸田稿　一〇三●五
歸田錄　七四●一八
歸田類稿　九八●六
歸愚詞　一一三●二〇
歸潛志　七五●一七
彝齋文編　九六●二
繙譯五經四書　二〇●一〇
斷腸詞　一一四●五

十九畫

瀛奎律髓　一〇八●四
瀕湖脈學　五七●一六
懷星堂集　一〇三●一二
懷清堂集　一〇五●一八
懷麓堂集　一〇二●二三
懷麓堂詩話　一一二●三
韻石齋筆談　七一●五
韻府拾遺　七三●一一
韻府羣玉　七三●二四
韻補　二六●四
韻補正　二六●一七
韻語陽秋　一一一●一一
識小編　六七●一二
識遺　六六●二〇
譚苑醍醐　六七●二
譚襄敏奏議　三三●一三
證治準繩　五七●一五
證類本草　五六●一五
離騷草木疏　七九●三
廬山記　四一●一
廬山集　九七●一四

類博稿 一〇二●一九
類經 五七●一八
類說 七一●七
類篇 二五●九
類編草堂詩餘見草堂詩餘
類證普濟本事方 五六●一七
瓊臺會稿 一〇二●二一
難經本義 五六●二
麗則遺音 一〇〇●二四
麗澤論說集錄 五〇●一五
願學集 一〇四●二九
藝文類聚 七三●二
蓺林彙考 六七●八
藝圃擷餘 一二●五
藝彀 六七●三
羅圭峯集見圭峯集
羅昭諫集 八三●一七
羅湖野錄 七七●七
曝書亭集 一〇五●九
關中奏議 三三●九
關中勝蹟圖志 四一●一一
關尹子 七八●七
嚴州續志 三九●一三
嚴陵集 一〇七●三
籀史 七四●三
蟹畧
蟹譜 六四●二六
鯨背吟集 九九●二七
鯤溟詩集 一〇四●二〇
嬾眞子 六九●二
繹史 三〇●一三
繪事備考 六三●一二
繪事微言 六三●四

二十畫

寶刻叢編 四七●八
寶刻類編 四七●九
寶祐四年登科錄見宋寶祐四年登科錄
寶眞齋法書贊 六二●一七
寶晉英光集 八六●一一

寶章待訪錄　六二●一二
寶慶四明志　三九●一一
寶氏聯珠集　一〇六●一〇
蘆川詞　一一三●一五
蘆川歸來集　九〇●二
蘆浦筆記　六六●一四
蘇氏演義　六六●四
蘇平仲集　一〇一●一一
蘇沈良方　五六●一一
蘇門六君子文粹　一〇七●一七
蘇門集　一〇四●六
蘇詩見施註蘇詩
蘇詩補註　八六●三
蘇學士集　八四●一八
蘇魏公文集　八四●一九
鶡冠子　六五●四
籌海圖編　四〇●一五
鐔津集　八四●一七
釋文紀　一〇九●二二
釋氏稽古畧　七七●七
釋名　二四●三
繼志齋集　一〇二●二

二十一畫

灌畦暇語　六八●四
灌園集　八七●一〇
灊山集　八九●四
辯言　六九●六
鶴山全集　九四●七
鶴年詩集　一〇〇●九
鶴林玉露　六九●一四
鶴林集　九四●二二
顧曲雜言　一一四●一八
顧華玉集　一〇三●一四
驂鸞錄　三五●一五
蘭州紀畧　三〇●一一
蘭室祕藏　五七●四
蘭亭考　四七●七
蘭亭續考　四七●七
蘭亭集　一〇二●一六

蘭軒集 九八●三二
蘭皐集 九七●三
蘭臺軌範 五七●二四
蠛蠓集 一〇四●二三
鐵崖古樂府 一〇〇●二三
鐵菴集 九五●六
鐵圍山叢談 七五●二
鐵網珊瑚 六三●二
鐵廬集 一〇五●一五
蠡海集 七〇●七
續文獻通考 四四●八
續方言 二四●八
續仙傳 七八●二二
續名醫類案 五七●二三
續宋編年資治通鑑 二九●一七
續呂氏家塾讀詩記 九●八
續孟子 四九●一〇
續茶經 六四●一六
續後漢書 三一●九
續後漢書 三一●一〇
續軒渠集 九九●五
續書畫題跋記見書畫題跋記
續書譜 六三●一七
續通志 三一●一二
續通典 四四●一〇
續博物志 七六●一九
續畫品 六二●一
續詩話 一一一●四
續詩傳鳥名卷 一〇●一四
續資治通鑑長編 二九●一一
續齊諧記 七六●七

二十二畫

讀左日鈔 一八●四
讀史記十表 二七●六
讀四書叢說 二三●二
讀朱隨筆 五三●六
讀易大旨 六●二
讀易日鈔 六●八
讀易考原 四●八

讀易私言 四●一
讀易述 五●七
讀易紀聞 五●六
讀易詳說 二●七
讀易餘言 五●二
讀易舉要 三●二三
讀孟子劄記見榕村四書說
讀春秋畧記 一七●一七
讀春秋編 一六●一六
讀書分年日程 五一●一
讀書記見西山讀書記
讀書後 一〇四●一五
讀書紀數畧 七三●一一
讀書偶記 五二●八
讀書管見 八●四
讀書箚記 五一●七
讀書齋偶存稿 一〇五●八
讀書錄 五一●四
讀書叢說 八●一
讀詩私記 一〇●六
讀詩畧記 一〇●八
讀詩質疑 一〇●一七
讀論語劄記見榕村四書說
讀禮志疑 一四●三
讀禮通考 一三●一三
霽山集 九七●一三
權文公集 八二●四
疊山集 九六●一四
鑑誡錄 七四●一三
巘山外集 七一●一三
巘山集 一〇三●一一
臞軒集 九五●九
鬻子 六五●一

二十三畫

欒城遺言 六九●八
欒城集 八六●三
麟角集 八五●一〇
麟原文集 一〇〇●一八
麟臺故事 四三●二

巖下放言　六九●四

二十四畫

讕言長語　七○●九
靈城精義　六一●四
靈棋經　六一●五
靈臺祕苑　六○●一一
靈樞經　五六●一
靈巖集　九六●三
蠹齋鉛刀編　九一●一九
鹽鐵論　四九●四
孏窟詞　一一五●一六

二十五畫

蠻書　三七●五
觀妙齋金石文考略見金石文考畧
觀物篇解　六○●六
觀林詩話　一一一●一二
顱顖經　五六●八

二十六畫

灤京雜詠　一○○●一五

二十七畫

讜論集　五三●六

二十九畫

鬱洲遺稿　一○三●六

終

文淵閣四庫全書提要與總目異同表

書名 提要	書名 總目	著者 提要	著者 總目	卷數 提要	卷數 總目	備考
鄭氏周易	新本鄭氏周易					
周易注疏	周易正義			一三	一〇	唐太宗時命孔穎達等修五經正義後稱注疏蓋異名同實也故原本作注疏總目作正義以下皆同
易傳	東坡易傳					總目以與程氏易傳同名故加東坡二字
伊川易傳	易傳					總目尊程氏易故去伊川二字
橫渠易說		張載	張子			總目於周程張朱四子之作尊稱曰子此其一例也
了齋易說	了翁易說					
吳園周易解	吳園易解					
周易新講義		耿仲南	耿南仲	六	一〇	按耿南仲宋史有傳原本作仲南誤
周易本義					四	總目以是書附於十二卷本周易本義之後原本則別出爲一種
大易粹言				七三	一〇	

易稗傳	易稗傳					
厚齋易學				五〇	五二	
周易卦爻經傳訓解	周易經傳訓解					
易翼傳	東谷易翼傳					
文公易說	朱文公易說					
淙山讀周易	淙山讀周易記					
周易集說		元俞琰	宋俞琬			原本作琰蓋誤後經總目訂正作琬又琬爲宋末元初之人故一作元人一作宋人
讀易舉要		俞琰	俞琬			
易象義	周易象義					
周易本義附錄纂註	易本義附錄纂疏			一四	一五	
周易啓蒙翼傳	易學啓蒙翼傳					
易纂言				一三	一〇	

周易原旨				八	六	此書附易原奥義後
周易爻變義蘊				八	四	
周易傳義大全	周易大全					
易學啓蒙意見				四	五	
易像鈔	易象鈔			一八	四	
葉八白易傳	八白易傳					
讀易述	洗心齋讀易述					
周易像象述				一〇	五	
易用				六	五	
易象正				一四	一六	
兒易內儀	兒易內儀以					
卦變考畧				二	一	

易酌				一五	一四
周易象辭	周易象辭			二〇	二二
周易尋門餘論	尋門餘論			二	二
圖學辨惑	圖書辨惑			一	一
易俟	喬氏易俟				
讀易日鈔				八	六
尚書注疏	尚書正義			一九	二〇
書傳	東坡書傳			二〇	一三
禹貢論				二	五
禹貢後論				一	一
山川地理圖				二	二
增修東萊書說	書說				
書經集傳	書集傳				
尚書要義				二〇	一七
書集傳或問	尚書集傳或問				

書集傳纂疏	尚書集傳纂疏				
書傳輯錄纂注	尚書輯錄纂注				
書傳旁通	書蔡傳旁通				
洪範明義				二	四
欽定書經傳說彙纂				二一	二四
尚書稗疏	書經稗疏				
尚書古文疏證	古文尚書疏證				
禹貢錐指	禹貢錐指 附圖一卷				
尚書大傳		清孫之騄	漢伏勝	三	四
毛詩注疏	毛詩正義			三〇	四〇
陸氏詩疏廣要	毛詩陸疏廣要				
詩集傳				一九	二〇

詩經集傳	詩集傳					
童子問	詩童子問					
詩經疏義會通	詩經疏義					
詩疑問 附編一卷	詩疑問 附詩辨說一卷					
詩傳大全	詩經大全					
讀詩私記				五	二	
詩名物疏	六家詩名物疏	明馮復京	明馮應京	五五	五四	按馮應京明史有傳原本作復京誤
重訂詩經疑問	詩經疑問					
欽定詩經傳說彙纂				二一	二〇	
御纂詩義折中	欽定詩義折中					
毛詩寫官記 附詩札二卷						總目以詩札別行不附毛詩寫官記之後
讀詩質疑	讀詩質疑 附錄			四六	三一 一五	

詩外傳	韓詩外傳					
周禮注疏		漢鄭康成注	漢鄭元注			原本避清聖祖諱稱鄭氏之字用晉書石季龍例也總目例不用字故又改玄爲元下同
太平經國書	太平經國之書					
考工記解	鬳齋考工記解					
周禮纂訓	周禮訓纂					
儀禮注疏		漢鄭康成注	漢鄭元注			
儀禮逸經	儀禮逸經傳					
儀禮鄭注句讀	儀禮鄭注句讀附監本正誤石經正誤二卷					
宮室考				二	一三	
儀禮小疏				七	一	
禮記注疏	禮記正義	鄭康成	鄭元			
禮記集說	雲莊禮記集說					

表記集傳 附春秋問業一卷						總目以春秋問業附于坊記集傳之後
坊記集傳 附錄一卷	坊記集傳					
禮記析疑				四八	四六	
春秋左傳注疏	春秋左傳正義					
春秋集傳微旨	春秋微旨					
春秋名號歸一圖		五代馮繼先	蜀馮繼先			蜀爲五代時十國之一故總目改稱蜀人
劉氏春秋意林	春秋意林					
春秋五禮例宗				一〇	七	
春秋三傳讞	春秋讞					
左氏傳說	春秋左氏傳說					
左氏博議	增注東萊左氏博議					
春秋分記	春秋分紀					

呂氏春秋或問	春秋或問				
程氏春秋或問	春秋或問				
三傳辨疑	春秋三傳辨疑				
春秋會通	秋春諸傳會通				
春秋鉤玄				三	四
春秋大全				三七	七〇
春秋左傳屬事	左傳屬事				
春秋辯義	春秋辨義				
讀春秋畧記				一三	一〇
御纂春秋直解				一三	一五
春秋世族譜				二	一
春秋說	半農春秋說				

	春秋左傳小疏	春秋左氏傳小疏			
經•孝經	孝經注疏	孝經正義	九	三	
	御定孝經注	御註孝經			
經•五經總義	駁五經異義	駁五經異義			古字駮駁通用
	鄭志	鄭志 附補遺一卷			
	六經圖		一〇	六	
	九經三傳沿革例	刊正九經三傳沿革例			
	經說	五經說			
	五經稽疑		八	六	
	七經孟子考文補遺		二〇〇	一九九	
	經稗		一二	六	
經•四書	孟子注疏	孟子正義			

論語集解義疏	論語義疏					
論語注疏	論語正義					
論語意原				四	二	
論語解	癸巳論語解					
孟子說	癸巳孟子說			七	一〇	
四書纂疏				二九	二六	
大學義疏		元金履祥	宋金履祥			履祥為宋末人入元不仕故總目稱為宋人
學庸集說啓蒙	大學中庸集說啓蒙			三	四	
四書大全				四〇	三六	
四書蒙引 附別冊一卷	四書蒙引 附別附一卷					
榕村四書說	大學古本說一卷中庸章段一卷中庸餘論一卷讀論語劄記二卷讀孟子劄記二卷					
論語稽求篇				七	四	

四書釋地一卷續一卷又續二卷三續三卷	四書釋地一卷續一卷又續二卷三續二卷				七	六	

經●樂

樂律全書					四四	四二	
御製律呂正義	御定律呂正義						
御製律呂正義後編					一二八	一二〇	原本有二提要一在卷一前一在一百二十一卷前
欽定詩經樂譜全書	欽定詩經樂譜 附樂律正俗一卷						

經●小學

爾雅鄭注	爾雅註						
方言注	方言						
急就篇	急就章						
玉篇	重修玉篇						
復古編					一一	二	
字通					二	一	
字辮					二	四	

增訂清文鑑	御定清文鑑					
御定滿珠蒙古漢字三合切音清文鑑	御定滿洲蒙古漢字三合切音清文鑑			三二	三三	
篆隸攷異				四	二	
廣韻	重修廣韻					
御定音韻闡微	欽定音韻闡微					
孫氏廣韻考	廣韻考					

史·正史

史記疑問				三	一	
前漢書	漢書			一〇〇	一二〇	
三國史辨誤	三國志辨誤			一	三	
五代史	新五代史記			七四	七五	
遼史				一一五	一一六	原本刪去國語解一卷
金史				一三四	一三五	同前

史・編年						
前漢紀	漢紀					
唐創業起居注	大唐創業起居注					
資治通鑑外紀	通鑑外紀					
綱目分註拾遺	綱目分註補遺					
九朝編年備要	宋九朝編年備要					
靖康要錄				一三	一六	
資治通鑑前編	通鑑前編					
史・紀事本末						
春秋左氏傳事類本末 附錄一卷	春秋左氏傳事類本末					
宋史紀事本末				二八	二六	
親征朔漢方畧				四八	四〇	
欽定平定金川方畧	欽定平定金川方畧 附御製詩文一卷 紀功藝文五卷			二六	三三	總目所附二種原本提要亦同而著錄之書則無之
御定平定準噶爾方畧前正續編				一七二	一七二	

欽定平定兩金川方畧				一五四	一五二
欽定勦捕臨清逆匪紀畧	欽定臨清紀畧	不著錄著者姓名	于敏中等		
欽定平定臺灣紀畧	欽定臺灣紀畧				
平臺紀畧	平臺紀				
史·別史					
契丹國志				二八	二七
大金國志				四一	四〇
續後漢書 附音義四卷				四八	四七
欽定續通志				六四〇	五二七
補歷代史表	歷代史表				
春秋戰國異辭				五五	五四
史·雜史					
戰國策	戰國策注				
戰國策注	鮑氏戰國策注				

松漠紀聞一卷續一卷 附補遺一卷	松漠紀聞一卷 續一卷				
太平治迹統類	太平治迹統類前集				
商文毅疏稾	商文毅疏稾略				
王端毅奏議	王端毅公奏議				
端肅奏議	馬端肅奏議				
關中奏議				一八	一〇
垂光集				一	二
文襄奏疏	靳文襄奏疏				
宋名臣奏議	諸臣奏議				
御選明臣奏議	欽定明臣奏議			四〇	二〇
春秋臣傳	春秋列國諸臣傳				
名臣碑傳琬琰之集	名臣碑傳琬炎集				避清仁宗諱改琰作炎下同

宋寶祐四年登科錄	寶祐四年登科錄					
明名臣琬琰錄	明名臣琬炎錄					
欽定外藩蒙古回部王公功績表傳	欽定蒙古王公功績表傳			一二〇	一三	
東林列傳 附卷末二卷	東林列傳					
征南錄	孫威敏征南錄					
入蜀記				四	六	
學閩巡視記略	閩學巡視記畧					
史・載記						
吳越春秋		漢趙曄著	漢趙煜著	六	一〇	後漢書儒林傳有趙曄總目避清聖祖諱改曄作煜
華陽國志	華陽國志 附錄一卷					
朝鮮史略				一二	六	
史・地理						
太平寰宇記						原本提要作一百九十二卷著錄之書則爲二百卷總目又作一百九十三卷
大淸一統志				四二四	五〇〇	

會稽志二十卷 續志八卷	嘉泰會稽志 寶慶續志				
赤城志	嘉定赤城志				
海鹽澉水志	澉水志				
嚴州續志	景定嚴州續志				
咸淳臨安志				一〇〇	九三
昌國州圖志	大德昌國州圖志				
延祐四明志				二〇	一七
欽定日下舊聞考				一六〇	一二〇
欽定熱河志				一二〇	八〇
欽定盛京通志				一三〇	一三〇
水經注釋四十卷 刊誤十二卷 附錄二卷	水經注釋四十卷 刊誤十二卷				
欽定河源紀略				三五	三六

兩河清彙易覽	兩河清彙					
治河奏績	治河奏績書 附河防述言一卷					
桂勝				四	一六	
欽定盤山志						提要作二十一卷而著錄之書實祇十六卷
吳地記	吳地記 附後集一卷					
江城名蹟記	江城名蹟			四	二	
益部談資				二	三	
職方外紀				六	五	
朝鮮國志	朝鮮志					
異域錄				二	一	
翰苑羣書				一三	二	
淳熙玉堂雜記	玉堂雜記					

禮部志稾				一〇〇	一一〇	
欽定歷代職官表				七三	六三	
建炎朝野雜記	建炎以來朝野雜記					
欽定續文獻通考				二五〇	二五二	
皇朝文獻通考				三〇〇	二六六	
欽定續通典				一五〇	一四四	
欽定皇朝通志				一二六	二〇〇	
漢官舊儀				二	一	
明臣謚考	明臣謚彙考					
萬壽盛典初集	萬壽盛典					
南巡盛典				一〇〇	一二〇	原本無提要總目有
欽定皇朝禮器圖式				一八	二八	

北郊配位尊西向議	北郊配位議					
救荒活民書 附拾遺一卷	救荒活民書					
熬波圖				二	一	
欽定康濟錄 附錄四卷	欽定康濟錄			四	六	
荒政叢書 附錄二卷	荒政叢書					
八旗通志初集				三四二	二五〇	原本無提要總目有
子略	子略 附目錄一卷					
名蹟錄	名蹟錄 附錄一卷					
石經考		清萬斯同		二	一	
來齋金石刻考略	來齋金石考					
金石文考略	觀妙齋金石文考略					
唐書直筆 附唐書新例須知一卷	唐書直筆					

宋大事記講義	大事記講義					
歷代通略	歷朝通略					
史纂通要	十七史纂古今通要					
御批通鑑綱目五十九卷前編十八卷外紀一卷舉要三卷續編二十七卷	御批通鑑綱目五十九卷前編一卷外紀一卷舉要三卷續編二十七卷			五九 一八 一 三 二七	五九 一 一 三 二七	
評鑑闡要	御製評鑑闡要					
揚子法言	法言集註					
太極圖說述解一卷通書述解二卷西銘述解一卷	太極圖說述解一卷通書述解一卷西銘述解一卷			一 二 一	一 一 一	
公是弟子記	公是先生弟子記					
延平答問一卷附後錄一卷	延平答問一卷附錄一卷					
御定小學集註	小學集註					
西山讀書記	讀書記					

黃氏日抄				九七	九五	
孔子集語				二	三	
性理大全書						原本無提要總目有
讀書劄記		明徐問志	明徐問			明史有徐問傳原本作問志恐誤
士翼				三	四	
周子抄釋二卷附錄一卷	周子抄釋三卷			二一	三	
世緯				二	一	
聖祖仁皇帝庭訓格言	庭訓格言					
日知薈說	御製日知薈說					
黃石公素書	素書					
何博士備論				二	一	
練兵實紀附雜記	練兵實紀附雜集					

子·法家				
鄧子	鄧析子			
韓非子	韓子			
疑獄記		晉和凝	五代和凝	和凝爲五代之晉人故原本作晉人
子·農家				
農書		元王禎	元王楨	
救荒本草		明周王朱橚	明周王橚	
子·醫家				
內經素問	黃帝素問			
鍼灸甲乙經	甲乙經			
傷寒論註釋	傷寒論註			
巢氏諸病源候總論	巢氏諸病源候論			
備急千金要方	千金要方			
外臺祕要方	外臺祕要			
傷寒微旨論	傷寒微旨			

傳信適用方				四	二	
太醫局諸科程文格	太醫局程文					
產育寶慶集	產育寶慶方					
宣明方論	宣明論方					
傷寒直格論方	傷寒直格方					
保命集	病機氣宜保命集					
內外傷辨惑論		元李杲	金李杲			
脾胃論		元李杲	金李杲	四	三	
蘭室祕藏		元李杲	金李杲	六	三	
扁鵲神應鍼灸玉龍經				一		總目無卷數
脈訣刊誤	脈訣刊誤			二	二	
附錄	附錄			一	二	
醫經溯洄集				二	一	

普濟方		明周王朱橚	明周定王橚	四二六	一六八
推求師意		明汪機	明戴原禮		
薛氏醫案				七七	七八
鍼灸問對				四	三
石山醫案 附錄一卷	石山醫案				
類經 附圖翼十一卷附翼四卷	類經				
溫疫論	溫疫論 附補遺一卷				
御纂醫宗金鑑	御定醫宗金鑑				
醫門法律 附寓意草	醫門法律 附寓意草			一二 四	六 一
絳雪園古方選註				一六	三
神農本草百種錄	神農本草經百種錄				
聖壽萬年歷				五	八

御製曆象攷成	御定曆象攷成				
御製曆象攷成後編	御定曆象攷成後編				
欽定儀象攷成	御定儀象攷成				
天經或問	天經或問前集				
大統曆志 附傳	大統曆志 附錄				
數學	算學				
九章算術 附音義一卷	九章算術				
數術記遺	術數記遺				
御製數理精蘊	御定數理精蘊				
數度衍	數度衍 附錄一卷				
元包經傳	元包				
皇極經世書		宋邵雍	宋邵子	一四	一三

天玉經	天玉經內傳 天玉經外篇				四	一三
焦氏易林	易林				四	一六
卜法詳考					八	四
珞琭子賦註	徐氏珞琭子賦註					
三命指迷賦補註	三命指迷賦					
星學大成					三二	一〇
人倫大統賦					二	一
遁甲演義					四	二
墨藪 附法帖音釋刊誤	墨藪 附法帖釋文刊誤					
思陵翰墨志	翰墨志					
紛州名畫錄					三	二
書史會要 續編	書史會要 續編 補遺					

墨池璅錄				三	四	
繪事微言				二	四	
書畫見聞表	法書名畫見聞表					
書畫彙攷	式古堂書畫彙攷					
六藝之一錄 附續編	六藝之一錄 附續編			四〇六 一四	四〇六 一三	
棋經	元元棋經					
重修宣和博古圖	宣和博古圖					
奇器圖說	奇器圖說 附諸器圖說一卷					
墨譜法式	墨譜					
墨史				三	二	
錢錄	欽定錢錄					
陳氏香譜	香譜					

異魚圖贊				一	四
淮南鴻烈解	淮南子				
新論	劉子	北齊劉晝			
昭德新編				二	三
樂庵語錄	樂庵遺書			五	四
白虎通義				二	四
兼明書		五代丘光庭	五代邱光庭		
西溪叢語				二	三
程氏繁演錄	繁演錄				
鼠璞				二	一
徐氏筆精	筆精				
巵林				二	一〇

藝林彙考				四〇	二四
風俗通義 附補遺	風俗通義 附錄				
宋景文筆記	筆記				
文昌雜錄				六	七
夢溪筆談 附補筆談	夢溪筆談 附補筆談 續筆談一卷				
東坡志林				一三	五
五總志		宋吳埛	宋吳炯		
密齋筆記		宋謝伯采	宋謝采伯		
老學菴筆記	老學菴筆記 續筆記				
脚氣集				一	二
藏一話腴內外編	藏一話腴				
書齋夜話		宋俞琰	宋俞琬		

子·類書

子·小說家

古夫于亭雜錄				五	六	
竹嶼山房雜部				三二	三二	
元和姓纂				一〇		原本提要及總目皆作十八卷而著錄之書則祇十卷
八面峰	永嘉八面峰					
羣書考索	山堂考索					
古今源流至論	源流至論					
氏族大全	排韻增廣事類氏族大全					
萬姓統譜	萬姓統譜 附氏族博攷十四卷					
稗編	荊川稗編					

唐新語	大唐新語					
明皇雜錄 附補遺	明皇雜錄 附別錄					
南唐近事				二	一	

嘉祐雜志					一	二
東齋記事 附補遺一卷	東齋記事					
龍川略志 附別志	龍川略志 附別志				一〇 二	一〇 八
北窗炙輠錄					二	一
還寃志					一	三

子・釋家

禪林僧寶傳 附臨濟宗旨 補禪林僧寶傳	僧寶傳					
佛祖歷代通載	佛祖通載					

子・道家

老子道德經注	老子注					
老子道德經	老子註	魏王弼注				
老子道德經解	道德經解					
老子翼	老子翼 附老子考異				三	二 一
御定道德經註	御註道德經					

關尹子		周關尹喜	周尹喜		
周易參同契發揮		宋俞琰	宋俞琬		
亢倉子註				一	九
無能子				一	三
龍虎經註疏	古文龍虎經註疏				
易外別傳		宋俞琰	宋俞琬		
席上腐談		宋俞琰	宋俞琬		
孔北海集 附錄一卷	孔北海集				
璇璣圖詩讀法				二	一
鮑明遠集	鮑參軍集				
昭明太子集		梁蕭統	昭明太子統		
水部集	何水部集				

庚子山集註 附總釋一卷	庚子山集註						
徐孝穆集 附備攷	徐孝穆集箋註						
補注杜詩	黄氏補注杜詩						
集千家注杜詩集 附集千家注杜工部文集 附錄	集千家注杜詩				三〇 二 一	三〇	
王右丞集箋註 附卷末	王右丞集箋註 附錄				二八 一	二八 二	
宗玄文集	宗元集						
原本韓集考異	原本韓文考異						
五百家注昌黎集	五百家注音辯昌黎先生文集						
東雅堂昌黎集註	東雅堂韓昌黎集註						
柳河東集	詁訓柳先生文集						
柳河東集註	增廣註釋音辯柳集						

五百家註柳先生集 附外集 龍城錄 新編外集 附錄	五百家註音辯柳先生文集 附外集 龍城錄 新編外集 附錄			三二一二二	三二一二八	
衡州集	呂衡州集					
孟東野詩集	孟東野集					
絳守居園池記	絳守居園池記註					
樊川集	樊川文集					
李義山詩集註	李義山詩註					
溫飛卿集箋註		明曾益謙	明曾益			按總目謂益字予謙則原本作益謙誤矣
黎嶽集	黎嶽集 附錄一卷					
文藪	皮子文藪					
咏史詩	詠史詩					
河東集	河東集 附錄一卷					
忠愍集	寇忠愍公詩集					

小畜集	小畜集 附小畜外集			三〇	三〇 七
和靖集	和靖詩集				
景文集	宋景文集				
文恭集	文恭集 附補遺一卷			四〇	五〇
范文正集	文正集				
河南集 附錄一卷	河南集				
端明集	蔡忠惠集	宋蔡襄		四〇	三六
祠部集				三五	三六
蘇魏公文集	蘇魏公集				
華陽集	華陽集 附錄十卷			四〇	六〇
鄖溪集				二八	三〇
錢塘集				一三	一四

安岳集	馮安岳集				
王魏公集				七	八
潞公文集	潞公集				
周元公集		宋周敦頤	宋周子	八	九
范忠宣集	忠宣文集				
廣陵集				三一	三〇
蘇詩補註	補註東坡編年詩				
山谷集 附錄五種	山谷內集 附錄五種			三〇 六七	三〇 四〇
山谷內集詩注	山谷內集注				
柯山集	宛邱集	宋張耒		五〇	七六
參寥子詩集	參寥子集				
石門文字禪		宋僧惠洪門人覺範編	宋僧惠洪門人覺慈		

倚松詩集	倚松老人集					
景迃生集	景迂生集					
學易集				一三	八	
慶湖遺老詩集	慶湖遺老集					
襄陵文集	襄陵集					
眉山文集	唐子西集					
忠愍集 附錄一卷	忠愍集	宋李若水				
松隱文集				四〇	三九	
建康集	石林居士建康集					
給事集	劉給事集					
筠溪集 附樂府一卷 家傳一卷	筠溪集					
栟櫚集				二五	一六	

默成文集				四	八	
盧溪文集	盧溪集					
少陽集				六	一〇	
歐陽修撰集 附錄	歐陽修撰集			六 一	七	
澹菴文集 附錄	澹菴文集			六 一	六	
浮山集				八	一〇	
大隱居士集	鄧紳伯集	宋鄧深				近人刊宋人集從原本稱大隱居士集
嵩山集	嵩山居士集					
于湖集 附錄	于湖集			四〇 一	四〇	
鄂州小集 附錄	鄂州小集 附錄			六 一	六 二	
梁谿遺稿	梁谿遺稿			二	一	
文忠集 附錄	文忠集	宋周必大		二〇〇 五	二〇〇	

東萊集 附錄	東萊集			四〇 三	四〇
止齋集 附錄	止齋文集 附錄			五二 一	五一 一
乾道稿 淳熙稿 章泉稿	乾道稿 淳熙稿 章泉稿			二 二〇 五	一 二〇 五
止堂集	止堂集			一八	二〇
慈湖遺書 附錄	慈湖遺書 附續集			一九 一	一八 二
雲莊集				二〇	二二
盤洲文集	盤洲集				
誠齋集 附錄	誠齋集			一三三	一三二
客亭類稿				一四	一五
石屏詩集	石屏集	宋戴復古			
江湖長翁集	江湖長翁文集				
省齋集 附錄	省齋集			一〇 二	一〇

竹齋詩集	竹齋詩集 附錄			四	一 三
梅山續集				一八	一七
菊礀集 附遺藁	信天巢遺藁 附林湖遺藁 江邨遺藁 疎寮小集	宋高翥		一 一	一一一一
龍川集	龍川文集				
龍洲集 附錄	龍洲集 附錄			一四 一	一四 二
方泉詩集	方泉集				
白石道人詩集 附詩説	白石詩集 附詩説				
平齋集	平齋文集				
安晚堂詩集				一二	七
方壺存稿				四	八
鐵菴集				三五	三七
滄浪集				三	二

矩山存稿 附錄	矩山存稿			一五	五
靈巖集				八	一〇
文山集				二三	二一
疊山集 附錄	疊山集			一四	五
竹溪鬳齋十一稿續集	鬳齋續集				
北遊集				二	一
秋堂集				二	三
四如集 附補遺	四如集			一四	五
霽山集	林霽山集				
古梅遺稿	古梅吟稿				
佩韋齋集	佩韋齋文集			二〇	一六
仁山文集	仁山集			四	六

滹南集	滹南遺老集				
遺山文集	遺山集				
淮陽集	淮陽集 附錄詩餘			一	一 一
歸田類稿				二二	二四
桐江續集				三六	三七
巴西集	巴西文集			二	一
吳文正集 附錄	吳文正集			一〇〇 一	一〇〇
山村遺集 附錄	山村遺集			一 一	一
魯齋遺書	魯齋遺書 附錄			二	二 八
靜修集				二八	三〇
雙溪醉隱集				六	八
雲峯集				八	一〇

陳剛中集	觀光藁 交州藁 玉堂藁 附錄			四	一 一 一 一
秋巖詩集	陳秋巖詩集				
此山集				五	四
雲林集	雲林集 附錄			六	六 一
惟實集 附錄	惟實集 附外集			八 一	八 二
石田文集	石田集				
仲宏集	楊仲宏集				
文獻集	黄文獻集				
圭塘小稿 附別集 續集	圭塘小稿 附別集 續集 附錄			一三 二 一	一三 二 一 一
燕石集 附錄	燕石集			一五 一	一五
傅與礪詩文集 附錄	傅與礪詩文集			二〇 一	二〇

近光集 附扈從詩	近光集 附扈從詩			三 二	三 一
五峯集				一〇	六
僑吳集 附錄	僑吳集			一二 一	一二
師山集	師山文集				
鶴年詩集	丁鶴年集			三	一
貞素齋集 附錄	貞素齋集 附錄 北莊遺稿			八 一	八 一 一
南湖集				二	七
麟原文集 附錄	麟原文集			二四 一	二四
夷白齋稿 附外集	夷白齋稿 附外集			三五 二	三五 一
文憲集	宋學士全集			三二	三六
誠意伯文集 附錄	誠意伯文集			二〇 一	二〇
西隱文稿	西隱集				

王忠文集	王忠文公集					
柘軒集				五	四	
趙攷古文集	攷古文集					
靜菴集	靜居集					
半軒集 附補遺	半軒集			一四 二	一四	
耕學齋集	耕學齋詩集					
海桑集 附通傳	海桑集			一〇 一	一〇	
自怡集 附錄	自怡集			一 一	一	
滎陽外史集				一〇〇	七〇	
唐愚士集				四	二	
繼志齋集						原本提要及總目皆作十二卷著錄之書實祇九卷附錄一卷
中丞集 附錄	練中丞集			二 一	二	

野古集 附錄	野古集			三 一	三
文毅集 附錄	文毅集			一六 一	一六
王舍人詩集 附錄				五 一	五
毅齋集	毅齋詩文集				
東里全集 附別集 附錄	東里全集 附別集			九七 四 四	九七 四
文敏集 附錄	楊文敏集			二六 一	二五
忠靖集	夏忠靖集				
抑菴文集	抑菴集				
梧岡集				一〇	八
敬軒文集	薛文清集				
忠肅集 附錄	于忠肅集			一六 四	一三
清風亭稿				八	七

方洲集 附讀史錄	方洲集 附讀史錄			二六 六	二六 四
椒丘文集 附外集	椒丘文集			三五 一	四四
一峯集				一四	一〇
莊定山集 附錄	莊定山集			一〇 一	一〇
未軒集	未軒文集				
家藏集 附補遺	家藏集			七七 一	七七
震澤集				三六	三〇
鬱洲遺稿				八	一〇
圭峯集	羅圭峯文集				
吳文肅摘稿	吳文肅公摘稿				
立齋遺文 附錄	立齋遺文			五 一	五
敬齋集	胡文敬公集				

空同集				六八	六六
山齋文集	山齋集				
清惠集	劉清惠集				
竹澗集 竹澗奏議 附錄	竹澗集 竹澗奏議			八 一四	八 四
少谷集	鄭少谷集				
文簡集	瀼溪草堂稿				
方齋存稿	方齋詩文集				
考功集 附錄	考功集			一〇 一	一〇
雲村集	雲邨文集				
夢澤集 附錄	夢澤集			二三 五	二三
遵巖集				二四	二五
念菴文集	念菴集				

楊忠介集 附錄	楊忠介集 附錄			一三 五	一三 三
瑶石山人詩稿	瑶石山人稿				
具茨集 文集 附錄 遺稿	具茨集 補遺 文集 補遺 附錄 遺稿			五 八 一 一	五 一 八 一 一 一
弇州四部稿	弇州山人四部稿				
伐檀集	伐檀齋集				
薜荔園詩集	薜荔園集				
鯤溟詩集 附錄	郭鯤溟集			四 一	四
温恭毅集	温恭毅公集				
震川文集 別集 附錄	震川文集 別集			三〇 一〇 一	三〇 一〇
高子遺書 附錄 年譜	高子遺書 附錄			一二 一 一	一二 一
少墟集	馮少墟集			二〇	二二

幔亭集	幔亭詩集		
倪文貞集		二〇	一七
御製文 初集 二集 三集 餘集	御製文 初集 二集	三〇 四四 一七 二	三〇 四〇
御製詩 初集 二集 三集 四集 五集 餘集	御製詩 初集 二集 三集 四集	四八 一〇〇 一一三 一二三 一二二 二五	四八 一〇〇 一二二 一二三
于清端政書	政書		
抱犢山房集		七	六
西河文集		一九〇	一七九
鐵廬集 外集	鐵廬集 外集 後錄	三 二	三 二 一
敬業堂詩集	敬業堂集		
存研樓文集	存硯樓文集		
果堂集		一〇	一三

松泉集	松泉文集				
御覽詩	唐御覽詩				
二皇甫集				八	七
清江三孔集				三〇	四〇
三劉家集				二	一
二程文集 附錄	二程文集 附錄			一三 一	一三 二
歲時雜咏	古今歲時雜咏				
南嶽倡酬集	南嶽倡酬集 附錄			二	一 一
萬首唐人絕句詩				一〇〇	九一
文章正宗				二四	二〇
弘秀集	唐僧弘秀集				
論學繩尺 附論訣	論學繩尺			一〇 一	一〇

十先生奥論註	十先生奥論					
梅花百咏 附錄	梅花百咏				一 一	一
天下同文集					五〇	四四
古賦辨體	古賦辨體 外集				一〇	八 二
元文類	元文類 目錄				七〇	七〇 三
荊南唱和詩集	荊南唱和集					
明文衡					一〇〇	九八
新安文獻志 附先賢事略	新安文獻志				一〇〇 二	一〇〇
吳都文粹續集 補遺					五六 二	五六 一
古樂苑 附衍錄	古樂苑				五三 四	五三
御定四朝詩					三一四	三一二
明文海					四八一	四八二

集●詩文評

集●詞曲

元詩選				一一〇	一一	
宋百家詩存				四〇	二八	
歲寒堂詩話				一	二	
漁隱叢話	苕溪漁隱叢話					
楊誠齋詩話	誠齋詩話					
聲調譜						提要作三卷著錄之書實一卷
安陸集	安陸集 附錄			一	一 一	
筠溪樂府 附筠溪家傳	筠溪樂府			一	一	
樂府雅詞 補遺				三 二	三 一	
草堂詩餘	類編草堂詩餘					
花草粹編				二四	二二	
詞綜				三六	三四	

樂府指迷	沈氏樂府指迷						
西河詞話	詞話						
欽定曲譜				一三	一四		

聚珍版本提要與四庫本提要異同表

書名	庫本校上年月	聚珍本校上年月	聚珍本提要分纂官	聚珍本之要項
易說	四十六年九月			無提要
吳園周易解	四十九年十月			無提要　非大典本
郭氏傳家易說	四十七年三月	四十年正月	翁方綱	非大典本
誠齋易傳	四十七年三月			有提要而不錄校上年月及纂者姓氏　非大典本
易象意言	四十七年四月	三十八年六月	勵守謙	殿本不錄纂者姓氏而江西局翻刻本有之
易學濫觴	四十七年十月	四十七年二月	莊承籛	非大典本
易緯	四十七年十一月	三十八年四月	閔思誠	
尚書詳解（二十六卷本）	四十二年十月			有提要而不錄校上年月及纂者姓氏
尚書詳解（五十卷本）	四十七年四月	四十七年五月	季學錦	非大典本
融堂書解	四十七年三月	三十九年十月	邵晉涵	

禹貢指南	四十七年十月	三十八年六月		不錄纂者姓氏
禹貢說斷	四十七年十月			有提要而不錄校上年月及纂者姓氏
詩總聞	四十七年四月			缺提要 非大典本
續呂氏家塾讀詩記	三十九年十月	四十一年十月	余集	
絜齋毛詩經筵講義	四十七年五月	四十年五月	余集	
欽定詩經樂譜全書				缺提要 四庫中不著錄
儀禮集釋	四十七年十月	四十七年二月	戴震	
儀禮釋宫	四十七年九月	四十二年三月	戴震	
儀禮識誤	四十七年五月	四十年二月	戴震	
大戴禮記	四十七年十一月	四十二年六月	戴震	非大典本
春秋釋例	四十六年七月			不錄提要
春秋傳說例	四十七年五月	四十一年二月	楊昌霖	

春秋經解	四十九年十月			有提要而缺校上年月及纂者姓氏
春秋集注	四十三年四月			不錄提要
春秋考	四十三年二月			不錄提要
春秋辨疑	三十八年四月	三十八年四月	陳初哲	殿本不錄纂者而江西局翻刻本有之
春秋繁露	三十八年十月	三十八年十月		不錄纂者
鄭志	四十七年三月	四十二年三月	任大椿	非大典本
論語意原	四十九年十月			不錄提要　非大典本
方言注	四十七年十二月	四十四年五月	戴震	
兩漢刊誤補遺	四十七年四月	四十三年十二月	程晉芳	非大典本
五代史纂誤	四十一年七月	四十二年七月	黃軒	
東觀漢記	四十九年十月	四十二年十月	楊昌霖	
御選明臣奏議	四十九年十二月			

元朝名臣事略	四十七年十月			有提要而缺校上年月及纂者姓氏　非大典本
魏鄭公諫續錄	四十七年十月	三十八年四月	陳昌齊	
鄴中記	四十七年十二月	四十一年二月	鄒奕孝	
蠻書	四十七年五月	三十九年二月		不錄纂者姓氏
元和郡縣志	四十七年五月	四十四年五月	彭紹觀	非大典本
元豐九域志	四十七年四月			有提要而缺校上年月及纂者姓氏　非大典本
皇輿西域圖志	四十九年十二月			不錄提要　非大典本
輿地廣記	四十七年十二月			有提要缺校上年月及纂者姓氏　非大典本
水經注	四十七年四月	三十九年十月	戴震	
嶺表錄異	四十七年八月	四十年五月	任大椿	
畿輔安瀾志				無提要四庫亦不著錄
琉球國志略				無提要四庫亦不著錄

續琉球國志略				無提要四庫亦不著錄
麟臺故事	四十七年五月	四十一年五月	任大椿	
西漢會要	四十七年四月			不著校上年月及纂者姓氏而錄提要
東漢會要	四十七年五月			著錄提要而缺校上年月及纂者姓氏　非大典本
唐會要	四十七年五月			有提要而缺校上年月及纂者姓氏　非大典本
五代會要	四十七年八月			不錄提要　非大典本
西巡盛典				同上　四庫不著錄
宋朝事實	四十七年十二月	四十一年十二月	張羲年	
漢官舊儀	四十七年五月	三十八年四月	陳昌圖	
建炎以來朝野雜記	四十七年九月			有提要而缺校上年月及纂者姓氏　非大典本
武英殿聚珍版程式	四十七年十月			不錄提要　非大典本
直齋書錄解題	四十七年七月	三十八年七月		不錄校上年月及纂者姓氏而有提要

絳帖平	四十七年五月	四十七年二月	平恕	非大典本
欽定四庫全書考證				不錄提要四庫不著錄
唐書直筆	三十八年四月	四十六年五月	吳壽昌	非大典本
傅子	四十七年十月	三十九年十月	徐步雲	
帝範	四十七年十月	三十八年四月	林澍蕃	
公是先生弟子記	四十七年五月	四十三年二月	王嘉曾	非大典本
明本釋	三十八年四月	三十八年四月	秦泉	
項氏家說	四十二年二月	四十四年五月	戴震	
農書	四十七年十月			不錄提要
農桑輯要	四十七年十二月	三十八年六月	鄒奕孝	
蘇沈良方	四十九年十月	四十一年十月	王嘉曾	
小兒藥證眞訣		四十五年十二月	王嘉曾	四庫不著錄

周髀算經	四十九年十二月			不著提要
九章算術	四十九年十月			不著提要
海島算經	四十七年十月	四十年四月	戴震	
孫子算經	四十七年五月	四十一年二月	戴震	
五曹算經	四十一年六月	四十一年六月	戴震	
五經算術	四十七年五月	三十九年十月	戴震	
夏侯陽算經	四十七年四月	四十一年二月	戴震	
寶眞齋法書贊	四十六年五月			不錄提要
墨法集要	四十六年十二月	四十年四月	王汝嘉	
鶡冠子	四十七年十月	三十八年六月		不著纂者姓氏及校上年月而有提要
意林	四十七年五月	四十七年十月	季學錦	非大典本
學林	四十七年十月			不錄提要　非大典本

能改齋漫録	四十七年八月			不録提要　非大典本
雲谷雜記	三十九年十月	三十九年十月	吳壽昌	
猗覺寮雜記	四十七年四月	四十七年二月	劉權之	非大典本
甕牖閒評	四十七年十月	四十年四月	彭元瑞	
考古質疑	四十七年十一月	四十年四月	黃壽齡	
朝野類要	四十七年九月	四十七年十二月	季學錦	非大典本
澗泉日記	四十七年五月	四十一年二月	鄭季唐	
敬齋古今黈	四十年二月	四十年二月	平恕	
唐語林	四十九年十月	四十年五月	汪如藻	
涑水紀聞	四十七年三月	四十二年八月	蕭芝	
歸潛志	四十七年四月	四十四年十月	任大椿	非大典本
老子道德經注	四十七年十月	四十年正月	周永年	非大典本

文子纘義	四十七年十月	四十五年九月	任大椿	
張燕公集	四十七年十月			有提要而不錄校上年月及纂者姓名　非大典本
顏文忠集	四十七年五月	四十七年十月	平　恕	非大典本
南陽集	四十七年五月	四十三年十一月	王汝嘉	
元憲集	四十六年七月			不錄提要
景文集	四十九年十月	四十六年七月	吳壽昌	
文恭集	四十七年五月	四十年二月	徐步雲	
祠部集	四十九年十月			有提要而不錄校上年月及纂者姓氏
華陽集	四十七年十月	四十六年九月	周厚轅	
公是集	五十四年四月	四十六年七月	周永年	
彭城集	四十六年七月	四十七年十月	周永年	
淨德集	四十九年十月	四十二年七月	楊昌霖	

忠肅集	四十九年十月	四十六年十月	黄軒	
山谷詩註	四十九年十月	四十七年十二月	翁方綱	非大典本
后山詩注	四十七年三月	四十一年十二月	劉權之	非大典本
陶山集	四十一年六月	四十一年六月	陳初哲	
學易集	四十年十一月	四十一年二月	鄒炳泰	
西臺集	四十九年十月	四十六年七月	黄良棟	
柯山集	四十九年十一月			著錄提要缺校上年月及纂者姓氏　非大典本
浮沚集	四十二年三月	四十四年五月	王汝嘉	
毘陵集	四十七年十月	四十四年三月	周興岱	
浮溪集	四十一年七月	四十六年二月	周永年	
簡齋集	四十七年五月	四十六年二月	翁方綱	非大典本
茶山集	四十七年十月	四十一年二月	劉權之	

文定集	四十二年二月	四十五年十月	沈孫璉	
雪山集	四十七年十一月	四十四年四月	黃軒	
攻媿集	四十七年五月	四十五年七月	查瑩	非大典本
乾道淳熙章泉稿	四十二年六月			有提要而缺校上年月及纂者姓氏
止堂集	四十九年十月			不錄提要
絜齋集	四十七年二月	四十年五月	黃良楝	
南澗甲乙稿	四十九年十一月			不錄提要
蒙齋集	四十年十一月	四十一年二月	平恕	
恥堂存稿	四十七年十月	四十四年五月	程晉芳	
拙軒集	四十七年三月	四十一年二月	汪如藻	
牧菴集	四十九年十月			有提要而缺校上年月及纂者姓氏
金淵集	四十七年五月	四十年四月	閔思誠	

御製詩文十全集				無提要四庫亦不著錄
萬壽衢歌樂章				無提要四庫亦不著錄
文苑英華辨證	四十七年十月	四十二年三月	劉權之	非大典本
歲寒堂詩話	三十八年四月	三十九年四月	鄒奕孝	
碧溪詩話	四十七年九月	四十三年十一月	陳初哲	
浩然齋雅談	四十七年五月	四十年二月	王汝嘉	

文溯閣全景

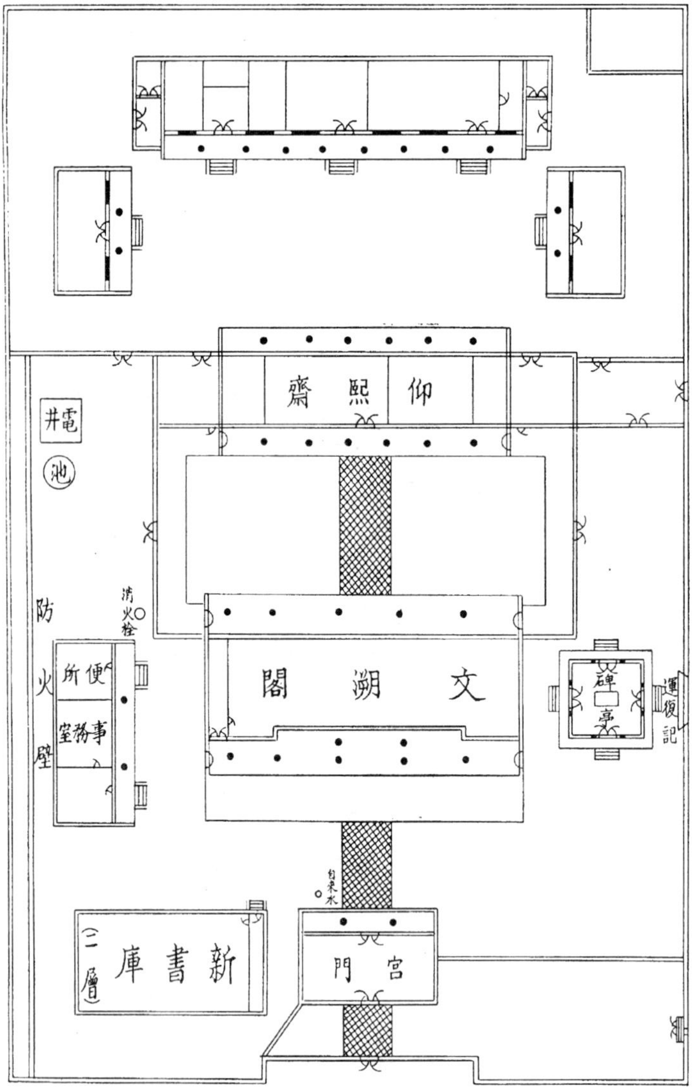

文溯閣全景平面図

文溯閣扁額

御製文溯閣記碑亭

文瀾閣舊書庫內書架之一部留影

文溯閣新建書庫外景

文溯閣新建書庫內部書架之一部

欽定四庫全書
史部
史記
御製序
卷一

欽定四庫全書
經部
子夏易傳卷三

欽定四庫全書

集部

楚辭章句卷四至八

欽定四庫全書

子部

孔子家語卷一二

鄭穀詩

欽定四庫全書

經部

子夏易傳　　易類

提要

臣等謹案子夏易傳十一卷舊本題曰卜商撰按說易之家最古者莫若是書其偽中生偽至一至再而未已者亦莫若是書唐會要載開元七年詔子夏易傳近無習者令儒官評定劉知幾議曰漢志易有十三家而無子

欽定四庫全書

子夏易傳卷一

周易

上經乾傳第一

䷀ 乾下乾上

乾元亨利貞彖曰大哉乾元萬物資始乃統天雲行雨施品物流行大明終始六位時成時乘六龍以御天乾道變化各正性命保合太和乃利貞首出庶物萬國咸

正義今刪

史記卷一考證

史記集解序

裴駰【索隱】駰字龍駒河東聞喜人宋中郎外兵曹參軍父松之字世期太中大夫注三國志宋書父子同傳【正義】裴駰採九經諸史并漢書音義及衆書之目而解史記故題史記集解序序緒也孫炎云謂端緒也孔子作易卦子夏作詩序之義其來尚矣

班固有言曰【索隱】固撰漢書作司馬遷傳評其作史記所採之書兼論其得失故裴駰此序先引之為說也按固字孟堅扶風人後漢明帝時仕至中護軍祖稱廣平太守父彪徐令續太史公書司馬遷【正義】字子長左馮翊人也漢武帝時為太史令撰史記百三十篇父談亦為太史令據左氏國語【索隱】仲尼作春秋經魯史左丘明作傳合三十篇故曰左氏傳國語亦丘明所撰上起周穆王下訖敬王

文溯閣四庫全書要略

一　全書概略

一　**創議**　纂修四庫全書之議　實發起於大興朱笥河筠　初清高宗乾隆三十七年諭各省訪求遺書　時笥河任安徽學政　即於三十八年　奏請開館校書　以四事上陳　一　舊本抄本　當爲急搜　用廣前史藝文之闕　以備我朝儲書之全　二　先定中書目錄　宣示外庭　令各舉所未備者以獻　並請擇永樂大典中古書完者若干部　分別繕寫　各自爲書　以備著錄　三　著錄校讎　當爲並重　令儒臣分任校書之選　每一書上　必校其得失　撮舉大旨　敍於本書首卷　四　收書之外　兼收金石圖譜　凡直省所存鐘銘碑刻　悉宜拓取　一併校錄（參閱笥河文集卷一頁四謹陳管見開館校書摺子）　高宗即根據此議詔開四庫全書館　以後全書規模　舉不出其範圍　笥河對於一代藝文之功

誠不可忽視也

二　館臣　四庫館既開　以軍機大臣劉統勳于敏中等總其事　紀昀陸錫熊孫士毅爲總纂官　陸費墀爲總校官　纂修分校　則戴震主經　邵晉涵主史　周永年主子　紀昀主集外　王念孫程晉芳任大椿俞大猷朱筠翁方綱王太岳姚鼐金榜吳錫麒盧文弨丁杰等一時名宿　皆在網羅　而是役最足爲奉天生色者　時遼陽王爾烈以陝西道監察御史而參加纂修之役是也

三　書籍來源　館中所據書籍之來源　約而言之　有四　曰政府固有藏書　曰公私進到遺書　曰永樂大典中散見各書　曰臨時編纂加入之書　政府固有藏書　又有敕撰本內府本之別　公私進到遺書　又有各省採進本私人進獻本通行本之別　如全唐詩皇朝文獻通考等之類　所謂敕撰本也　內廷如皇史宬懋勤殿內閣大庫　武英殿昭仁殿摛藻堂等處藏書　悉爲發出　以資採擇　所謂內府本也　凡各省督撫學政採取各地遺書　送館備用者　爲各省採進本　各地藏書家自行送館備用者　爲私人進獻本　當時各省　進書最多者爲浙江

最少者爲奉天　然猶勝於甘肅貴州四川三省之絕未進呈　私人方面　則天一閣范氏　飛鴻堂汪氏　曝書亭朱氏　瓶花齋吳氏　汲古閣毛氏　二老閣鄭氏　嘉松堂孫氏　振綺堂汪氏　知不足齋鮑氏　平津館孫氏　抱經堂盧氏等　皆海內藏書巨擘　多以宋槧元刊孤本秘笈進呈　多者至六七百種　少者亦在百種上下　至於永樂大典　價値之鉅　益難估計　中多未見之本　當時開館動機　實由於摘抄大典而來　其重要可知　館中所據書籍　其來源方面　如此宏富　無怪全書之蔚爲大觀　超絕千古也

四　大典沿革

考永樂大典自明嘉靖壬戌　禁中失火　幾被焚燬後　遂詔閣臣照抄一部　以正書留乾清宮　副本貯皇史宬　淸雍正中　因皇史宬恭藏聖祖仁皇帝實錄　屛當書架　乃將副本移於翰林院　時全謝山先生適寓臨川李穆堂第　驚爲創獲　因與定爲日課　日盡二十卷　以所簽分令四人鈔之　一日所簽　或至浹旬未畢　其難如此　會纂修三禮　謝山語總裁方望溪　鈔三禮之不傳者　而院中所儲副本　缺少幾及二千卷　擬奏請發宮中正書補足之

事亦未果　祁門馬嶰谷曰琯　仁和趙谷林昱　均曾爲謝山致鈔貲　而謝山旋改知縣　事遂中輟（參閱全謝山結埼亭集永樂大典抄書記）杭堇浦世駿纂輯續禮記集說　所採宋元人說　半出於大典　蓋亦繼謝山之志者　而惜皆未能作大規模之抄錄也　至四庫館開　始因笥河之議　以國家之力　分輯繕寫各自爲書　計編入四庫者經部六十六種　史部四十一種　子部一百三種　集部一百七十五種　共三百八十五種　四千九百二十六卷　而存目與業經輯出而未及進呈者　尙不與焉　嗣後嘉慶丁巳　乾清宮災　正本遂燬　副本萬餘册　則庋藏翰林院敬一亭　蛛網塵封　無人過問　而書之珍貴　人所共知遂漸漸遺失　日見減少　光緒乙亥　重修翰林院衙門　檢查此書　已不及五千册　當時嚴究館人　甚至有交刑部斃于獄者　而書仍無著　光緒丙子　繆筱珊荃孫入翰林　詢之前輩　祇有三千餘册　癸巳詢之　不及七百册　庚子拳匪倡亂　燬翰林院　以攻使館之背　舊所儲藏均付一炬　除早日遺失流落中外者外　大典遂一册不存　正書早歸天上　副本亦付劫灰　使四庫館不先

抄輯數百部　以遺後學　則大典之價值　將永無光大之可能　可勝嘆哉（參閱國粹學報繆荃孫大典源流考）纂修四庫全書與保存永樂大典之關係　至爲重大　故不惜詳述大典之沿革如此

五　**繕寫**　各書採集後　分爲應刻　應抄　存目三種　凡有益於世道人心之書或罕見之書　一面抄列四庫中　一面付印　流通天下　是爲應刻之書　凡有裨實用之書　則僅抄列四庫中而不再付印　是二類皆係正式收入四庫全書者至其書雖關係世道人心　有裨實用　而其中不免有俚淺訛謬之言　則不抄不刻　僅存其書名於總目　所謂存目是也　當時校核各本　奉旨決定後　即交館中繕書處繕寫成册　須俟高宗信手抽閱　不見譌舛　始作定本　其慎重如此　全書都凡三千四百五十七種　七萬九千零十卷　分裝三萬六千餘册

六　**貯藏**　自三十七年經始　至四十七年　凡十年之久　共繕全書四份　分貯於圓明園之文源　大內之文淵　熱河之文津　奉天之文溯　所謂內廷四閣或北四閣　北四閣本抄成後　復令續抄三份　五十三年書成　分貯於揚州大

觀堂之文滙　鎮江金山寺之文宗　杭州西湖行宮之文瀾　所謂江浙三閣　或南三閣　此七份謂之正本　正本之外　復令續抄副本一份　貯藏翰林院　統計全書共八份　四十三年　恐全書工鉅　難早觀成　又命萃全書之精　編纂全書薈要　都四百六十四種　分裝一萬二千册　四十四年　第一份薈要書成貯於紫禁城坤寧宮後御花園內之摛藻堂　四十七年　第二份書成　貯於長春園含經堂之味腴書室　全書八份薈要二份　總計得三十一萬二千册　皆由繕寫而成　工事之鉅　古今中外　罕有其儔　雖擬諸古之長城運河　不是過也

七　**提要目錄**　繕抄全書之餘　復依笥河之議　於每書之首　撰述提要　將一書原委　撮舉大凡　並詳著其人之世次爵里　以便觀覽　復將各書提要　彙爲一編　名爲總目　刋布流傳　嘉惠藝林　又以總目提要　卷帙甚繁繙閱不易　復於總目之外　另刋簡明目錄一編　祗載其書若干卷　注明某朝某人撰著　以便檢查　總目及簡明目錄二書外　復成全書考證一百卷　備載考訂校勘之詳　於是學者由簡明目錄而尋總目　由總目而得全書　提綱挈領　考鏡

源流　嘉惠士林　海內稱便　蓋亦文治極盛之徵也

二　本閣沿革

一 **貯藏校對**　乾隆四十八年　貯四庫全書一份於奉天行宮之文溯閣　當時送書到奉者爲陸費墀　與將軍永瑋　並御製文溯閣記以寵之（參閱附錄一）是爲本閣藏書之始　五十二年以熱河文津閣所貯全書　錯謬甚多　遂飭令將文淵文源文津三閣書籍　一體重行校閱　並將文津閣看出疏陋之原校官　罰往奉天重校文溯閣全書　領其事者爲總纂陸錫熊　五十五年九月陸氏奏　所有書籍　業經全數校畢　覆行覈簽　亦已竣事　其中錯落偏謬各書　隨時繕寫改正　此外漏寫錯寫　應行另繕之本　俱即自行賠寫完妥　五十六年十二月陸氏又奏　全書卷帙繁富　雖經屢校　時有改正　文淵文源兩閣　經紀昀等覆校　中間缺落舛譌尚多　所有文溯閣全書　亦應一體覆加詳覈　俾得益增完善　一交明年新春　臣即起程前往　詳爲覈辦　五十七年　氏抵奉天省

城　未及覆校　即發病卒　亦本閣之不幸也（參閱清史列傳陸錫熊傳）

二　保管運復

本閣六間三層　頂樓存貯子部集部　共三千六百函　中層存貯史部　共二千五百八十四函　底樓存貯經部及古今圖書集成簡明目錄總目考證　共書一千五百六十六函　外日講詩經解義二空函　自移貯以來　有清一代　均歸內務府保管　每年四月由盛京工部　領取樟腦六十六斤　野鷄尾撣八把　短把鷄毛撣八把　以備應用　隔一年　復由工部派員携帶紙張　糊飾窗扇一次（參閱盛京典制備考及盛京通鑑）民國三年　段芝貴督奉　將本閣全書　移往北平故宮之保和殿　十四年　奉天教育會長馮廣民　赴平參加善後會議　覩之有感　歸即謀諸當道　力倡運復之議　馮氏復奔走京津　各方關說　卒通過閣議允爲運復　於是電召張元俊汪芝雲趙純等　並奉人士之旅京者三十餘人　以八日之力　檢收本閣全書于保和殿　而全書始爲物歸故所運復本閣　時民國十四年八月七日也　既運歸　馮氏復請于省署　設保管委員會　延聘當地鴻儒巨紳爲委員　以司保管之責　並于文溯閣院內　建購電

井消防機　以防火患　每至六七月間　逐本裝入樟腦　時啓門窗　以通空氣防護保管　至爲周詳　復以全書　舊多遺佚　光緒間　全書即間有缺册　盛京典制備考謂蓋爲俄人攘去者民三之厄　展轉流徙　遺失益易　乃於十五年夏　仿文瀾閣抄補之例　請於北京故宮博物院　依文淵閣本　傭二十人補抄以董衆譚峻山董其事　計補抄十六種共七十二卷　而本閣全書　始復成完璧亦云難矣（參閱附錄二本閣全書運復記）（査其間散失圖書　雖曾於民國十五年鈔補　然仍有重複及佚缺者　本館復於康德元年　在北京依文津閣本補鈔先後又寫成三種　計十二册八百四十一葉）　考全書八份　英法聯軍之役　文源化爲烏有　洪楊之亂　文滙文宗　胥成劫灰　翰林院副本　英法聯軍八國聯軍二役　焚燬携取　散失無餘　文瀾則掇拾於叢殘之餘　六十年來　補苴罅漏　勉成完帙　現全書之存于世者　惟文淵閣書現歸北京故宮博物院圖書館　文津閣書現歸北京國立圖書館　及本閣書現歸本館　此三份尙爲原來面目耳　然則本閣全書　益爲世界之瓌寶也矣

三 澈底檢查

本館自大同元年九月一日移管本閣全書以來，首從事於澈底檢查，費時六月，始爲竣事。計上層子部二十二架（現改爲三十三架），一千五百八十四函，九千零七十一册，五十六萬六千七百七十九葉；集部二十八架（現改爲四十二架），二千零十六函，一萬二千二百六十五册，六十七萬零四百九十四葉；中層（現改下層）史部，三十三架，一千五百八十四函，九千四百零八册，七十萬三千二百十七葉；下層經部，二十架，九百六十函（內有簡明目錄三函，日講詩經解義二空函），五千五百零九册，三十六萬五千八百七十五葉；殿本圖書集成十二架，五百七十六函，五千零二十册。此外復有殿本四庫總目二十函，一百二十七册；內府寫本四庫全書考證十二函，七十二册，不歸架。册面則子部用青絹，集部用灰絹，史部用紅絹，經部用綠絹，圖書集成及總目考證等用黃絹。至於全書內容，經本館此次澈底清查，其通行本簡明目錄，雖經著錄，而本閣實無其書，及有函無書，卷數缺佚，或卷數重複，前無提要各項，並皆列表以詳，以明眞相。函架册數，書架配

置　亦俱製作表圖　用便檢查　此本館對於本閣全書清查之狀況也（參閱附錄三、四、五、六、七、八、九）

四　建新書庫　文溯閣書庫　建築迄今　已百五十餘年　以其經此悠久歲月故滲漏傾圮　勢所難免　以藏珍帙　實非所宜　本館有鑒及此　爰於康德二年　請准文教部　批撥鉅款　重建二層樓房之新書庫于院之西南　內部結構皆依照現代之藏書庫　不僅無滲漏之慮　對防火險　尤爲注意　書架皆以鋼製　門窗悉包鐵葉　以期萬全　外部則飛閣雕牆　仍仿舊制　已於四年季夏　將全書移入　意必爲關心國寶之士所贊許也

三　印行原本提要

印行原本提要　通行之總目　本擷取各書提要而成　然乃經紀昀一度筆削　非各書提要之原來面目也　取原書提要與總目相對　幾無一編無異同者　考全書編纂之時　戴東原主經部　邵南江主史部　周書昌主子部　紀文達主集部

並皆專門名家　各盡所長　東原爲有清一代經學大師　對于名物訓詁　經解大義皆有特識創解　衣被海內　至今學者奉爲圭臬　固無論矣　南江則承浙東文獻之學　對于史部諸籍　如數家珍　在館時總裁問以某代某事　答以在某書某册第幾頁中　百不失一　其博洽如此　嘗病宋史是非失實　有志改修　先成南都事略一編　畢沅續修通鑑　亦待先生删補考定　方敢問世　其史才史識　除章實齋外　殆無倫比　書昌則浸淫于書　別具慧眼　子部諸書　用力尤勤　嘗以藉書名園　著儒藏之說　蓋儼然一圖書館學大師也　在館時採輯永樂大典　目盡九千鉅册　風雨寒暑　未嘗少輟　其毅力又有非常人所能及者　文達則淹貫百家　人所共知　夫以如斯之專門學者　各騁所長　探賾索隱　其原本提要　精采絕倫　自不待言　東原南江書昌文達之著作　單篇碎義　學者至今　視爲拱璧　況此數千百篇精心結構之作　而可仍令其湮沒於高閣書蠹之間乎　本館有見于此　爰悉依原本　抄出付印　現已行世　不特各家批評之精神　文章之個性　可以躍然紙上　且取以與總目對校　則文

達筆削之權衡　先後增删之用意　亦不難藉以考見　民國十六年　北平學者曾發起影印原本提要　惜中經事故　未見實行　本館謹繼其志而促成之　想亦海內外學者所樂聞也

四　附　錄

一　御製文溯閣記(附扁聯彙錄)
二　文溯閣全書運復記
三　文溯閣全書函架册數表
四　文溯閣全書舊書庫書架配置圖(三張)
五　文溯閣全書新書庫書架配置圖(二張)
六　文溯閣全書抄補書名表
七　簡明目錄著錄文溯閣四庫無書書名表
八　文溯閣全書書册重復缺佚表

九　文溯閣四庫全書缺佚提要書名表

附錄一　御製文溯閣記

輯四庫之書　分四處以庋之　方以類聚　數以偶成　文淵文源文津三閣之記早成　則此文溯閣之記　亦不可再緩　因爲之辭曰　權輿二典之贊堯舜也　一則曰文思　一則曰文明　蓋思乃蘊於中　明乃發於外　而胥藉文以顯　文者理也　文之所在　天理存焉　文不在斯乎　孔子所以繼堯舜之心傳也　世無文天理泯而不成其爲世　夫豈鉛槧簡編云乎哉　然文固不離乎鉛槧簡編以化世此四庫之輯所由亟亟也　茲則首部告成　綱紀已定　與之暇以究其核　督之勤以防其怠　乙夜幾暇　亦亹披覽　怪辟側豔　滌濯剗砅　犂然理明　裒然文顯所餘三部　惟鈔胥之事　然而豕亥陶陰　猶不可不讐校也　四閣之名　皆冠以文　而若淵若源　若津若溯　皆從水以立義者　蓋取范氏天一閣之爲　亦旣見於前記矣　若夫海淵也　衆水各有源而同歸於海　似海爲其尾而非源　不知尾閭何洩　則仍運而爲源　原始反終　大易所以示其端也　津則窮源之徑而溯之

是則溯也津也　實亦迨源之淵也　水也　體用如是　文之體用　顧獨不如是乎
恰於盛京而名此名　更有合周詩所謂遡澗求本之義　而予不忘祖宗創業之艱
示子孫守文之模　意在斯乎　意在斯乎　乾隆四十有七歲在壬寅仲春之月上澣
御筆

附乾隆御筆扁聯彙錄

老方四庫集全書　竟得功成幸莫如　京國略欣淵已滙　陪都今次溯其初
源寧外此園近矣　津以問之莊繼諸　搜秘探奇力資衆　折衷取要意廑予
唐函宋苑實應遜　荀勗劉歆名亦虛　東壁五星斯聚朗　西都七略彼空儲
以云過澗在茲爾　敢曰牖民舍是歟　敬緬天聰文館闢　必先敢懈有開餘
癸卯季秋中澣御題（每行六七字不等　計十八行）

由監古以垂模敎化川流區脈絡　古今並入含茹萬象滄溟探大本
本紹聞爲典學心傳道法驗權輿　禮樂仰承基緒三江天漢導洪瀾

附錄二　文溯閣四庫全書運復記

四庫全書凡七閣　奉天之文溯其一也　民國三年　袁世凱將稱帝　以段芝貴督奉　段氏袁氏之私人　既涖奉　遂運文溯閣書於京師以要寵　奉人士恒痛心焉　民國十四年　張上將軍入京師　段祺瑞執國政　馮公廣民以奉教育會長參善後會議　遊古物陳列所　覩是書　喟然嘆曰　四庫全書　有淸一代之文獻集古藝文之大成　我奉文化之所繫也　人遺之而我不能保之　士君子之恥也轉而之東　余之責焉　亟歸而謀諸潔珊袁公金鎧　岷源王省長永江　咸韙其議乃走津謁軍長張公學良　總參議楊公宇霆　至京謁農商總長莫公德惠　古物陳列所會辦梁公玉書　得諸公力贊　遂允於閣議　於是電張元俊汪芝雲趙純來京並奉人旅京者三十餘人　以八日力　檢收於保和殿而東歸奉天　時八月七日也文溯閣書既至奉　奉人士舉相慶　馮公曰　未已也　天下之珍物　得之非難既得之而經營保護　持之以恒心　要之以毅力　其難有百倍於前者　文溯閣書

之復歸於奉也　不過一轉移之力耳　此後水火燥濕之虞　蠹魚鳥鼠之害　在在皆需擘畫　非專所掌不爲功　於是請省署　設保管委員會以司其責　又推李象庚修葺文溯閣以善其藏　而是書以變亂轉置而亡者　經部禮書綱目十卷　春秋列國世紀編一卷　春秋集傳詳說八卷　繙譯五經四書七卷　瑟譜六卷　韶舞九成樂補一卷　史部欽定勝朝殉節諸臣錄十二卷　欽定盛京通志四卷　謚法四卷　子部證治準繩一卷　高齋漫錄一卷　集部鯨背集一卷　西河集九卷　御製詩集二卷　玉瀾集一卷　雁門集四卷　計凡七十二卷　嗚呼　自古藝文之著錄　若漢若隋　若唐若宋　若明　承喪亂兵燹之餘　經朝野竭力搜求　而後山崖屋壁遺藏漸出　稍稍顯於人世　而鳩之天府　不數年間　而世又大亂　刼奪燔燬千里無人煙　自古迄今　四五千年　若此者　蓋不知幾千百數　而視爲無足重輕之藝文　其亡佚殘闕　不足異也　然則文溯閣書之殘　以視夫文宗文滙之燬於洪楊　文源之燬於八國聯軍　文瀾之殘闕過半　殆不幸中之猶幸者焉　迺以十五年夏　仿文瀾閣例　請於故宮博物院　依文淵閣本　傭二十人補鈔　以董

衆譚峻山董其事　盛夏揮汗　浹背霑衣　嚴冬沍寒　爐火無溫　龜手瑟縮　而伏案校錄　未嘗稍輟　僅七十二卷　越一載而始成　蓋補修若是之難且勞也然則有清纂修七閣書　其難且勞　奚祇千百倍於此　而後世坐視其亡佚轉置不稍惜　豈非以不知其難且勞而忽之哉　夫知其難且勞　而後知珍惜　知珍惜而後是書方能永永保存　垂千古　傳萬世　而不亡佚轉置　則向之亡佚轉置與今之補修　正天之所以曲全是書　而令人知所珍守也　繼任會長姫公振鐸王公化一　爰將運復始末謀勒於石　以爲之記云　法庫董衆撰瀋陽韓國楨書丹
中華民國二十年六月一日遼寧省教育會立

附錄三　文溯閣全書函架册數表

經部二十架　每架四十八函

類別	種數	卷數	册數	函數	備考
易類	一九〇	一、八四四	一、〇八二	一九〇	
書類	五九	六六一	三七一	六五	
詩類	六三	九四五	五〇五	九〇	
禮類	八八	二、一六三	一、二二四	二〇二	
春秋類	一一九	一、八二四	九二八	一六二	
孝經類	一一	二三	一五	四	
五經總義類	三三	七二三	三三九	五六	
四書類	七三	七四三	三七四	六五	
樂類	二二	四八四	一九四	三三	

小學類	八九	八三二	四六〇	八八
經部合計	七四八	一〇、二四二	五、四九二	九五五

史部三十三架 每架四十八函

正史類	四〇	三、六七九	一、二九二	二一二
編年類	四二	二、〇六二	九〇九	一四九
紀事本末類	二三	一、二四三	四六六	七六
別史類	二〇	一、七三四	七四四	一二五
雜史類	二二	二七四	一一七	二〇
詔令奏議類	四一	一、五七五	七七七	一二八
傳記類	六〇	九八八	三五一	五九
史鈔類	四	四八	三六	七
載記類	二三	三九〇	九九	一八
時令類	二	二九	一九	三

地理類	一五五	四、七九四	二、五四〇	四三二
職官類	二一	三九一	一七六	三一
政書類	五七	三、八一八	一、四二七	二四二
目錄類	四七	六九七	二五三	四四
史評類	二四	三九九	二〇二	三八
史部合計	五八一	二二、一二一	九、四〇八	一、五八四

子部二十二架　每架七十二函（新書庫內改爲三十三架　每架四十八函）

儒家類	一一四	一、六八三	八八六	一六七
兵家類	二〇	一五四	八九	一八
法家類	八	九四	四一	八
農家類	一一	二〇一	一一四	二〇
醫家類	一〇五	一八、〇一〇	一、三一二	二四七
天文算法類	五九	六三七	三四七	七九

術數類	五三	四六五	二八五	五六
藝術類	八五	一、一四一	六〇六	一一八
譜錄類	五七	三六二	一八二	三九
雜家類	一九一	二、二三六	一、一〇〇	一九二
類書類	六六	七、〇五八	三、三八三	五一二
小說家類	一二五	一、三四六	三六九	六八
釋家類	一五	二九六	一六九	二六
道家類	四八	四二二	一八八	三四
子部合計	九五七	一七、九四五	九、〇七一	一、五八四

集部二十八架　每架七十二函（新書庫內改爲四十二架　每架四十八函）

楚辭類	六	六六	二九	五
別集類	九八六	一八、二七八	七、五二九	一、二九四
總集類	一六八	一〇、〇三九	四、一三四	六〇六

詩文評類	六三	七二九	二九八	五五	
詞曲類	八一	四七七	二七五	五六	
集部合計	一、三〇四	二九、五八九	一二、二六五	二、〇一六	
四部合計	三、五九〇	七九、八九七	三六、二三六	六、一三九	二、三〇六、三六五葉

附錄六　文溯閣四庫全書抄補書名表

部	類	書目	卷數	冊數	葉數	備考
經	禮	禮書綱目	一四	九	五一一	有重複
同	春秋	春秋列國世紀編	一	一	七〇	
同	同	春秋集傳詳說	八	六	二五四	
同	五經總義	繙譯五經四書	一八	一四	一,二六八	有重複
同	樂	瑟譜	六	二	八四	
同	樂	韶舞九成樂補	一	一	四〇	
史	傳記	欽定勝朝殉節諸臣錄	一二	一二	五九八	
同	地理	盛京通誌	四	二	一五二	
同	政書	謚法	四	一	五二	
子	醫家	證治準繩	一	一	三九	
同	小說家	高齋漫錄	一	一	二〇	

子	同	揮麈錄	二	一	三五	
集	別集	鯨背集	一	一	一〇	
同	同	西河集	九	三	一三二	有重複
同	同	御製詩	二	一	五四	
同	同	玉蘭集	一	一	二三	
同	同	雁門集	四	三	一九六	
計		十七種	八九	六〇	三、五三八	

附錄七　簡明目錄著錄文淵閣四庫無書書名表

部類		書名	著者	卷數	文瀾閣庫書有無是書	備考
經	書	鄭敷文書說	宋鄭伯熊	一	有	
同	四書	中庸集解	宋石𡼖	三	無	
史	別史	南北史合註	明李清	一〇五	無	據陳垣言李清因撰諸史同異錄誕悖不經奏請抽燬並將庫中李清所撰各書概行查燬
同	載記	南唐書合訂	明李清	二五	無	查燬
同	地理	蕭山縣志刊誤	清毛奇齡	三	無	入地理類存目
同	同	閩小紀	清周亮工	四	無	據陳垣言周亮工因撰讀畫錄詩語涉違礙奏請抽燬並將周亮工所撰各書一概查燬
同	政書	明謚考	明葉秉敬	三〇	無	入政書類存目
同	史評	國史考異		六	無	因內多引用錢謙益之辨證奏明應燬
子	醫家	衞生十全方 奇疾方	宋夏德	三 一〇	文瀾有目無書	
同	藝術	讀畫錄	清周亮工	四	無	查燬
同	同	書畫記	清吳其貞	六	無	因書內所載春宵秘戲圖語多猥褻奏明抽燬

子	藝術	印人傳	清周亮工	三	無	抽燬
同	雜家	書影	清周亮工	一〇	無	抽燬
同	類書	歷代不知姓名錄	明李清	一〇	無	抽燬
同	同	諸史同異	明李清	一〇	無	抽燬
同	同	同書	清周亮工	四	無	抽燬
集	別集	歸愚集	宋葛立方	一〇	無	
同	同	菊山清雋集 題畫詩集 錦錢集 雜文	宋鄭震	一一一一	無	
同	同	方淑淵遺稿	元方瀾	一	無	
同	同	黃給諫遺稿	明黃鉞	一	無	
同	同	孫白谷詩鈔	明孫傳庭	二	無	
同	同	完玉堂詩集	清僧光璟	一〇	無	入別集類存目八
同	詩文評	詩品	唐司空圖	一	有	
同	詞曲	詞藻	清彭孫遹	四	無	

附錄八　文溯閣四庫全書重複及缺佚書名表

部	類	書名	重複	缺佚	備考
經	詩	日講詩經解義		計二函內無書修庫書時是書尚未成故虛存其目而無書然其後迄未修成	
同	禮	禮書綱目	內卷四四、四五共二卷重複計二册		係抄補
同	五經總義	欽定繙譯五經四書	內春秋卷四六至五二共七卷重複計七册		係抄補
集	別集	西河文集	內卷九一、九二、九九共三卷重複計一册		係抄補

附錄九　文溯閣四庫全書缺佚提要書名表

部	類	書名	著者	卷數	備考
史	政書	南巡盛典	清高晉	一〇〇	
同	同	八旗通志初集	清雍正御定	三四二	
子	儒家	性理大全書	明胡廣等	七〇	

文溯閣四庫全書書名索引

索引簡例

本索引依筆畫多寡之次序排列

同筆數者之內依第一筆之筆法而分、點　一橫　丨竪　ノ撇　フレく鈎之形式爲順序以下類推

本索引排列次順羼錯之處勢所難免幸閱者諒之

文溯閣四庫全書書名索引

書名	卷數	著者	冊數	葉數	架號	函號	備考
一畫							
一山文集	九	元李繼本	三	二一七	集一七	四九一七	
一峯集	一四	明羅倫	六	三三三	集二〇	五〇六九	
二畫							
二老堂詩話	一	宋周必大	一	二八	集四一	六〇五六	
二希堂文集	一二	清蔡世遠	六	三六三	集二七	五四一二	
二妙集	八	金段成己 段克己	三	一三三	集二一	五五九八	
二皇甫集	八	唐皇甫冉	二	七〇	集二八	五四四二	
二家宮詞	二	明毛晉	一	四九	集三五	五八〇二	
二家詩選	二	清王士禎	一	四六	集三九	五九六四	
二程子鈔釋	一〇	明呂柟	五	二八二	子三	二六五七	

二程文集	一三 附一	宋程顥 程頤	六	三二八	集二九	五四九五	
二程外書	一二	宋朱子編	二	一四三	子一	二五六四	
二程粹言	二	宋楊時	二	一六二	子一	二五六四	
二程遺書	二五 附一	宋二程門人記	一〇	五三八	子一	二五六二 二五六三	
二薇亭集	一	宋徐璣	合	二四	集三	四六六九	
丁卯集	二 附續四	唐許渾	二	一二四	集三	四二三三	
丁鶴年集							見鶴年詩集
十一經問對	五	元何異孫	四	一六九	經一六	七三一	
十七史纂古今通要							見史纂通要
十三經注疏正字	八一	清沈廷芳	二四	二三九	經一六	七六一 七六四	
十三經義疑	一二	清吳浩	四	二〇八	經一六	七五二	
十六國春秋	一六	魏崔鴻	二	一三九	史一七	一七四二	（別本）
十六國春秋	一〇〇	魏崔鴻	二四	一五二七	史一七	一七三八 一七四一	
十五家詞	三七	清孫默	一四	九五二	集四二	六一三〇 六一三二	

十先生奧論註	四〇		三	五七二	集三一	五五七九 五五八〇
十國春秋	一一四	清吳任臣	二四	一八七四	史一七	一七四九 一七五二
七政推步	七	明貝林修	四	二四〇	子一〇	三〇〇七
七國考	一四	明董說	七	四六〇	史二八	二三七七
七頌堂識小錄	一	清劉體仁	一	一七	子一九	三四三六
七經小傳	三	宋劉敞	一	八二	經一六	七二四
七經孟子考文補遺	二〇〇		三〇	一七五四	經一六	七五三 七五七
卜法詳考	八	清胡煦	五	二五二	子一三	三一一九
八白易傳						見葉八白易傳
八旬萬壽盛典	一二〇	清阿桂等纂	六一	三三六四	史三一	二四一二 二四一九
八面鋒	一三	宋陳傅良	四	一六七	子一三	三六一五
八旗通志初集	三四二	清雍正御定	一八〇	三七〇四	史三一 三二	二四二八 二四五五
八旗滿洲氏族通譜	八〇	清乾隆御定	三〇	二〇八五	史一六	一七〇五 一七〇八
入蜀記	四	宋陸游	二	九三	史一六	一七二八

人臣儆心錄	一	清順治御製	一	三二	史二七	三二〇
人物志	三	魏劉邵	一	六八	子一六	三〇二
人倫大統賦	二	金張行簡	二	六一	子一三	三一三
人譜	一 附二	明劉宗周	二	一八六	子 三	二六九
九家集註杜詩	三六	宋郭知達編	三	一三三	集 一	四一五九 四一六一
九章算術	九 附一		三	二六一	子二一	三〇五六
九章錄要	一二	清屠文漪	五	二一三	子二二	三〇八三
九朝編年備要	三〇	宋陳均	二四	一七〇五	史 七	一二六一 一二六四
九華詩集	一	宋陳巖	一	五一	集一四	四七七六
九華集	二五 附一	宋員興宗	八	四二九	集二〇	四六〇五 四六〇六
九經三傳沿革例	一	宋岳珂	一	三六	經一六	七二七（刊正）
九經古義	一六	清惠棟	六	二七五	經一六	七五八
九經字樣	一	唐唐元度	一	二〇	經一九	八八八
九經直音	見明本排字九經直音					

九經補韻	一	宋楊伯嵒	一	一六經二〇	九三八
九經誤字	一	清顧炎武	一	二一經一六	七五三
九經辨字瀆蒙	三	清沈炳震	六	四七五經一七	七七〇
九靈山房集	三〇 附二	元戴良	一四	七〇九集一七	四九二六 四九二八
了翁易說	一	宋陳瓘	一	八九經一	一六

三畫

三正考	二	清吳鼐	一	三一經一五	七一一
三史國語解	見遼金元三史國語解				
三因極一病證方論	一八	宋陳言	一四	五四四子六	二八一〇 二八一一
三合切音清文鑑	三三	清聖祖御定	三三	三三八經二〇	九二一 九二六
三吳水考	一六	明張內蘊等	三	一〇四三史二五	三二二〇 三二二一
三吳水利錄	四	明歸有光	一	九四史二五	三二一八
三事忠告	四	元張養吾	一	六三史二七	三三二〇
三易洞璣	一六	明黃道周	六	四九六子一三	三一〇五

三易備遺	一〇	宋朱元昇	四	二六三經二	六二
三命指迷賦補註	一	宋岳珂	一	二七子一三	三一二一
三命通會	三		三	一三四八子一三	三一二七 三一三〇
三家宮詞	三	明毛晉編	一	四七集三五	五八〇二
三家詩拾遺	一〇	清范家相	二	一七三經八	三四五
三畧直解	三	明劉寅	合	五四子四	二七一三
三國志文類	六〇		一四	五三〇集三一	五五七六 五五七七
三國史辨誤	一		一	二〇史一	一〇〇三
三國志	六五	晉陳壽	二四	一八三五史一	九九八 一〇〇一
三國志補註	六 附一	清杭世駿	五	一九四史一	一〇〇二
三國雜事	二	宋唐庚	一	二九史三三	二五一二
三魚堂文集	一二 附七	清陸隴其	一四	五七四集二七	五四〇八 五四〇九
三魚堂賸言	一二	清陸隴其	三	一一三子三	二七一〇
三朝北盟會編	二五〇	宋徐夢莘	四五	三六七二史八	一三三四 一三四〇

三華集	一八	明錢子正	五	二九四	集三二	五六二八	
三楚新錄	三	宋周羽翀	一	三二	史一七	一七四四	
三傳折諸	四四	清張尙瑗	一八	一四五三	經一五	六九四 六九六	
三傳辨疑	二〇	元程端學	一三	一〇一九	經一三	六二二 六二三	
三輔黃圖	六		二	六九	史一七	一七五八	
三餘集	四	宋黃彥平	二	六〇	集八	四四八一	
三劉家集	二	宋劉渙等	一	八七	集二九	五四九五	
三禮圖	四	明劉績	四	一六五	經二	四九九	
三禮圖集注	二〇	宋聶崇義	六	五五〇	經二	四九八	
三體唐詩	六	宋周弼	三	一三二	集三〇	五五五九	
千祿字書	一	唐顏元孫	一	三二	經一九	八八八	
于忠肅集							見忠肅集
于清端政書	八	清于成龍	六	四七八	集二七	五三八〇	
于湖詞	三	宋張孝祥	一	五七	集四二	六〇九七	

于湖集	四〇 附一	宋張孝祥	六	四四〇	集九	四五二四	
士官底簿	二		二	一七七	史二六	三三〇八	
士翼	三	明崔銑	三	一三七	子三	二六五四	
才調集	一〇	蜀韋縠	五	二七二	集二八	五四四四	
大全集	一八	明高啓	八	四八八	集一八	四九七五 四九七六	
大事記	一二 附一五	宋呂祖謙	三	一〇一八	史七	一二四九 一二五〇	
大事記講義							見宋大事記講義
大事記續編	七七	明王禕	三〇	二〇七四	史七	一二八一 一二八五	
大易通解	一五	清魏荔彤	三	一一三六	經四	一五七 一五八	
大易集義粹言	八〇	清納喇性德編	三六	三〇七一	經四	一六〇 一六五	
大易象數鉤深圖	三	元張理	三	一四八	經二	七八	
大易粹言	七三	宋方聞一編	一八	一四七三	經一	三七 三九	
大易緝說	一〇	元王申子	一〇	五五九	經二	七九 八〇	
大易擇言	三六	清程廷祚	一三	一二一四	經四	一八八 一八九	

大金弔伐錄	四		四	一九二	史二三	一五三四	
大金國志	四一	宋宇文懋昭	八	五三三	史二一	一四四六	
大金集禮	四〇		一〇	五三三	史三〇	二三七六 二三七七	
大金德運圖說	一		一	二六	史三〇	二三七八	
大衍索隱	三	宋丁易東	三	一一二	子一三	三一〇四	
大唐西域記	一二	唐釋玄奘譯辯機撰	五	三四三	史二六	二一八四	
大唐開元禮	一五〇	唐蕭嵩等	二四	一七〇七	史三〇	二三六八 二三七一	
大唐創業起居注							見唐創業起居注
大唐新語							見唐新語
大唐傳載	一		一	二七	子三一	四〇〇四	
大清一統志	四二四	清乾隆御定	一五三	一五〇二四	史一八	一七八一 一八一〇	
大清律例	四七	清乾隆御定	一八	一六七五	史三三	二四五八 二四六一	
大清通禮	五〇	清乾隆御定	三二	一〇一五	史三〇	二三九七 二三九八	
大清會典	一〇〇	清乾隆御定	二四	一七九七	史二八	二三七八 二三八一	

大清會典則例	一八〇	清乾隆御定	一二六	八八七三	史二六	二三八二 二三〇一	
大復集	三八	明何景明	一四	七〇九	集三	五一三九 五一四〇	
大統歷志	八 附一	清梅文鼎	四	二七一	子二	三〇四九	
大雅集	八	元賴良	三	一三〇	集三	五六一八	
大德昌國州圖志							見昌國州圖志
大學古本說							見榕村四書說
大學衍義	四三	宋眞德秀	一八	八九六	子二	二五九三 二五九五	
大學衍義補	一六〇	明邱濬	六四	三六七〇	子三	二六三九 二六五〇	
大學章句	一 附一八	宋朱子	六	四一三	經一七	七八二	
大學疏義	一	元金履祥	一	六六	經一七	七九八	
大學翼眞	四	清胡渭	四	二八五	經一八	八三〇	
大學證文	四	清毛奇齡	二	七二	經一八	八三六	
大隱居士集	二	宋鄧深	一	五六	集八	四五〇七	
大隱集	一〇	宋李正民	四	三三二	集八	四四八一	

大戴禮記	一三	漢戴德	六	二七三 經一一	四九七
小山詞	一	宋晏幾道	一	六八 集四一	六〇九一
小山畫譜	二	清鄒一桂	二	七五 子一五	三二五三
小山類稿	二〇	明張岳	八	四七六 集三	五一七一
小字錄	一	宋陳思	一	五六 子二五	三七〇五
小名錄	二	唐陸龜蒙	一	五一 子二三	三五一二
小亨集	六	元楊宏道	三	一一五 集一五	四八二一
小兒衛生總微論方	二〇		一三	六三六 子六	二七九九 二八〇〇
小畜集	三〇	宋王禹偁	一三	五八三 集三	四二四九 四二五〇
小辨齋偶存	八 附三	明顧允成	三	一四三 集二四	五二五五
小鳴稿	一〇	明朱誠泳	八	三七四 集三	五一〇九
小學紺珠	一〇	宋王應麟	八	四九六 子三五	三七〇四
小學集註	六	宋朱子 清因明等	四	一六五 子一	二五七一
上蔡語錄	三	宋謝良佐	一	六〇 子一	二五六六

山中白雲詞	八	宋張炎	四	一三八集四二	六一〇三
山中詩話	一	宋劉攽	一	二五集四〇	六〇三六
山水純全集	一	宋韓拙	一	二七子一三	三一五〇
山西通志	二三〇	清石麟等	一八四	一三七八四史一二一三	二〇〇五 二〇三三
山村遺集	一 附一	元仇遠	一	五七集一五	四八二〇
山谷內集詩注	二〇 附一九	宋任淵等註	三	一〇〇五集六	四三八六 四三八八
山谷詞	一	宋黃庭堅	一	五三集四一	六〇九〇
山谷集	三〇 附六七	宋黃庭堅	三	一八五二集六	四三八〇 四三八五
山房集	九	宋周南	五	二四八集一二	四六五七
山房隨筆	一	元蔣正子	一	三三子三一	四〇三三
山東通志	三六	清岳濬等	五八	五一〇八史二三	一九九五 二〇〇四
山居新語	四	元楊瑀	二	六六子三一	四〇三二
山海經	一八	晉郭璞	三	一六三子三三	四〇三九
山海經廣註	一八	清吳任臣	六	三〇九子三三	四〇四〇

山海漫淡	三 附二	明任環	一	一〇九	集三三	五一九九	
山帶閣註楚辭	六 附三	清蔣驥	七	三八五	集一	四一三三	
山堂考索							見羣書考索
山堂肆考	二二八 附一二	明彭大翼	一二六	七五七一	子二七	三七九五 三八一一	
山窗餘稿	一	元甘復	一	五七	集一七	四九二一	
山齋文集	二四	明鄭岳	五	二六三	集三三	五一二三	
千金要方							見備急千金要方
千叟宴詩	三六	清乾隆御定	三五	一五三〇	集三八	五九八八 五九四一	
千叟宴詩	四	清康熙御定	四	一九〇	集三八	五九一五	
千頃堂書目	三二	清黃虞稷	一八	一五〇二	史三三	二四七一 二四七三	
子史精華	一六〇	清康熙御定	五四	三九〇三	子二九	三九一二 三九二〇	
子思子	一	宋汪晫	一	四二三	子一	二五八八	
子夏易傳	一一	周卜子夏	四	二四八	經一	四	
子淵詩集	六	元張保深	三	九一	集一七	四九〇四	

子畧	四	宋高似孫	一	六五	史三三	二四六五
子華子	二	晉程本	一	六〇	子一六	三三九七

四畫

斗南老人集	六	明胡奎	六	四四三	集一八	四九九一
六一詞	一	宋歐陽修	合	四五	集四一	六〇八九
六一詩話	一	宋歐陽修	一	一六	集四〇	六〇三六
六壬大全	一二		一〇	七三九	子一三	三二一七 三二一八
六帖補	二〇	宋楊伯嵓	四	一八六	子二五	三七〇六
六家詩名物疏						見詩名物疏
六書正譌	五	元周伯琦	二	一五一	經一九	九〇三
六書本義	一二	明趙撝謙	四	一七九	經一九	九〇四
六書故	三三	元戴侗	一三	一三二	經一九	八九七 八九八
六書統	二〇	元楊桓	一四	一三六〇	經一九	九〇〇 九〇二
六研齋筆記	四 附八	明李日華	一三	四九五	子一九	三四一四 三四一五

六朝事迹編類	二	宋張敦頤	二	一四三	史二六	三一六五
六朝通鑑博儀	一〇	宋李燾	四	一七四	史三三	三五一三
六經天文編	二	宋王應麟	二	一七三	子一〇	三〇〇五
六經正誤	六	宋毛居正	四	二〇二	經一六	七一七
六經奧論	六	宋鄭樵	五	三三四	經一六	七一九
六經圖	一〇	宋楊甲	八	六一八	經一六	七一五 七一六
六韜	六	周呂望	一	六八	子四	二七一二
六藝之一錄	四〇六 附一四	清倪濤	一六七	一三六一九	子一五	三三一七 三三五二
六藝綱目	二	元舒天民	二	一一六	經二〇	九六〇
文山集	二一	宋文天祥	一〇	九四四	集一三	四七四七 四七四八
文子	二		二	一二八	子三	四一一三
文子纘義	一二	宋杜道堅	五	一三七	子三	四一一二
文心雕龍	一〇	梁劉勰	四	一三〇	集四〇	六〇三四
文心雕龍輯註	一〇	清黃叔琳	四	一三九	集四〇	六〇三四

文公易說	二三	宋朱鑑	一二	九四五 經二	五三 五四
文氏五家詩	一四	明文洪	六	四三六 集三三	五六七一
文正集	二〇 附九	宋范仲淹	一〇	六三九 集三	四二六九 四二七〇
文安集	一四	元揭傒斯	四	三〇五 集一六	四八七一
文定集	二四	宋汪應辰	八	四七二 集八 九	四五一二 四五一三
文房四譜	五	宋蘇易簡	二	一二〇 子一六	三二七二
文昌雜錄	六	宋龐元英	二	一二一 子一八	三三八一
文忠集	二〇〇 附五	宋周必大	七八	四三三六 集九	四五五〇 四五五九
文忠集	一五三 附五	宋歐陽修	三四	二八二六 集三	四三二九 四三三四
文忠集					見范文忠集
文苑英華	一〇〇〇	宋李昉等	二九二	一五二五六 集二八 二九	五四四六 五四八二
文苑英華辨證	一〇	宋彭叔夏	四	一〇七 集二九	五四八三
文則	二	宋陳騤	一	五二 集四二	六〇五六
文信公集杜詩	四	宋文天祥	一	七二 集一三	四七四九

文泉子集	一	唐劉蛻	四	四三 集三	四二三四
文淵閣書目	四	明楊士奇	四	二三五 史三二	二四六八
文章正宗	二四 續二〇	宋眞德秀	四〇	三三六三 集三〇	五五四一 五五四八
文章軌範	七	宋謝枋得	三	一四一 集三〇	五五六八
文章精義	一	宋李耆卿	一	一八 集四一	六〇六三
文章緣起	一	梁任昉	一	六 集四〇	六〇三五
文章辨體彙選	七八〇	明賀復徵	二五四	一三一八〇 集三四 三五	五七四八 五七七九
文恭集	四〇	宋胡宿	一四	六九九 集三	四二六四 四二六五
文莊集	三六	宋夏竦	一二	一六九 集三	四二五四 四二五五
文敏集	二六 附一	明楊榮	一四	八三七 集一九	五〇一八 五〇一九
文陽端平詩雋	四	宋周弼	一	五三 集一三	四七五二
文溪存稿	二〇	宋李昂英	四	二三三 集一三	四七三〇
文端集	四六	清張英	一四	九二四 集二七	五三八三 五三八四
文說	一	元陳繹曾	一	二二 集四二	六〇六五

文毅集	一六 附一	明解縉	六	五〇六 集一九	五〇〇七
文編	六四	明唐順之	四六	二四三五 集三三	五六五一 五六五六
文憲集	三二	明宋濂	三二	一九六九 集一七 一八	四九四四 四九四八
文選	六〇	梁蕭統 唐李善等註	四八	二七八七 集二八	五四三三 五四三七
文選註	六〇	唐李善註	三三	二〇五〇 集二八	五四二八 五四三一
文選補遺	四〇	宋陳仁子	三六	一二一五 集三三	五五六九 五五七二
文選顏鮑謝詩評	四	元方回	二	一〇九 集二八	五四三八
文襄奏疏	八	清靳輔	六	五四八 史一四	一六一五
文藪	一〇	唐皮日休	三	一四一 集三	四二三六
文簡集	五八	明孫承恩	三三	一一九三 集三三	五一六四 五一六七
文獻通考	三四八	元馬端臨	一六八	一二四九 史二七 二八	二二四四 二二六九
文獻集	一〇	元黃溍	一四	八七〇 集一六	四八七五 四八七七
方舟集	二四	宋李石	一〇	六二二 集一〇	四五六一 四五六二
方言註	一三	漢楊雄	四	一九三 經一九	八七四

方洲集	二六 附六	明張寧	三	九五九 集二〇	五〇四九 五〇五〇
方是閒居士小稿	二	宋劉學箕	一	一一〇 集一二	四六九七
方泉詩集	四	宋周文樸	二	七一 集一二	四六八七
方壺存稿	四	宋汪莘	二	五〇 集一三	四七〇九
方輿勝覽	七〇	宋祝穆	三	九五八 史一七	一七七〇 一七七二
方簡肅文集	一〇	明方良永	三	一六五 集二一	五一〇八
方麓集	一六	明王樵	三	七〇八 集二三	五三三五 五三三六
方齋存稿	一〇	明林文俊	六	三四一 集二一	五一六八
亢倉子	一	唐桑楚	一	三四 子三	四一一九
亢倉子注	一	何粲	合	四〇 子三	四一一九
心泉學詩稿	六	宋蒲壽宬	二	七四 集一四	四七七八
心經	一	宋眞德秀	一	二八 子二	二六〇四
王子安集	一六	唐王勃	五	二三四 集一	四二四六
王文正筆錄	一	宋王曾	一	一九 子三	四〇〇九

王文成全書	三八 明王守仁	三四	三三三 集二	五一三一 五一三五
王文忠集	六 元王結	三	一〇八 集一六	四八六一
王氏談錄	一	一	三五 子一八	三三八〇
王右丞集箋註	二八 唐王維 附一 清趙殿成註	一四	七五二 集一	四一七五 四一七六
王司馬集	八 唐王建	三	一〇三 集二	四二一四
王文忠集	二四 明王褘	一八	八七五 集一八	四九五三 四九五五
王舍人詩集	五 附一 明王紱	四	一八五 集一九	五〇〇八
王荊公詩註	五〇 宋李壁	一六	七四三 集五	四三四九 四三五〇
王常宗集	四 補二 明王彝	二	一〇九 集一八	四九七一
王著作集	八 宋王蘋	二	八九 集八	四四九七
王端毅奏議	一五 明王恕	六	四九三 史一四	一六〇三
王魏公集	七 宋王安禮	三	一五七 集四	四三一八
井觀瑣言	三 宋鄭瑗	一	四二 子一九	三四一三
天下同文集	五〇 元周南瑞	五	三二四 集三一	五六〇三

天中記	六〇	明陳耀文	六〇	五四七四	子二六	三七六四 三七七五
天玉經	四	唐楊筠松	合	四四	子三	三一一四
天台集	三 附一〇	宋林師蒧等	八	四〇五	集三〇	五五四九
天步眞原	一	清薛鳳祚譯	一	二六	子二	三〇四一
天馬山房遺稿	八	明朱𣶒	五	二三三	集三三	五一七六
天原發微	五	宋鮑雲龍	二	五九七	子三	三二〇二 三二〇三
天問畧	一	明西洋人陽瑪諾	一	五二	子一〇	三〇一四
天經或問	四	清游藝	三	一四六	子二	三〇四一
天祿琳琅書目	一〇	清乾隆御定	五	五一一	史三三	二四七〇
天學會通	一	清薛鳳祚	一	三三	子二	三〇四一
天籟集	二	金白樸	一	五七	集四三	六一〇四
元文類	七〇	元蘇天爵	四八	一六九九	集三二	五六〇六 五六一一
元元棋經						見棋經
元氏長慶集	六〇 附六	唐元稹	一四	六〇二	集二	四二一七 四二一八

元史	二一〇	明宋濂	六九	五六〇五 史四	一一三九 一一四九
元史紀事本末	四	明陳邦瞻	四	二四六 史九	一三四五
元史續編	一六	明胡粹中	六	二九六 史七	一二八六
元包經傳	五 附二	北周衞元嵩	二	八六 子一三	三〇八六
元明事類鈔	四〇	清姚之駰	二四	一三三四 子二〇	三四八〇 三四八二
元和姓纂	一〇	唐林寶	八	五一七 子二〇	三五〇四
元和郡縣志	四〇	唐李吉甫	一八	一〇三四 史一七	一七五九 一七六一
元音	一二		六	三四六 集三三	五六二三
元音遺響	一〇	元胡布	六	三一七 集三三	五六一九
元英集					見玄英集
元城語錄解	三 附一	宋馬永卿編	二	九〇 子一八	三三八六
元眞子					見玄眞子
元風雅	二三 附三三	元傅習	八	三一三 集三二	五六一二
元朝名臣事畧	一五	元蘇天爵	七	三七〇 史一六	一六八二

元朝典故編年考	一〇	清孫承澤	六	三三五史三〇	二三六七
元詩選	二〇	清顧嗣立編	八六	五五九五集三九 四〇	五九九七 六〇〇八
元詩體要	一四	明宋公傳	六	四〇九集三二	五六三一
元經	一〇	隋王通	四	二三四史五	一一七七
元憲集	四〇	宋宋庠	八	五六八集三	四二五七 四二五八
元儒考畧	四	明馮從吾	二	七七史一六	一七〇〇
元豐九域志	一〇	宋王存等	七	三〇八史一七	一七六八
元豐類稾	五〇	宋曾鞏	一六	八三九集四	四三一〇 四三一二
元藝圃集	四	明李蓘	四	一八二集三三	五六七四
木鐘集	一一	宋陳埴	六	三八九子一	二五八九
切韻指掌圖	二 附一	宋司馬光	三	一〇〇經三〇	九三五
不繫舟漁集	一五 附一	元陳高	六	三〇八集一七	四九〇八
太乙金鏡式經	一〇	唐王希明	二	一一六子一四	三一三三
太玄本旨	九	明葉子奇	五	二〇四子一三	三〇八五

太玄經	一〇	漢揚雄	四	一七六子一三	三〇八四
太平治迹統類	三〇	宋彭百川	一八	一五三六史一三	一五三一 一五三三
太平御覽	一〇〇〇	宋李昉等	一八〇	一三七四六子一三	三五一四 三五四三
太平惠民和劑局方	一〇 附三	宋陳師文等	一〇	五一八子六	二八〇二 二八〇三
太平經國書	一一	宋鄭伯謙	三	一五〇經八	三五八
太平寰宇記	一九三	宋樂史	三六	三〇八一史一七	一七六二 一七六七
太平廣記	五〇〇	宋李昉等	七八	五六八四子一三	四〇四九 四〇六一
太白山人漫稿	八	明孫一元	三	一三二集一三	五一五〇
太白陰經	八	唐李筌	三	一三九子四	二七一四
太宗聖訓	六	清康熙御定	二	一一〇史一三	一五四三
太祖聖訓	四	清康熙御定	二	七一史一三	一五四三
太倉稊米集	七〇	宋周紫芝	二〇	九八五集九	四五二五 四五二八
太清神鑑	六	王朴	三	一三三子一三	三一三三
太常續考	八		八	六三九史一六	二三〇七 二三〇八

太極圖說述解	一 附一	明曹端	一	二九	子一	二五五六	
太醫局諸科程文格	九		五	二二九	子六	二八〇九	
友石山人遺稿	一	元王翰	一	二五	集一七	四九一三	
友古詞	一	宋蔡伸	一	五〇	集四一	六〇九三	
友林乙稿	一	宋史彌寧	一	四二	集二三	四七〇九	
五代史	七四	宋歐陽修	三	一〇六〇	史三	一〇九二 / 一〇九四	
五代史記纂議	三	宋吳縝	一	六三	史三	一〇九四	
五代史補	五	宋陶岳	二	八四	史二三	一五三〇	
五代史闕文	一	宋王禹偁	一	一七	史二三	一五二九	
五代名畫補遺	一	宋劉道醇	一	二〇	子一三	三一四四	
五代詩話	一〇	清鄭方坤	八	五三七	集四一	六〇八七 / 六〇八八	
五代會要	三〇	宋王溥	六	五四一	史二七	三三三六	
五百家注昌黎集							見韓昌黎集
五百家注柳先生集							見柳先生集

五百家播芳大全文粹	一一〇	宋魏齊賢	六六	三九四	集三〇	五五二三 五五三四
五音集韻	一五	金韓道昭	一三	六八六	經二〇	九三九 九四〇
五峯集	五	宋胡宏	五	三三二	集八	四五〇三
五峯集	一〇	元李孝光	二	一八二	集一七	四九〇二
五曹算經	五	唐李淳風	一	二五	子二一	三〇五七
五國故事	二		一	三三	史一七	一七四五
五經文字	三	唐張參	二	八二	經一九	八八八
五經說						見經說
五經算術	二	北周甄鸞	二	六二	子二一	三〇五七
五經稽疑	八	明朱睦㮮	四	一九〇	經一六	七三三
五經蠡測	六	明蔣悌生	四	二〇二	經一六	七三一
五誥解	四	宋楊簡	一	五〇	經五	二一一
五燈會元	二〇	宋釋普濟	二〇	一七七三	子三三	四〇八七 四〇九〇
五禮通考	二六二	清秦蕙田	二三八	一三九九	經一一二	五一七 五五〇

五總志	一	宋吳坰	一	三五	子一八	三三九〇
少谷集	二五	明鄭善夫	三	六三九	集三	五一五一 五一五二
少室山房筆叢	三二 附一六	明胡應麟	三	六五四	子二〇	三四八七 三四八八
少室山房集	一二〇	明胡應麟	二八	一七四三	集二四	五二四五 五二四八
少陽集	六	宋陳東	二	九五	集八	四四九九
少廣補遺	一	清陳世仁	一	四三	子二	三〇八一
少墟集	二〇	明馮從吾	三	七二五	集二四	五二五八 五二六〇
少儀外傳	二	宋呂祖謙	二	八九	子一	二五八六
止山全集	二〇	明邱雲霄	四	一九六	集三	五一九二
止堂集	一八	宋彭龜年	四	四四一	集二〇	四五九四
止齋集	一六 附一	宋陳傅良	一六	八五三	集二〇	四五六七 四五六九
日下舊聞考	一六〇	清乾隆御定	六四	四〇九八	史一九	一八五八 一八六五
日知薈說	四	清乾隆御定	四	一四五	子三	二六七三
日知錄	三二	清顧炎武	三二	一四一五	子一七	三三五六 三三六〇

日涉園集	一〇	宋李彭	四	一八七 集 七	四四三
日損齋筆記	一	元黄溍	一	三五 子 一七	三三八
日聞録	一	元李翀	一	三二 子 一八	三四〇七
日講四書解義	二六	清聖祖御定	二四	一二五〇 經 一八	八二六 八二八
日講易經解義	一八	清康熙御定	三	九六九 經 三	一三一 一三三
日講春秋解義	六四	清聖祖纂	二四	一六八〇 經 一四 一五	六七二 六七五
日講書經解義	一三	清聖祖御定	三	七二四 經 六	二四二 二四三
日講禮記解義	六四		三〇	一四八七 經 一〇	四七六 四八〇
中丞集	二 附一	明練子寧	二	七八 集 一九	四九九八
中州人物考	八	清孫奇逢	六	三三二 史 一六	一七一五
中州名賢文表	三〇	明劉昌	一八	九三〇 集 三一	五六三二 五六三四
中州集	一〇 附一	金元好問	一〇	七四四 集 三一	五五九五 五五九六
中西經星同異考	二	清梅文鼎	一	六五 子 一一	三〇五〇
中吳紀聞	六	宋龔明之	三	一四七 史 二六	二一六六

中星譜	一	清胡亶	一	五二	子二	三〇四〇	
中原音韻	二	元周德清	二	一二二	集四三	六一四四	
中庸指歸	一 附三	宋黎立武	一	九二	經一七	七九四	
中庸衍義	一七	明夏良勝	一六	九八五	子三	二六五八 二六六一	
中庸章段							見榕村四書說
中庸餘論							見榕村四書說
中庸輯畧	二	宋石𡼖	二	一一七	經一七	七八七	
中朝故事	二	南唐尉遲偓	一	二五	子三	四〇〇六	
中菴集	二〇	元劉敏中	八	三八五	集一六	四八五九 四八六〇	
中說	一〇	隋王通	二	一三四	子一	二五五三	
中論	二	漢徐幹	一	六九	子一	二五五三	
中興小紀	四〇	宋熊克	一四	八二六	史六	一三一四 一三一五	
中興閒氣集	二	唐高仲武	一	四二	集二八	五四四一	
內外服制通釋	七	宋車垓	一	一一七	經一〇	四三四	

內外傷辨惑論	三	元李杲	一	七三 經 四	二八三
內則衍義	一六	清順治御定	八	四七一 子 三	二六八二
內訓	一	明仁孝文皇后	一	三九 子 二	二六二六
內經素問	二四	唐王冰	一四	五八〇 子 五	二七五八 二七五九
內簡尺牘編註	一〇	宋孫覿	四	二一五 集 八	四四九五
水心集	二九	宋葉適	二〇	九四三 集 二 八	四六三一 四六三三
水部集	一	梁何遜	一	四四 集 一	四一三九
水東日記	三八	明葉盛	六	四六〇 子 三	四〇三五
水雲村稿	一五	宋劉壎	六	三三五 集 一五	四八〇五
水道提綱	二八	清齊召南	六	六二三 史 三五	二三四〇
水經注	四〇	後魏酈道元	一八	二七五 史 二四	二三〇四 二三〇六
水經注集釋訂譌	四〇	清沈炳巽	一八	一三七 史 二四	二三〇七 二三〇九
水經注釋	四〇 附一四	清趙一清	二四	三〇三 史 二四 三五	二三一〇 二三一三
公是弟子記	四	宋劉敞	一	六四 子 一	二五六五

公是集	五四	宋劉敞	一六	九四一	集	四	四二九七 四二九八
公孫龍子	三	周公孫龍	一	二三	子	一六	三二九八
分甘餘話	四	清王士禎	二	一〇四	子	一九	三四二八
分門古今類事	二〇		八	三七三	子	三三	四〇六二
分隸偶存	二	清萬經	二	一〇七	史	三三	二五〇五
分類字錦	六四	清康熙御定	六〇	五一五六	子	二九	三九〇一 三九一一
分類補註李太白集	三〇	宋楊齊賢集註	一〇	六二五	集	一	四一五三 四一五四
今獻備遺	四二	明項篤壽	六	四二九	史	一六	一六九九
介菴詞	一	宋趙彥端	一	四五	集	四二	六〇九七
毛詩古音考	四	明陳第	四	二三七	經	二〇	九四五
毛詩本義	一六	宋歐陽修	四	二五七	經	六	二六六
毛詩名物解	二〇	宋蔡卞	二	一四八	經	六	二六八
毛詩注疏	三〇	漢鄭氏箋 唐孔穎達疏	一三	一八六八	經	六	二六一 二六四
毛詩草木鳥獸魚蟲疏	二	吳陸璣	一	三九	經	六	二六五

毛詩指說	一	唐成伯璵	一	二〇	經六	二六六	
毛詩陸疏廣要							見陸氏詩疏廣要
毛詩集解	四二	宋李樗等	三四	一五七三	經六	二六九 二七四	
毛詩集解	二五	宋段昌武	三	八二七	經六	二八七 二八八	
毛詩寫官記	四 附二	清毛奇齡	三	一三五	經七	三三六	
毛詩稽古編	三〇	清陳啓源	三	九九〇	經七	三三三 三三四	
毛詩講義	一二	宋林岊	六	四四七	經六	二八五	
毛詩類釋	二一 附三	清顧棟高	六	四〇五	經八	三四三	
午亭文編	五〇	清陳廷敬	三	一四五八	集二六	五三七一 五三七三	
午溪集	一〇	元陳鎰	二	一三六	集一七	四九〇四	
升菴集	八一	明楊愼	三四	一六二三	集二三	五一五八 五一六三	
片玉詞	一 附一	宋周邦彥	一	六八	集四一	六〇九二	
仁山文集	四	宋金履祥	二	九七	集一四	四七七七	
仁端錄	一六	明徐謙	一六	六二六	子八	二八八八 二八八九	

仁齋直指	二六 附七	宋楊士瀛	二四	一三五五 子六	二八一三 二八一七
仇池筆記	二	宋蘇軾	一	三七 子一八	三三八三
化書	六	南唐譚峭	合	四八 子一六	三三〇五
氏族大全	三		二〇	一〇三七 子二五	三七一七 三七一九
丹淵集	四〇 附三	宋文同	一〇	五四二 集四	四三〇二 四三〇三
丹陽詞	一	宋葛勝仲	合	二二 集四一	六〇九四
丹陽集	二四	宋葛勝仲	二	五一四 集七	四四五五 四四五六
丹鉛餘錄	一七 附五三	明楊愼	二〇	一三一四 子一七	三三三九 三三四二
月令明義	四	明黃道周	二	一〇五 經一〇	四七四
月令解	三	宋張虙	三	一三二 經一〇	四四九
月令輯要	二四 附一	清聖祖御定	一八	一三六二 史一七	一七五五 一七五七
月波洞中記	二		一	三七 子一三	三一三一
月洞吟	一	宋王鎡	一	一七 集一四	四七七四
月泉吟社	一	宋吳渭	一	五六 集三〇	五五六八

月屋漫稿	一	元黃庚	一	九四	集一四	四七九六
勿軒集	八	宋熊禾	三	一五三	集一四	四七七〇
勿菴歷算書記	一	清梅文鼎	一	六〇	子二	三〇五〇
勿齋集	二	宋楊至質	一	五五	集一三	四七四三
尹文子	一	周尹文	一	三三	子一六	三一九八
巴西集	二	元鄧文原	二	一四七	集一五	四八〇六
孔子家語	一〇	魏王肅	五二	三二四	子一	二五四五
孔子集語	二	宋薛據	二	六〇	子二	二六三三
孔子編年	五	宋胡舜陟	一	一〇八	史一五	一六七一
孔氏談苑	四	宋孔平仲	一	七二	子三	四〇一三
孔北海集	一 附一	漢孔融	一	六〇	集一	四一三五
孔叢子	三	漢孔鮒	一	一八	子一	二五四七

五畫

半軒集	一四 補二	明王行	六	三六四	集一八	四九八〇

半農春秋說							見春秋說
玄英集	八	唐方干	二	七九	集三	四二四〇	
玄眞子	二	唐張志和	一	三三	子三三	四二一九	
立齋遺文	五 附一	明鄒智	二	一〇七	集三	五二〇五	
永嘉八面鋒							見八面鋒
平江紀事	一	元高德基	一	三三	史二六	三二七〇	
平宋錄	三	元劉敏中	一	四七	史三	一五三五	
平定三逆方略	六〇	清康熙御定	三	八三一	史九	一三四六 一三四七	
平定兩金川方略	一五四	清阿桂	五四	三三六三	史九	一三六三 一三六九	
平定金川方略	二六	清來保	三	一〇五九	史九	一三五二 一三五三	
平定朔漠方略	四八	清溫達等	二六	一九一三	史九	一三四八 一三五一	
平定準噶爾方略前編正編	一七二	清傅恒	四八	五三〇八	史九	一三五四 一三六二	
平定臺灣紀略	七〇	清乾隆御定	二四	一六四四	史九	一三七四 一三七七	
平臺紀略	三 附六	清藍鼎元	三	一七三	史一〇	一三九七	

平橋稿	一八	明鄭文康	八	三〇〇	集二〇	三〇四七
平齋詞	一	宋洪咨夔	一	一七	集四二	六一〇〇
平齋集	三二	宋洪咨夔	七	三八二	集二三	四六八九
玉山名勝集	八 外一	元顧瑛	六	三二五	集三一	五六一五
玉山紀遊	一	明袁華	一	五九	集三三	五六一八
玉山璞稿	一	元顧瑛	一	四五	集一七	四九三〇
玉斗山人集	三	宋王奕	一	六〇	集一五	四八〇七
玉井樵唱	三	元尹廷高	一	六六	集一五	四八四四
玉坡奏議	五	明張原	二	一三	史一四	一六一〇
玉芝堂談薈	三六	明徐應秋	三	一六九八	子二〇	三四七六
玉泉子	一		一	四三	子三一	四〇〇五
玉海	二〇〇 附四	宋王應麟	一六四	八六九五	子二四 二五	三六八三 三七〇三
玉堂嘉話	八	元王惲	二	一四二	子一八	三四〇七
玉堂雜記	三	宋周必大	一	四五	史二六	二一九三

玉笥集	九	元鄧雅	四	一四四集一七	四九四二
玉笥集	一〇	元張憲	四	二〇八集一七	四九一五
玉壺野史	一〇	宋釋文瑩	三	一三八子三一	四〇一四
玉楮集	八	宋岳珂	八	一一六集一三	四七三二
玉照定眞經	一	晉郭璞	一	二九子一三	三一二〇
玉照新志	六	宋王明清	二	一三四子三一	四〇二三
玉臺新詠	一〇	陳徐陵	三	一〇七集二八	五四三八
玉臺新詠考異	一〇	清紀容舒	五	二三九集二八	五四三九
玉管照神局	三	南宋齊邱	一	八七子一三	三一三一
玉篇	三〇	梁顧野王	六	四三二經一九	八八七
玉機微義	五〇	明徐用誠	一六	一〇七六子八	二八八四 二八八七
玉瀾集					見韋齋集
示兒編	二三	宋孫奕	八	三三六子一八	三三九四
未軒集	一二	明黃仲照	八	四〇二集三〇	五〇七九

正楊	四	明陳燿文	四	三三二	子一七	三三四四
正蒙初義	一七	清王植	一〇	五八〇	子一	二五六〇 二五六一
正學隅見述	一	清王宏	一	六二	子四	二七〇五
甘肅通志	五〇	清許容	三四	二七七九	史三	二〇五五 二〇五九
甘澤謠	一	唐袁郊	一	二四	子三	四〇四七
世宗上諭八旗	一三	清世宗	六	六二二	史一三	一五四九
世宗上諭內閣	一五九	清世宗	四二	三〇六二	史一三	一五五二 一五五八
世宗上諭旗務議覆	一三	清元祿	五	三三一	史一三	一五五〇
世宗諭行旗務奏議						見諭行旗務奏議
世宗硃批諭旨	三六〇	清世宗	三三七	一五六六〇	史一三 一四	一五五九 一五九四
世宗御製文集	三〇	清世宗	一〇	四四七	集二五	五二九〇 五二九一
世宗聖訓	三六	清乾隆敕編	一三	九二二	史一三	一五三七 一五三八
世祖聖訓	六	清康熙敕編	二	九二	史一三	一五四三
世說新語	三	清劉義慶	六	八八八	子三一	四〇〇一

世緯	二	清袁袞	一	四七 子三	二六六八	
世醫得效方	二〇	元危亦林	一八	一二六八 子六	二八二七 二八三〇	
古文四聲韻	五	宋夏竦	二	一九八 經一九	八九〇	
古文孝經孔子傳	附一 一	漢孔安國	一	四二 經一五	七一五	
古文孝經指解	一	宋司馬光	一	二六 經一五	七一五	
古文尚書冤詞	八	清毛奇齡	三	一六五 經六	二五〇	
古文尚書疏證						見尚書古文疏證
古文苑	二一	宋章樵	六	三〇八 集一八	五四四五	
古文參同契集解	三	明蔣一彪	三	二九二 子三三	四一一五	
古文淵鑑	四六	清康熙勅撰	五四	二九五九 集三五 三六	五八〇三 五八一二	
古文雅正	一四	清蔡世遠	一二	四八六 集四〇	六〇三三 六〇二四	
古文集成	七八	王霆震	二〇	一〇四三 集三〇	五五六四 五五六七	
古文龍虎經注疏						見龍虎經注疏
古文關鍵	二	宋呂祖謙	二	一五三 集三〇	五五三三	

古夫于亭雜錄	五	清王世禎	二	一三五	子一九	三四二八
古史	六〇	宋蘇轍	一四	八七二	史一〇	一四〇三
古今刀劍錄	一	梁陶宏景	一	一三	子一〇	三三五八
古今考	三八	宋魏子翁	二四	九八八	子一五	三三二九 三三三三
古今列女傳	三	明解縉	三	一六二	史一六	一六九三
古今同姓名錄	二	明壽元皇帝	一	六九	子二〇	三四八九
古今合璧事類備要	六九	宋謝維新	八〇	四三四三	子二四	三六六九 三六七八
古今事文類聚						見事文類聚
古今姓氏書辨證	四〇	宋鄧名世	一六	七三六	子二三	三六〇八 三六〇九
古今律歷考	七二	明邢雲路	三三	一四六二	子一〇	三〇〇九 三〇一三
古今紀要	一九	宋黃震	三	七四六	史一一	一四四七 一四四八
古今通韻	一二	清毛奇齡	五	六四四	經二〇	九五八
古今註	三	晉崔豹	二	九七	子一七	三三一〇
古今源流至論	一〇	宋林駉	二四	一二七七	子二四	三六七九 三六八二

古今詩刪	三四	明李攀龍	三	五六〇	集三	五六六八 五六六九	
古今說海	一四三	明陸楫	二四	一二四七	子二〇	三四八四 三四八六	
古今歲時雜詠							見歲時雜詠
古今禪藻集	二八	明釋正勉	一四	七三三	集三五	五八〇〇 五八〇二	
古今儲貳金鑑	六	清乾隆御撰	二	一四四	史三	二五四四	
古今韻會舉要	三〇	元熊忠	三	九二七	經二〇	九四一 九四二	
古列女傳	七 續一	漢劉向	二	一五四	史一五	一六七九	
古刻叢鈔	一	明陶宗儀	一	四七	史三	二四九六	
古周易	一	宋呂祖謙	一	五四	經一	四〇	
古周易訂詁	一六	明何楷	一〇	七三九	經三	一一二六 一一二七	
古周易章句外編							見周易古占法
古音表	二	清顧炎武	一	三	經二	九五七	
古音略例	一	明楊愼	一	二八	經二〇	九四四	
古音駢字	二 續五	明楊愼	六	一六三	經一九	九〇五	

古音叢目、獵要、音餘	各五	明楊慎	三	一八三經二〇	九四四
古城集	六	明張吉	六	三一三集三二	五〇九五
古梅遺稿	六	宋吳龍翰	一	五七集一四	四七七〇
古畫品錄	一	南齊謝赫	一	一〇子一三	三一四〇
古詩記	一五六	明馮惟訥	五四	二五六〇集三三	五六五七 五六六三
古詩鏡	三六	明陸時雍	二四	一七四三集三五	五七八〇 五七八五
古廉集	一二	明李時勉	八	四七七集一九	五〇三一
古經解鉤沈	三〇	清徐肅客	一三	八八七經一七	七七一 七七二
古微書	三六	清孫瑴	一三	四九八經一七	七七三 七七四
古賦辨體	一〇	元祝堯	五	一二六〇集三二	五六〇四
古樂府	一〇	元左克明	五	二五三集三二	五六一四
古樂苑	五二	明梅鼎祚	二六	一二六〇集三四	五七一五 五七一八
古樂書	二	清應撝謙	二	二〇四經一九	八六八
古樂經傳	五	清李光地	三	一八八經一九	八六八

古韻標準	四	清江永	二	一二九	經二〇	九六〇
古懽堂集	四九	清田雯	一六	一〇三八	集二七	五四〇二 五四〇四
古儷府	一二	明王志慶	三	一二四二	子二七	三八一二 三八一四
古穰集	三〇	明李賢	三	六一五	集一九	五〇三八 五〇三九
古靈集	二五	宋陳襄	六	四四四	集四	四二八八
本事詩	一	唐孟棨	一	二八	集四〇	六〇三五
本草乘雅半偈	一〇	明盧之頤	一〇	六三〇	子九	二九七一 二九七二
本草綱目	五二	明李時珍	六四	三六八六	子九	二九三二 二九四五
本堂集	九四	宋陳著	二〇	一〇二四	集一三	四七五〇 四七五二
本語	六	明高拱	三	一一〇	子一六	三三〇九
可閒老人集	四	元張昱	四	一三四	集一七	四九四一
可傳集	一	明袁華	一	四二	集一八	四九八五
可齋雜稿	三四	宋李曾伯	二六	一三二一	集一三	四七一七 四七二三
丙子學易編	一	宋李心傳	一	四三	經一	四八

石山醫案	三 附一	明陳桷	四	一六五	子八	二九〇〇	
石田文集	一五	元馬祖常	八	三七〇	集一六	四八六三	
石田詩選	一〇	明沈周	四	三三三	集二〇	五〇五八	
石初集	一〇	元周霆震	三	一六七	集一七	四九二二	
石刻鋪叙	二	宋曾宏父	一	四四	史三	二四九二	
石林居士建康集							見建康集
石林詞	一	宋葉夢得	一	三五	集四一	六〇九四	
石林詩話	一	宋葉夢得	一	四九	集四〇	六〇四三	
石林燕語	一〇	宋葉夢得	五	一八二	子一八	三三八八	
石門文字禪	三〇	宋釋覺範	一四	九三五	集六	四三九八 四四〇〇	
石門集	七	元梁寅	二	九一	集一七	四九四二	
石洞集	一八	明葉春及	三	九九三	集二三	五三三〇 五三三一	
石柱記箋釋	五	清鄭元慶	二	八八	史二五	二一六〇	
石峯堡紀略	二〇	清乾隆御定	八	六〇五	史九	一三七二 一三七三	

石倉歷代詩選	五〇六	明曹學佺	一七四	二一六八七 集三三	五六八八 五七一一
石屏詞	一	宋戴復古	一	一五 集四三	六一〇三
石屏詩集	六	宋戴復古	四	二一七 集二一	四六三八
石湖詩集	三四	宋范成大	八	四八九 集二一	四六一五
石渠寶笈	四四	清乾隆勅編	二八	三四七 子一四	三一九九 三二〇五
石鼓論語問答	三	宋戴溪	三	二三 經一七	七八七
石經考	一	清顧炎武	一	三八 史三三	二五〇一
石經考	二	清萬斯同	一	八八 史三三	二五〇二
石經考異	二	清杭世駿	一	五一 史三三	二五〇六
石墨鐫華	六	明趙崡	四	一五二 史三三	二四九九
石隱園藏稿	八	明畢自嚴	八	五七九 集二四	五二六一 五二六二
左氏博議	二五	宋呂祖謙	一三	五一六 經一三	五八八 五八九
左氏傳說	二〇	宋呂祖謙	六	二六四 經一三	五八六
左氏釋	二	明馮時可	一	五〇 經一四	六六二

左史諫草	一	宋呂午	一	五二 史一四	一六〇二	
左傳杜林合注	五〇	明王道焜	三	一一〇九 經一四	六七〇 六七一	
左傳杜解補正	三	清顧炎武	三	九九 經一五	六八二	
左傳注疏						見春秋左氏傳注疏
左傳事緯	一二	清馬驌	一八	一一〇八 經一五	六八五 六八七	
左傳附注	五	明陸粲	三	一三三 經一四	六四九	
左傳記事本末	五三	清高士奇	三	一〇六二 史一〇	一三九四 一三九六	
左傳補注	六	清惠棟	三	二一七 經一五	七一〇	
左傳屬事						見春秋左傳屬事
北山小集	三〇	宋鄭剛中	三	五五九 集八	四四六八 四四六九	
北山酒經	三	宋翼中	一	四四 子一六	三一八二	
北山集	四〇	宋程俱	一六	七七二 集八	四五〇八 四五〇九	
北戶錄	三	唐段公路	一	六三 史二六	二一六三	
北史	一〇〇	唐李延壽	五〇	三六三六 史二	一〇四七 一〇五四	

北河記	八 附四	明謝肇淛	五	四〇四	史二五	二二一八
北郊配位尊西向議	一	清毛奇齡	一	三二	史三一	二四二一
北狩見聞錄	一	宋曹勛	一	一五	史一二	一五三〇
北海集	四六	宋綦崇禮	一四	五九九	集八	四四九〇 四四九一
北軒筆記	一	元陳世隆	一	三五	子一八	三四〇八
北堂書鈔	一六〇	唐虞世南	三二	一七二五	子二〇	三四九七 三五〇〇
北郭集	六	明徐賁	二	一五四	集一八	四九七八
北郭集	六	元許恕	二	一〇〇	集一七	四九一四
北湖集	五	宋吳則禮	三	一二二	集七	四四三一
北窗炙輠錄	二	宋施德操	一	七四	子三二	四〇二七
北溪大全集	五〇	宋陳淳	一六	七〇四	集二一	四六五五 四六五六
北溪字義	二	宋陳淳	二	一三〇	子二	二六二〇
北遊集	二	宋汪夢斗	一	四八	集一四	四七六三
北齊文紀	三	明梅鼎祚	二	一〇四	集三四	五七四〇

北齊書	五〇	唐李百藥	一二	七六二 史 二	一〇三三 一〇三四
北夢瑣言	二〇	宋孫光憲	二〇	二三七 子 三一	四〇〇七
北礀集	一〇	宋釋居簡	六	三四〇 集 一三	四七四〇
田間易學	一二	清錢澄之	一〇	六八二 經 三	一四〇 一四一
田間詩學	一二	清錢澄之	一〇	七三四 經 七	三三〇
甲乙經					見鍼灸甲乙經
甲申雜記	一	宋王鞏	一	八二二 子 三一	四〇一四
申忠愍詩集	六	明申佳元	一	六七 集 二四	五二七八
申齋集	一五	元劉岳申	八	三六八 集 一六	四八五一
申鑒	五	漢荀說	一	六五 子 一	二五五二
叶韻彙輯	五八	清乾隆御定	一〇	七八六 經 二〇	九五〇 九五一
史氏菊譜	一	宋史正志	合	七 子 一六	三二八三
史糾	六	明朱明鎬	二	一五四 史 一三	二五二三
史記	一三〇	漢司馬遷	四二	三三〇 史 一	九六一 九六七

史記正義	一三〇	唐張守節	一三〇	三二九九	史一	九七四 九七八
史記索隱	三〇	唐司馬貞	六	四二三	史一	九七三
史記集解	一三〇	宋裴駰	二八	二〇六六	史一	九六八 二
史記疑問	三	清邵泰衢	一	一一三	史一	九七九
史通	二〇	唐劉知幾	六	二六九	史三	二五〇七
史通通釋	二〇	清浦起龍	一〇	五八五	史三	二五〇八 二五〇九
史傳三編	五六	清朱軾	三	一九一四	史一六	一七二〇 一七二三
史纂通要	一七	元胡一桂	六	四五三	史三	二五三三
四川通志	四七	清黃廷桂	四八	四〇三九	史二三 二四	二〇六〇 二〇六七
四六法海	一二	明王志堅	一二	九八四	集三三 三四	五七一二 五七一四
四六話	二	宋王銍	一	三六	集四〇	六〇四二
四六談麈	一	宋謝伋	一	一五	集四一	六〇五二
四六標準	四〇	宋李劉	三〇	一七三三	集一二 一三	四七〇一 四七〇七
四如集	四	宋黃仲元	四	一八七	集一四	四七六九

四如講稾	六	宋黃仲元	二	一三八經一六	七二八
四明文獻集	五	宋王應麟	四	一七六集一四	四七六二
四明它山水利備覽	二	宋魏峴	一	五三史三五	二一四
四書大全	四〇	明胡廣	三〇	一一七二經一七	八一二 八一六
四書文	四一	清方苞	三二	一八七二集三八	五九三三 五九三七
四書因問	六	明呂柟	四	四一六經一八	八二〇
四書或問	三九	宋朱子	八	七四二經一七	七八三 七八四
四書近指	二〇	清孫奇逢	六	三五三經一八	八二九
四書留書	六	明章世純	四	一六一經一八	八二五
四書通	二六	元胡炳文	一八	一三一九經一七	八〇二 八〇四
四書通旨	六	元朱公遷	六	三三一經一七	八〇九
四書通證	六	元張存中	三	二〇七經一七	八〇五
四書集義精要	二八	元劉因	六	三五五經一七	七九九
四書集編	二六	宋眞德秀	一〇	七四六經一七	七九一 七九二

四書逸箋	六	清程大中	二	八八	經一八	八三八
四書經疑貫通	八	元王充耘	三	一三三	經一七	八〇六
四書蒙引	一五 別一	明蔡清	一六	一四七〇	經一八	八一七 八一九
四書管窺	八	元史伯璿	六	五五八	經一七	八一〇
四書劄記	四	清楊名時	一	七三	經一八	八三七
四書疑節	一二	元袁俊翁	六	二七五	經一七	八〇六
四書辨疑	一五		六	三五二	經一七	八〇〇
四書講義困勉錄	三七	清陸隴其	一八	一六四七	經一八	八三一 八三三
四書賸言	四 補二	清毛奇齡	三	一三三	經一八	八三六
四書釋地	一	清閻若璩	五	三二四	經一八	八三七
四書纂疏	二九	宋趙順孫	一八	一六三九	經一七	七九五 七九七
四書纂箋	二八	元詹道傳	一三	九九七	經一七	八〇七 八〇八
四朝詩	三一四	清康熙御定	一三三	一三三九五	集三七	五八七六 五九〇四
四朝聞見錄	五	宋葉紹翁	五	二四一	子三一	四〇二九

四溟集	一〇	明謝榛	六	二八九	集二四	五二四三
四聲等子	一		一	四三	經三〇	九四二
刋正九經三傳沿革例						見九經三傳沿革例
刋誤	二	唐李涪	一	三四	子一六	三三二一
仕學規範	四〇	宋張鎡	六	三九五	子一九	三四四九
白氏長慶集	七二	唐白居易	二八	一五五二	集二	四二一九 四二三四
白孔六帖	一〇〇	唐白居易	五六	三〇一八	子三	三五〇五 三五一一
白石山人遺稿	二	明張夢兼	一	五四	集一八	四九七一
白石道人歌曲	四	宋姜夔	二	六六	集四三	六一〇〇
白石道人詩集	一	宋姜夔	一	五四	集三	四六八八
白田雜著	八	淸王懋竑	四	二七四	子一八	三三六五
白沙集	九	明陳獻章	一〇	六八九	集三〇	五〇四四 五〇四五
白谷集	六	明孫傳庭	五	四二六	集二四	五二七三
白虎通義	二	漢班固	二	一四二	子一六	三三〇九

白香山詩集	四〇	清汪立名	二〇	一〇二九	集	三	四二三五 四二三八
白雲集	四	元許謙	二	一四九	集	一五	四八二八
白雲集	七	明唐桂芳	五	二五七	集	一八	四九五八
白雲集	三	元釋英	一	三三	集	一四	四七九一
白雲稿	五	明朱右	二	一四七	集	一八	四九六四
白雲樵唱集	四	明王恭	四	二四六	集	一八	四九七九
白蓮集	一〇	唐釋齊已	四	一八三	集	三	四二四二
瓜廬詩	一	宋薛師石	一	三〇	集	一三	四六六九
外科理例	七	明汪機	六	四二三	子	八	二六九九
外科精義	二	元齊德之	二	五三	子	六	二六三三
外臺秘要方	四〇	唐王燾	四〇	二五七九	子	五	二七七四 二七八三
外藩蒙古回部王公功績表傳	一二〇	清乾隆勅撰	三	一四九八	史	一六	一七〇二 一七〇四
用易詳解	一六	宋李杞	六	四三九	經	二	五七
句曲外史集	三	元張雨	三	一四二	集	一七	四九〇九

句股引蒙	五	清陳訏	二	一四九子一三	三〇八二
句股矩測解原	二	清黃百家	一	二六子一三	三〇八一
册府元龜	一〇〇〇	宋王欽若	三三六	二七二五二子三 三	三五四四 三五九九
包孝肅奏議	一〇	宋包拯	四	二三史一四	一六〇〇
弇山小隱吟錄	二	宋黃玠	二	一一〇集一六	四八五四
司空表聖文集	一〇	唐司空圖	二	一一三集三	四二三八
司馬法	一	齊司馬穰苴	合	一一子四	二七一二
弘秀集	一〇	宋李龏	三	一一三集三〇	五五五一
弘明集	一四	梁釋僧祐	六	三九二子三	四〇六九
皮子文藪					見文藪

六畫

汗簡	目錄 一三	宋郭忠恕	三	一三四經一九	八八九
江文通集	四	梁江淹	四	一六四集一	四一三九
江月松風集	一二	元錢維善	二	一一八集一七	四九一七

江西通志	一六二	清謝旻	一三八	九九〇九	史二二〇	一九一四 一九三五
江村銷夏錄	三	清高士奇	三	三二〇	子一四	三三〇九
江表志	三	宋鄭文寶	一	三三	史一七	一七四四
江南別錄	一	宋陳彭年	一	二〇	史一七	一七四三
江南野史	一〇	宋龍袞	二	九七	史一七	一七四三
江南通志	二〇〇	清趙宏恩	一四〇	九七八八	史二〇	一八九三 一九一三
江南經略	八	明鄭若曾	一四	九一五	子四	二七二五 二七二七
江南餘載	二		二	二五	史一七	一七四四
江城名蹟記	四	清陳宏緒	三	一六九	史二五	二二五九
江淮異人錄	二	宋吳淑	一	二五	子三三	四〇四八
江湖小集	九五	宋陳起	二六	一八九〇	集三〇	五五五二 五五五六
江湖長翁集	四〇	宋陳造	二〇	一〇〇二	集二一	四六四〇 四六四三
江湖後集	二四	宋陳起	三	五七六	集三〇	五五五七 五五五九
江漢叢談	二	陳士元	一	五三	史二六	二一七〇

池北偶談	二六	清王士禎	八	七三七	子一九	三四二六
汝南遺事	四	元王鶚	二	五九	史一二	一五三五
守城錄	四	宋陳規	一	五九	子四	二七三
宅經	二	黃帝		一九	子一三	三一一三
字通	二	宋李從周	一	五三	經一九	八九九
字詁	一	清黃生	一	六七	經一九	八七九
字溪集	一二	宋楊枋	七	四三六	集一三	四七四二 四七四三
字鑑	五	元李文仲	二	一〇三	經一九	九〇三
字孿	二	明葉秉敬	一	六三	經一九	九〇六
安岳集	一二	宋馮山	三	一一〇	集四	四三一〇
安南志畧	一九	元黎崱	四	二五七	史一七	一七四八
安陸集	一	宋張先	一	四一	集四一	六〇八九
安雅堂集	一三	元陳旅	四	三五三	集一六	四八九三
安晚堂詩集	一二	宋鄭清之	二	八〇	集一二	四六九九

安陽集	五〇	宋韓琦	三	六四五	集三	四二六七 四二六八	
次山集	一二	唐元結	三	一四六	集二	四二七八	
次柳氏舊聞	一	唐李德裕	一	一三	子三一	四〇〇二	
亦玉堂稿	一〇	明沈鯉	四	二九七	集二四	五二三七	
州縣提綱	四		二	六五	史二七	三二一九	
式古堂書畫彙攷							見書畫彙攷
圭峯集	二	元盧奇	二	一三二	集一七	四九〇一	
圭峯集	三〇	明羅玘	一四	六九三	集二三	五一〇三 五一〇四	
圭塘小稿	一三	元許有壬	四	三一三	集一六	四八八七	
圭塘款乃集	二	元許有壬	二	九六	集三一	五〇〇四	
圭齋集	一五	元歐陽元	六	三七五	集一六	四八七八	
老子道德經	二	晉王弼	二	九五	子三三	四〇九六	
老子道德經注	二	河上公	一	五五	子三三	四〇九五	
老子道德經解	二	宋蘇轍	二	九八	子三三	四〇九七	

老子說略	二	清張爾岐	一	七三	子一三	四〇九九
老子翼	三	明焦竑	三	二三九	子一三	四〇九八
老圃集	二	宋洪芻	一	三九	集七	四四五五
老學菴筆記	一〇	宋陸游	四	一七三	子一八	三三七九
考工記解						見周官新義
考工記解	二	宋林希逸	二	二〇三	經八	三六八
考古文集	二	明趙僞謙	二	一一六	集一八	四九七三
考古圖	一〇	宋呂大臨	五	五六〇	子一五	三二五九
考古質疑	六	宋葉大慶	二	一〇三	子一七	三三二八
考古編	一〇	宋程大昌	二	一二七	子一七	三三三一
考功集	一〇 附一	明薛蕙	四	二五一	集三三	五一六九
西山文集	五五	宋眞德秀	三〇	一七二〇	集二二	四六八二 四六八七
西山讀書記	六一	宋眞德秀	四〇	二六五六	子二	二五九六 二六〇三
西村集	八	明史鑑	八	三六七	集三二	五一〇七

西村詩集	二	明朱朴	二	八二	集三三	五一七五
西河集	一九〇	清毛奇齡	七〇	三三八五	集二七	五三八五 五三九三
西河詞話	二	清毛奇齡	一	三七	集四二	六一三三
西京雜記	六	晉葛洪	一	五三	子三二	四〇〇二
西使記	一	元劉郁	一	九	史一六	一七二八
西陂類稿	三九	清宋犖	三	一〇四九	集二七	五三九八 五三九九
西郊笑端集	二	明董紀	二	一四八	集一八	四九八二
西晉文紀	二〇	明梅鼎祚	一八	九一〇	集三四	五七二九 五七三二
西清古鑑	四〇	清乾隆御定	二六	三三九五	子一五 一六	三三六四 三三七〇
西清硯譜	二五	清乾隆御定	三	九六四	子一六	三三七三 三三七五
西域同文志	二四	清乾隆御定	三	八四〇	經二〇	九二七 九二八
西崑酬唱集	二	宋楊億	一	六八	集二九	五四九〇
西渡集	二	宋洪炎	一	四三	集七	四四五四
西湖百詠	二	宋董嗣杲	二	七六	集一四	四七七二

西湖志纂	一二	清梁詩正	五	四八一 史二五	二二五二
西湖遊覽志	二四	明田汝成	一八	二一〇 史二五	二二四七 二二四九
西菴集	九	明孫蕡	四	二〇二 集一八	四九八一
西溪集	一〇	宋沈遘	四	二〇八 集四	四三〇四
西溪叢語	二	宋姚寬	二	一一六 子一七	三三一六
西塘集	一〇	宋鄭俠	六	二八五 集六	四四〇五
西塍集	一	宋宋伯仁	一	一二三 集一三	四七四一
西漢文紀	二四	明梅鼎祚	二〇	九七七 集三四	五七二〇 五七二三
西漢年紀	三〇	宋王益之	三	七八九 史七	一二六六 一二六七
西漢會要	七〇	宋徐天麟	三	八七六 史二七	二三四〇 二三四一
西臺集	二〇	宋畢仲游	八	四九九 集七	四四二八 四四二九
西樵語業	一	宋楊炎正	一	一七 集四二	六〇九九
西谿易說	一二	宋李過	四	二九七 經一	四八
西隱文稿	一〇	明宋訥	四	一二三四 集一八	四九五三

西巖集	一	宋翁卷	一	三 集二三	四六六九
西巖集	二〇	宋張之翰	八	三一三 集一六	四八五二
在軒集	一	宋黃公紹	一	四七 集一四	四七七六
列子	八	周列禦寇	三	一四四 子三三	四一〇〇
列仙傳	二	漢劉向	一	四一 子三三	四一一三
百正集	三	宋連文鳳	一	四八 集一四	四七七四
百官箴	六	宋許月卿	二	九二 史二七	三二一九
百越先賢志	四	明歐大任	二	八六 史一六	一七〇〇
百菊集譜	六	宋史鑄	三	一三六 子一六	三一八四
存悔齋稿	一	元龔璛	一	六〇 集一五	四八一七
存家詩稿	八	明楊巍	三	一三一 集三三	五三二六
存研樓文集	一六	清儲大文	一四	七二八 集二七	五四一九 五四二〇
存雅堂遺稿	五	宋方鳳	一	六六 集一四	四七七五
至大金陵新志	一五	元張鉉	一四	一三九四 史一九	一八四〇 一八四二

至元嘉禾志	三二	元徐碩	七	五九〇史一九	一八三六
至正集	八一	元許有壬	一八	一二二七集一六	四八八三 四八八六
夷白齋稿	三五	元陳基	七	四一九集一七	四九三九
夷堅支志	五〇	宋洪邁	一三	五九六子三三	四〇六四 四〇六五
匡謬正俗	八	唐顏師古	二	八一經一九	八七六
此山集	五	元周權	二	六二集一六	四八五〇
此木軒四書說	九	清焦袁熹	四	二六三經一八	八三八
此事難知	四	元王好古	二	一一三子六	二八二三
艾軒集	九	宋林光朝	四	三三一集九	四五三五
曲江集	二〇	唐張九齡	四	三一五集一	四一五一
曲阜集	四	宋曾肇	四	一七〇集五	四三二五
曲有舊聞	一〇	宋朱辨	三	一一三子一八	三三八六
曲譜	一三	清康熙御定	八	四六九集四二	六一四三 六一四四
同文算指前編	二	明李之藻演	五	三九六子一二	三〇六三

同文館唱和詩	二	宋鄧忠臣	二	六九	集二九	五四九〇
同文韻統	六	清乾隆御定	二	一七三	經二	九四九
同姓名錄	三	明余寅	三	六二一	子二六	三七五九 三七六〇
因話錄	六	唐趙璘	二	七六	子三二	四〇〇三
因園集	一三	清趙執信	六	二五〇	集二七	五四一〇
回文類聚	四 補一	宋桑世昌	一	六九	集三〇	五五二三
全史日至源流	三三	清許伯政	二八	一一七二	子二一	三〇五一 三〇五四
全生指迷方	四	宋王貺	二	九二	子六	二七九八
全芳備祖	二七	宋陳景沂	三	一一〇七	子二四	三六五三 三六五五
全金詩增補中州集	七四	清康熙御定	四〇	一九二四	集三八	五九〇五 五九一〇
全室外集	九	明僧宗泐	三	一三六	集一九	四二九八
全唐詩	九〇〇	清康熙御定	二五四	一三五三八	集三六 三七	五八二九 五八六〇
全唐詩錄		清徐倬	五四	三一〇三	集二七	六〇〇九 六〇一五
全閩詩話	一三	清鄭方坤	一三	九〇〇	集四一	六〇八五 六〇八六

全蜀藝文志	六四	明周復俊	三〇	一六〇七	集三三	五六六四 五六六七	
合訂刪補大易集義粹言							見大易集義粹言
朱子五經語類	八〇	清程川	二〇	一四三三	經一六	七六五 七六八	
朱子全書	六六	清康熙御定	六〇	三一六	子四三	二六八四 二六九四	
朱子年譜	四 附六	清王懋竑	六	四〇〇	史一五	一六七八	
朱子抄釋	二	明呂柟	一	五九	子三	二六五七	
朱子語類	一四〇	宋黎敬德	九二	五三四二	子一	二五七二 二五八四	
朱子禮纂	五	清李光地	三	一五六	經二三	五五二	
朱子讀書法	四	宋張洪	二	一三四	子二	二六二三	
朱文公易說							見文公易說
先進遺風	二	明耿定向	二	八八	子三三	四〇三六	
先聖大訓	六	宋楊簡	六	四二四	子二	二六〇五 二六〇六	
先醒齋廣筆記	四	明繆希雍	四	二五一	子九	二九四七	
竹山詞	一	宋蔣捷	一	三六	集四二	六一〇二	

竹友集	一〇	宋謝薖	二	一〇七 集七	四四三二
竹坡詞	三	宋周紫芝	一	四六 集四一	六〇九五
竹坡詩話	一	宋周紫芝	一	三二 集四一	六〇五六
竹洲集	二〇	宋吳儆	四	一八三 集九	四五三三
竹屋癡語	一	宋高觀國	一	三四 集四二	六一〇一
竹素山房詩集	三	元吾邱衍	二	六二 集一五	四八〇七
竹軒雜著	六	宋林季仲	三	一一八 集九	四五二二
竹書紀年	二	梁沈約	一	八一 史五	一一七三
竹書統箋	一二	清徐文靖	五	三〇九 史五	一一七三
竹莊詩話	二四	宋何谿汶	八	四九五 集四一	六〇六二
竹雲題跋	四	清王澍	四	一三八 史三三	二五〇六
竹溪鬳齋十一稿續集	三〇	宋林希逸	一三	六一七 集一四	四七五三 四七五四
竹澗集	八	明潘希曾	八	三四七 集三三	五一三八
竹嶼山房雜部	三三	明宋詡	五	四三〇 子一九	三四三〇

竹齋集	三	明王冕	三	一九三 集一八	四九八八
竹齋詩集	四	宋裘萬頃	一	六九 集一三	四六五九
竹齋詩餘	一	宋黃機	一	三二 集四二	六一〇三
竹隱畸士集	二〇	宋趙鼎臣	八	三一六 集七	四四三九
竹譜	一	晉戴凱之	一	一六 子一六	三一八五
竹譜	一〇	元李衎	五	一九五 子一三	三一五七
竹巖集	一	明柯潛	二	九六 集二〇	五〇四六
印典	八	清朱象賢	四	二四五 子一五	三三五七
伐檀集	二	宋黃庶	一	九七 集四	四二八四
伐檀集	三	明張元凱	四	三三四 集三三	五三二八
仲氏易	三〇	清毛奇齡	一四	五〇〇 經四	一四六 一四七
仲宏集	八	元楊載	二	一三六 集一六	四八七〇
伊川易傳	四	宋程子	四	四九四 經一	一五
伊洛淵源錄	一四	宋朱子	五	三三六 史一六	一六八一

伊濱集	二四	元王沂	八	三八九	集一六	四八七三
仰節堂集	一四	明曹于汴	六	三五六	集二四	五二六三
自怡集	一	明劉璉	一	三三	集一八	四九九〇
自堂存稿	四	宋陳杰	二	八四	集一四	七七七
自鳴集	六	宋章甫	一	九三	集二一	四六三六
自警編	九	宋趙善璙	五	五〇七	子一九	三四五〇 三四五一
后山詩註	一二	宋趙師道	六	二七八	集六	四三九〇
行水金鑑	一七五	清傅澤洪	五八	四一三七	史二五	二二三一 二二三九
名臣言行錄前集	一〇 後一四	宋朱子	二四	一六四六	史一六	一六八二 一六八四
名臣碑傳琬琰之集	一七〇	宋杜大桂	二六	一三五二	史一六	一六八五 一六八八
名臣經濟錄	五三	明黃訓	三〇	二四三三	史一五	一六六二 一六六六
名義考	一二	明周祈	六	二六八	子一七	三三四六
名賢氏族言行類稿	六〇	宋章定	二三	一五三六	子二三 二四	三六四八 三六五〇
名疑	四	明陳士元	四	一八三	子二五	三七一九

名蹟錄	六	明朱珪	二	一三六	史三三	二四九七	
名醫類案	一二	明汪瓘	一三	九八〇	子八	二九〇一 二九〇三	
羽庭集	六	元劉仁本	四	一三〇	集一七	四九〇七	
牟氏陵陽集	二四	宋牟巘	七	四三一	集一四	四七六六	
艮齋詩集	一四	元侯克中	三	一三九	集一六	四八五七	
七畫							
汴京遺蹟志	二四	明李濂	一〇	五七三	史三五	二二五六 二二五七	
沈下賢集	一二	唐沈亞之	三	一五二	集二	四三二四	
沈氏樂府指迷							見樂府指迷
沙溪集	二三	明孫緒	八	四四七	集二二	五一三〇	
沖虛至德眞經解	八	宋江遹	三	二〇八	子三三	四一〇一	
宋九朝編年備要							見九朝編年備要
宋大事記講義	二三	宋呂中	六	四四五	史三三	二五一四	
宋文紀	一八	明梅鼎祚	一六	七八二	集三四	五七三三 五七三五	

宋文選	三二		一六	八八五	集二九	五四九六 五四九七	
宋文鑑	一五〇	宋呂祖謙	六八	三〇六五	集二九 三〇	五五二一 五五二二	
宋元詩會	一〇〇	清陳焯	五〇	三〇九八	集三九	五九七九 五九八五	
宋史	四九六	元托克托	一八〇	一四一六四	史三 四	一〇九五 一一二五	
宋史全文	三六		三六	三三五九	史七	一三七一 一三七六	
宋史紀事本末	二六	明陳邦瞻	一八	一四七三	史八	一三四二 一三四四	
宋布衣集	三	明宋登春	二	九六	集二四	五三七五	
宋百家詩存	四〇	清曹庭棟	三六	二〇五三	集四〇	六〇二七 六〇三三	
宋名臣言行錄							見名臣言行錄
宋名臣奏議	一五〇	宋趙汝愚	四八	三七〇五	史一四	一六一七 一六二四	
宋季三朝政要	六		四	一五二	史七	一三七〇	
宋宰輔編年錄	二〇	宋徐自明	一八	一四三五	史二六	三一九四 三一九六	
宋高僧傳	三〇	宋釋贊寧	一四	八一六	子三三	四〇八二 四〇八三	
宋書	一〇〇	梁沈約	三六	二八七六	史二	一〇一二 一〇一七	

宋朝名畫評	三	宋劉道醇	一	二五九	子一三	三一四四
宋朝事實	二〇	宋李攸	六	四六五	史二七	二三三七
宋景文筆記	三	宋李祁	一	五一	子一八	三三八〇
宋景文集						見景文集
宋景濂未刻集	二	明宋濂	二	一一三	集一八	四九四八
宋詩紀事	一〇〇	清厲鶚	六四	三一五八	集四一	六〇七六 六〇八四
宋詩鈔	一〇六	清吳之振	五〇	三六一〇	集三九	五九七二 五九七八
宋稗類鈔	三六	清潘永因	一八	一〇三五	子三一	三九九八 四〇〇〇
宋藝圃集	二二	明李蓘	一四	六六六	集三三	五六七二 五六七三
宋寶祐四年登科錄	四	宋文天祥	二	一三八	史一六	一六八九
宏明集						見弘明集
冷齋夜話	一〇	宋僧惠洪	二	九二	子一八	三三八五
言行龜鑑	八	元張光祖	四	一七四	子一九	三四五一
初寮集	八	宋王安中	八	三一〇	集七	四四五三

初寮詞	一	宋王安中	一	一八	集四一	六〇九三
初學記	三〇	唐徐堅等	一六	八九八	子二〇	三五〇二 三五〇三
求古錄	一	清顧炎武	一	八五	史三三	二五〇一
坊記集傳	二 附一	明黃道周	二	一七二	經一〇	四七四
赤水玄珠	三〇	明孫一奎	三〇	三〇八二	子八	二九〇四 二九一〇
赤松山志	一	宋倪守約	一	三三	史三五	三二四六
赤城志	四〇	宋陳耆卿	三	七六七	史一八	一八二二 一八二三
赤城集	一八	宋林表民	八	三二八	集三〇	五五五〇
赤雅	三	明鄺露	一	六〇	史二六	三二八八
孝詩	一	宋林同	一	七六	集一三	四七四一
孝經大義	一	元董鼎	一	二八	經一五	七一六
孝經刊誤	一	宋朱子	一	一四	經一五	七一六
孝經注	一	清世祖御定	一	二七	經一五	七一八
孝經注疏	九	唐明皇帝御注 宋邢昺疏	三	一一四	經一五	七一五

孝經定本	一	元吳澄	一	二五	經一五	七一六
孝經述注	一	明項霦	一	二六	經一五	七一七
孝經衍義	一〇〇	清康熙御定	五〇	二三五八	子三	二六七四 二六八一
孝經問	一	清毛希齡	一	二四	經一五	七一八
孝經集註	一	清世宗御定	一	二四	經一五	七一八
孝經集傳	四	明黃道周	四	二〇三	經一五	七一七
攻媿集	一一二	宋樓鑰	四四	二五〇三	集一〇	四五七八 四五八三
折獄龜鑑	八	宋鄭克	四	二〇九	子四	二七三六
投轄錄	一	宋王明清	一	四九	子三一	四〇三三
抑菴文集	一三 附三七	明王直	四八	二五三九	集一九	五〇三三 五〇二八
杜工部年譜	一	宋趙子櫟	一	一三	史一五	一六七三
杜工部詩年譜	一	宋魯訔	一	二七	史一五	一六七三
杜詩						見補注杜詩
杜詩詳解	二五 附二	清仇兆鰲	二六	一九六四	集一	四一六九 四一七四

杜詩攟	四	明唐元竑	四	一七三 集一	四一六八
杜楊雜編	三	唐蘇鶚	一	五三 子三	四〇四五
杏亭摘稿	一	元洪焱祖	一	二八 集一六	四八九三
李文公集	一八	唐李翺	三	一八〇 集二	四二二〇
李元賓文編	三 附二	唐李觀	二	八七 集二	四二二一
李太白集	三〇	唐李白	七	四二五 集一	四一五三
李太白集					見分類補注李太白集
李太白詩集註	三六	清王琦	一六	一三六七 集一	四一五五 四一五八
李氏學樂錄	二	清李塨	一	五七 經一九	八七〇
李北海集	六 附一	唐李邕	二	一〇〇 集一	四一五一
李長吉歌集	四 附一	西吳正子 泉	四	一三八 集二	四二二三
李相國論事集	六	唐李絳	二	八一 史一五	一六七三
李虛中命書	三	鬼谷子 唐李虛中註	一	五四 子一三	三一二〇
李義山文集箋註	一〇	清徐樹穀箋 清徐炯註	六	四〇八 集三	四二三三

李義山詩集	三	唐李商隱	三	一五〇	集三	四二三〇
李義山詩集註	三 附一	清朱鶴齡	六	三〇二	集三	四二三一
李羣玉集	三 附五	唐李羣玉	二	六五	集三	四二三四
李遐叔文集	四	唐李華	三	一八八	集二	四一八三
李衛公問對	三	唐李靖	一	三六	子四	二七一四
甫田集	三五 附一	明文徵明	一二	五七三	集三三	五一七三 五一七四
甫里集	二〇	唐陸龜蒙	六	二九八	集三	四二三七
吾汶稿	一〇	宋王炎午	三	一二七	集一四	四七七五
吾吾類稿	三	元吳皐	二	八二	集一七	四九二四
酉陽雜俎	二〇 附一〇	唐段成式	八	三九一	子三	四〇六七
成都文類	五〇	宋扈仲榮等	一四	一〇九七	集三〇	五五三七 五五四〇
戒子通錄	八	宋劉清之	四	二〇三	子一	二五八五
克齋詞	一	宋沈端節	合	一四	集四三	六〇九八
克齋集	一七	宋陳文蔚	六	二八〇	集一三	四六六八

夾漈遺稾	三	宋鄭樵	一	四六	集九	四五二八	
步里客談	二	宋陳方長	一	一五	子三	四〇二七	
見素文集	二八 續三	明林俊	二四	一二四六	集三	五〇九一 五〇九四	
困知記	二 附三	明羅欽順	四	一八五	子三	二六五三	
困學紀聞	二〇	宋王應麟	一四	七〇二	子一七	三三三五 三三三六	
困學齋雜錄	一	元鮮于樞	一	三三	子一八	三四〇四	
呂氏春秋	二六	秦呂不韋	一〇	四四四	子一六	三二九九 三三〇〇	
呂氏春秋或問	二〇 附一	宋呂大圭	六	四一四	經一三	六〇八	
呂氏家塾讀詩記	三二	宋呂祖謙	三	九三七	經六	一八二 一八三	
呂氏雜記	二	宋呂希哲	一	五八	子一八	三三八五	
呂衡州集							見衡州集
吹劍錄外集	一	宋俞文豹	一	七二	子一八	三四〇〇	
別本十六國春秋							見十六國春秋
別本韓文考異							見韓文考異

別雅	五	清吳玉搢	五	三三五 經一九	八八〇
別號錄	九	清葛萬里	四	一九五 子三一	三九九七
吳子	一	周吳起	合	一五 子四	二七三
吳文正集	一〇〇 附一	元吳澄	四二	一八四六 集一五	四八一三 四八一九
吳文肅摘稿	四	明吳儼	四	一五四 集三一	五一〇五
吳中水利書	二八	明張國維	三	一八三六 史二五	三一三三 三一三五
吳中水利書	一	宋單鍔	一	二七 史二五	三一一四
吳中金石新編	八	明陳暐	六	一二五二 史三三	二四九七
吳中舊事	一	元陸友仁	一	三一 史二六	二一六九
吳地記	一	唐陸廣微	一	二六 史二五	二一五三
吳郡志	五〇	宋范成大	三	六五二 史一八	一八一四 一八一五
吳郡圖經續記	三	宋朱長文	二	一八二 史一八	一八一一
吳船錄	二	宋范成大	一	五三 史一七	一七二七
吳都文粹	九	宋鄭虎臣	一〇	五一四 集三〇	五五六二 五五六三

吳都文粹續集	五六 附二	明錢穀	三三	二八九四 集三三	五六八三 五六八七
吳越春秋	六	漢趙曄	二	一四二 史一七	一七三六
吳越備史	四 附一	宋林禹	四	一八七 史一七	一七四八
吳園周易解	九	宋張根	三	二三〇 經一	一六
吳興備志	三二	明董斯張	一四	六七六 史一九	一八五〇 一八五一
谷音	二	元杜本	一	三七 集三二	五五九八
谷響集	三	元釋善住	三	一六二 集一五	四八〇七
希澹園詩	三	明虞堪	二	九一 集一八	四九九二
延平答問	一 附一	宋朱子	一	六七 子一	二五六七
延祐四明志	二〇	元袁桷	一〇	七一七 史一九	一八三七 一八三八
何文簡疏義	一〇	明何孟春	八	五〇六 史一四	一六〇八 一六〇九
何水部集					見水部集
何氏語林	三〇	明何良俊	一六	八八三 子三三	四〇三七 四〇三八
何博士備論	二	宋何去非	二	八五 子四	二七二

伯牙琴	一	宋鄧牧	一	四二	集一四	四七七五	
作義要訣	一	元倪士毅	一	一三	集四一	六〇六六	
佛祖歷代通載	二二	元釋念常	二〇	一〇七七	子一三	四〇九二 四〇九四	
佛國記	一	宋釋法顯	一	四四	史二六	二一八四	
卮林	一〇附二	明周嬰	八	五〇二	子一七	三三五四	
伸蒙子	三	唐林慎思	一	三二	子一	二五五四	
肘後備急方	八	晉葛洪	六	三六七	子五	二七六四	
妙絕古今	四	宋湯漢	二	一五六	集三〇	五五五一	
局方發揮	一	元朱震亨	一	四三	子六	二八三二	
甬上耆舊詩	三〇	清胡文學	一八	一一七二	集四〇	六〇一六 六〇一八	
八畫							
注解正蒙	二	清李光地	二	一五四	子一	二五五九	
法言集注							見楊子法言
法帖刊誤	二	宋黃伯思	一	三三	史三三	二四八九	

法帖譜系	二	宋曹士冕	一	二	史三	二四九三
法帖釋文	一〇	宋劉次莊	一	六二	史三	二四八九
法帖音釋刊誤						附墨藪後
法帖釋文考異	一〇	明顧從義	二	一三	史三	二四九八
法苑珠林	一二〇	唐釋道世	六三	三四九七	子三	四〇七二 四〇七九
法書考	八	元盛熙明	二	一三六	子一三	三一五八
法書要錄	一〇	唐張彥遠	六	三四〇	子三	三一四二
法藏碎金錄	一〇	宋晁迥	八	三五七	子三	四〇八四
河汾諸老詩集	八	元房祺	一	六五	集三一	五五九八
河防一覽	一四	明潘季馴	三	七一六	史二五	三一一六 三一一七
河防通議	二	元沙克什	二	五二	史二五	三一一四
河東集	一六	宋柳開	四	二二六	集三	四二四六
河南通志	八〇	清王士俊	六四	五七三〇	史一三	一九八四 一九九四
河南集	二七	宋尹洙	六	二九〇	集三	四二七一

河朔訪古記	二	元納新	二	八五史二六	二一八一
河源記畧	三五	清乾隆御定	八	六〇六史二五	二一一六 二一一七
河嶽英靈集	三	唐殷璠	二	八四集二八	五四四〇
泊宅編	三	宋方勻	一	五〇子三二	四〇一六
泊菴集	一六	明梁潛	六	五〇九集一九	五〇〇九
泠然齋集	八	宋蘇泂	四	一八二集一三	四七一七
治世龜鑑	一	元蘇天爵	一	四一子二	二六二五
治河奏績	四	清靳輔	四	二五〇史二五	二一三〇
治河圖畧	一	元王喜	一	二三史二五	二一一五
性情集	六	元周巽	二	八二集一七	四九三四
性理大全書	七〇	明胡廣等	五六	二七五七子二	二六二七 二六三六
性理羣書句解	二三	宋熊節	六	三七八子二	二六二一
性理精義	一二	清康熙御定	六	四二〇子三	二六八三
性善堂稿	一五	宋度正	五	二三七集一三	四六六三

宗子相集	一五	明宗臣	六	四四二	集二三	五二三二
宗玄文集	三	唐吳筠	二	九九	集二	四一八〇
宗伯集	一〇	明孫繼皐	八	七八四	集二四	五二五〇 五二五一
宗忠簡集	八	宋宗澤	三	一九五	集七	四四四三
宗室王公功績表傳	一二	清乾隆御定	七	四二六	史一六	一七〇二
定山集						見莊定山集
定宇集	一六 附一	元陳櫟	一二	五七五	集一六	四八五五 四八五六
定菴類稿	四	宋衞博	四	一四七	集一〇	四五七七
定齋集	二〇	宋蔡戡	八	三八四	集一〇	四六〇四
官箴	一	宋呂本中	一	一三	史二七	二二一九
空同集	六六	明李夢陽	二六	一一九一	集三三	五一一九 五一一三
宛邱集						見柯山集
宛陵集	六〇	宋梅堯臣	二〇	九三八	集四	四三一四 四三一六
宛陵羣英集	一二	元汪澤民	四	二三七	集三二	五六〇五

京口耆舊傳	九		三	一九四 史一六	一六九〇
京氏易傳	三	漢京房	一	六二 子一三	三一一六
放翁詞	一	宋陸游	一	四〇 集四三	六〇九九
放翁詩選	三	宋羅椅等	一〇	一八八 集二一	四六三〇
庚子銷夏記	八	清孫承澤	四	一九六 子一四	三三〇六
庚溪詩話	二	清陳巖月	一	四五 集四〇	六〇四四
炎徼紀聞	四	明田汝成	二	一〇八 史八	一三四一
武功集	五	明徐有貞	五	四五九 集一九	五〇四〇
武功縣志	三	明康海	二	九〇 史一九	一八四八
武寅新集	二〇	宋楊億	一〇	四七六 集三	四二五一 四二五二
武林梵志	三	明吳之鯨	九	五五九 史二五	三一五八 三一五九
武林舊事	一〇	宋周密	二	二五三 史二六	三一六九
武林舊事	八	明朱廷煥輯	六	二六五 史二六	三一七八
武英殿聚珍版程式	一	清金簡	一	四三 史三二	二四六二

武溪集	二〇	宋余靖	二〇	四一〇　集三	四二六六
武經總要	四〇	宋曾公亮	三二	一四一五　子四	二七一五 二七一九
武編	一〇	明唐順之	一〇	九二四　子四	二七二三 二七二四
青山集	三〇	宋郭祥正	八	四二〇　集六	四四〇一
青山集	八	元趙文	四	二一九　集一五	四八〇三
青山續集	七	宋郭祥正	四	一九一　集六	四四〇二
青村遺稿	一	元金涓	一	三八　集一七	四九一五
青城山人集	八	明王璲	四	一七二　集一九	五〇二一
青崖集	五	元魏初	四	一九〇　集一五	四八二四
青陽集	四	元余闕	四	一二四　集一七	四八九九
青箱雜記	一〇	宋吳處厚	二	九四　子三	四〇一一
青囊序	一 附一	唐楊筠松 唐曾文辿序	一	二一　子三	三一一四
青霞集	一二	明沈鍊	五	三四〇　集三	五一九五
玩齋集	一〇	元貢師泰	八	四六五　集一七	四九〇六

表度說	一	明西洋人熊三拔	一	八〇 子 一〇	三〇一四
表記集傳	二 附一	明黃道周	二	一八五 經 一〇	四七四
辛魯盛典	四〇	清孔毓圻等	三	九八九 史 三〇	二三八八 二三八九
却掃編	三	宋徐度	三	一〇三 子 一八	三三九〇
卦變考畧	二	明董守諭	一	四九 經 三	一二五
坦菴詞	一	宋趙師使	一	四六 集 四二	六〇九四
坦齋通編	一		一	二四 子 一七	三三二八
坤輿圖說	二	清南懷仁	一	一二八 史 二六	二一八九
坡門酬唱集	二三	宋邵浩	八	三四八 集 二九	五四九八
政府奏議	二	宋范仲淹	二	一三六 史 一四	一六〇〇
政和五禮新儀	二二〇	宋鄭居中	二四	一六六六 史 三〇	二三七二 二三七五
政書					見于清端政書
政經	一	宋眞德秀	一	五七 子 二	二六〇四
押韻釋疑	五	宋歐陽德隆	五	三七五 經 二〇	九三八

拙軒集	六	金王寂	二	一〇六 集一四	四七七八
拙齋文集	二〇	宋林之奇	八	三二四 集九	四五二三
抱朴子內外篇	八	晉葛洪	八	四八八 子三三	四一一六 四一一七
抱犢山房集	七	清嵇永仁	二	一六九 集二七	五三八二
林下偶談					
林外野言	二	元郭翼	一	四八 集一七	四九二一
林泉高致集	一	宋郭思	一	四二 子一三	三一四五
林間錄	二	宋釋惠洪	二	一六〇 子三三	四〇八六
林蕙堂集	二六	清吳綺	一八	一〇七七 集二六	五三六四 五三六六
林霽山集					見霽山集
松亭行記	二	清高士奇	一	五三 史一七	一七二九
松泉集	二〇	清汪由敦	一三	一〇四〇 集二八	五四二六 五四二七
松風閣琴譜	二	清程雄	一	七八 子一五	三二五三
松桂堂全集	三七	清彭孫遹	一〇	七七二 集二六	五三七四 五三七五

松絃館琴譜	二	明嚴澂	二	一一六子一五	三一五三
松雪齋集	一〇	元趙孟頫	六	三一三集一五	四八一二
松陵集	一〇	唐皮日休	四	三一四集一八	五四四一
松陽鈔存	二	清陸隴其	二	六一子四	二七一
松陽講義	一三	清陸隴其	六	四〇八經一八	八三四
松鄉文集	一〇	元任士林	三	三一二集一五	四八一
松漠紀聞	一 續一	宋洪皓	一	三八史一二	一五三〇
松窗雜錄	一	唐李濬		二三子三一	四〇〇四
松隱文集	四〇	宋曹勛	一〇	五一八集八	四四六五 四四六六
杼山集	一〇	唐僧皎然	四	一九一集二	四一八〇
來齋金石刻考略	三	清林侗	三	一八五史三三	二五〇二
來鶴亭詩	八	元呂誠	二	九七集一七	四九三三
東山存稿	七	元趙汸	五	四〇五集一七	四九三五
東山詩選	二	宋葛紹體	一	四六集一二	四六八八

東田遺稿	二	明張羽	二	一三三集三	五一二九
東江家藏集	四二	明顧清	一二	一一七三集二	五一一五 五一一八
東西洋考	一二	明張燮	四	二七一史二六	二一八七
東牟集	一四	宋王洋	八	四三六集八	四四七九
東里全集	九七	明楊士奇	四八	二七四四集一九	五〇一二 五〇一七
東谷易翼傳					見易翼傳
東京夢華錄	一〇	宋孟元老	二	九九史二六	二一六五
東坡全集	一一五	宋蘇軾	五六	三〇九九集五	四三五二 四三五八
東坡志林	一二	宋蘇軾	四	一四九子一八	三三八三
東坡易傳					見易傳
東坡書傳					見書傳
東坡詞	一	宋蘇軾	一	九七集四二	六〇九〇
東坡詩集註	三二	宋王十朋	一〇	一二三四集五	四三五九 四三六〇
東林列傳	二四	清陳鼎	一〇	六六八史一六	一七一六 一七一七

東征錄							見平臺紀略
東洲初稿	一四	明夏良勝	三	六四九	集三二	五一五六 五一五七	
東南紀聞	三		一	四四	子三二	四〇三一	
東浦詞	一	宋韓玉	一	一五	集四二	六〇九六	
東家雜記	二	宋孔傳	一	七三	史一五	一六七〇	
東宮備覽	六	宋陳模	一	五五	子二	二六三三	
東城雜記	二	清厲鶚	二	八一	史二六	二一八〇	
東軒筆錄	一五	宋魏泰	四	一七〇	子三二	四〇一	
東原錄	一	宋龔鼎臣	一	三九	子一八	三三八〇	
東堂詞	一	宋毛滂	一	五七	集四二	六〇九二	
東堂集	一〇	宋毛滂	五	二六一	集七	四四三七	
東野農歌集	五	宋戴昺	一	三八	集三三	四七一四	
東都事畧	一三〇	宋王偁	二四	一六四八	史一〇 一一	一四三八 一四四一	
東菴集	四	元勝安上	二	七〇	集一五	四八二八	

東雅堂韓昌黎集注						見韓昌黎集注
東萊書說	三五	宋呂祖謙	三	六六二	經五	二〇九 二一〇
東萊集	四〇	宋呂祖謙	二〇	九五〇	集一〇	四五六三 四五六五
東萊詩集	二〇	宋呂本中	五	二九九	集八	四五〇二
東皐子集	三	唐王績	三	四六	集一	四一四五
東皐錄	三	明釋妙聲	三	一六七	集一八	四九六二
東塘集	二〇	宋袁說友	一〇	五一五	集一〇	四五八五 四五八六
東溪日談錄	一八	明周琦	六	一六二	子三	二六五二
東溪集	二	宋高登	一	五八	集八	四五〇〇
東溪試茶錄	一	宋宋子安	合	一〇	子一六	三二八〇
東園文集	一三	明鄭紀	五	一六八	集二〇	五〇五九
東園叢說	三	宋李如箎	二	一〇七	子一八	三三九二
東漢文紀	三二	明梅鼎祚	三〇	一三三二	集三四	五七二四 五七二八
東漢會要	四〇	宋徐天麟	三	六三九	史二七	二三四二 二三四三

東維子集	三〇	元楊維貞	一四	六六二	集一七	四九三六 四九三七
東澗集	一四	宋許應龍	六	三三二	集二	四六九六
東窗集	一六	宋張擴	八	二四八	集七	四四六三
東齋記事	六	宋范鎮	二	五八	子三	四〇二一
東巖集	六	明夏尚樸	一	一二二	集三	五一六三
東觀奏記	三	唐裴庭裕	一	四二	史一三	一五二九
東觀集	一〇	宋魏野	二	九七	集三	四二五六
東觀漢記	二四		四	三一三	史一〇	一三九八
東觀餘論	二	宋黃伯思	二	一七九	子一六	三三一二
事文類聚	六〇 附一五	宋祝穆等	一四〇	七八三八	子二三	三六二〇 三六三七
事物紀原	一〇	宋高承	一〇	五六三	子三	三六〇〇 三六〇一
事實類苑	六三	宋姜少虞	二四	一〇四四	子一九	三四四五 三四四八
事類賦	三〇	宋吳淑	八	四九〇	子三	三五一三
雨航雜錄	二	明馮時可	一	五八	子一九	三四一三

兩同書	二	唐羅隱	一	二六 子一六	三三〇五
兩宋名賢小集	三八〇	宋陳思 陳世隆	七六	四四七四 集三一	五五八一 五五九四
兩河清彙易覽	八	清薛鳳祚	四	二七五 史二五	二二二八
兩河經畧	四	明潘季馴	一	二一八 史一四	一六一三
兩垣奏議	一	明逯中立	一	一八 史一四	一六一四
兩朝綱目備要	一六		八	五四一 史七	一二六九 一二七〇
兩溪文集	二四	明劉球	八	六四九 集一九	五〇三四 五〇三五
兩漢刊誤補遺	一〇	宋吳仁傑	三	一五二 史一	九九七
兩漢詔令	二三	宋林虙 樓昉等	六	二八三 史一四	一五九九
兩漢博文	一二	明黃魯曾	六	三九一 史一七	一七三〇
兩漢筆記	一二	宋錢時	四	三一〇 史二二	二三一五
協紀辨方書	三六	清乾隆御定	三六	一七三二 子一三	三三二五 三三三九
奇字韻	五	明楊愼	一	四五 經一九	九〇五
奇經八脉考	一	明李時珍	一	四二 子九	一九四五

奇器圖說	三	明西洋人鄧玉函	三	二四八	子	一六	三三七一
直隸河渠志	一	清陳儀	一	五一	史	二五	三三三〇
直齋書錄解題	三	宋陳振孫	三	七四四	史	三三	二四六六 二四六七
尙史							
尙書大傳	補 一三	清孫之騄	二	七四	經	六	二六〇
尙書日記	一六	明王樵	三	八九三	經	五	三三八 三三九
尙書古文疏證	八	清閻若璩	一〇	八二三	經	六	二四八 二四九
尙書句解	一三	元朱祖義	四	二二五	經	五	二三三
尙書考異	五	明梅鷟	二	一九〇	經	五	二三七
尙書地理今釋	一	清蔣廷錫	一	六一	經	六	二五九
尙書全解	四〇	宋林之奇	二四	一六二九	經	五	一九九 二〇二
尙書注疏	一九	漢孔安國傳 唐孔穎達疏	三	八八三	經	五	一九六 一九七
尙書表注	二	宋金履祥	二	九〇	經	五	二二五
尙書故實	一	唐李綽	一	二五	子	一八	三三七九

尚書要義	二〇	宋魏了翁	六	三六九	經	五	二三三	
尚書砭蔡編	一	明袁仁	一	四六	經	五	二四〇	
尚書埤傳	一七	清朱鶴齡	一〇	五七七	經	六	二五一 二五二	
尚書通考	一〇	元黃鎮成	六	四〇七	經	五	二三九	
尚書註考	一	明陳泰交	一	四二	經	六	二四一	
尚書疏衍	四	明陳第	二	一三三	經	五	二四〇	
尚書集傳或問								見書集傳或問
尚書集傳纂疏								見書集傳纂疏
尚書詳解	一三	宋胡士行	四	二九一	經	五	二三四	
尚書詳解	二六	宋夏僎	一八	一一三四	經	五	二〇五 二〇七	
尚書詳解	五〇	宋陳經	一六	八九一	經	五	二一九 二三一	
尚書稗疏	四	清王夫之	三	二三八	經	六	二四七	
尚書解義	二	清李光地	二	八五	經	六	二五八	
尚書說	七	宋黃度	六	二五八	經	五	二二一	

尚書精義	五〇	宋黃倫	二四	一〇九〇 經 五	二二五 二二八	
尚書疑義	六	明馬明衡	三	二三九 經 五	二三七	
尚書廣聽錄	五	清毛奇齡	二	一〇八 經 六	二五〇	
尚書輯錄纂注						見書傳輯錄纂注
尚書講義	二〇	宋史浩	六	四四二 經 五	二〇四	
尚書纂傳	四六	元王天與	一三	五七〇 經 五	二三三 二三三	
尚絅齋集	五	明童冀	三	一八二 集 一八	四九七二	
尚論篇	八	清喻昌	八	四八七 子 一〇	二九八九 二九九〇	
長江集	一〇	唐賈島	二	九〇 集 二	四三一二	
長安志	二〇	宋宋敏求	五	三三九 史 二五	二一五四	
長安志圖	三	元李好文	一	八六 史 二五	二一五六	
長物志	一二	明文震亨	二	一二四 子 一九	三四三五	
長短經	九	唐趙蕤	八	四一〇 子 一六	三三〇四	
長興集	一九	宋沈括	四	一九二 集 六	四四〇四	

芳谷集	二	元徐明善	二	一三五	集一五	四八四三
芳蘭軒集	一	宋徐照	一	二七	集二二	四六六九
芸菴類稿	六	宋李洪	三	一四五	集二一	四六一一
芸隱横舟稿	一	宋施樞	一	四三	集一三	四七三八
芥隱筆記	一	宋龔頤正	一	四二	子一七	三三二五
花木鳥獸集類	三	清吳寶芝	三	三三	子三一	三九九七
花草粹編	二四	明陳耀文	三	一一〇	集四三	六一一〇 六一一三
花菴詞選	二〇	宋黃昇	八	四三	集四三	六一〇七
花間集	一〇	後蜀趙崇祚	三	一三六	集四三	六一〇五
花谿集	三	元沈夢麟	二	一三九	集一七	四九三四
卓異記	一	唐李翺	一	一四	史一五	一六七九
虎鈐經	二〇	宋許洞	四	二六〇	子四	二七二〇
盱江集	三七 附一	宋李覯	一六	六七五	集四	四二九四 四二九六
具茨集	一五	明王立道	八	四九二	集二三	五一九四

果堂集	一〇	清沈彤	三	一五〇	集二八	五四二五	
昌谷集	三	宋曹彥約	一三	五三	集二一	四六四六 四六四七	
昌谷集	四	唐李賀	四	八〇	集二	四二一三	
昌國州圖志	七	元馮復京 郭薦等	一	一〇二	史一九	一八三七	
昌黎先生集							見韓昌黎集
昌黎集注							見韓昌黎集注
廸功集	六	明徐禎卿	二	一〇二	集三三	五一五〇	
明一統志	九〇	明李賢等	四八	三九六二	史一七 一八	一七七三 一七八〇	
明文海	四八一	清黃宗羲	一八八	九〇二六	集三八 三九	五九四二 五九六三	
明文衡	一〇〇	明程敏政	三四	三三四三	集三二 三三	五六三五 五六四二	
明太祖文集	二〇	明沈鉄等	八	四五三	集一七	四九四三	
明本排字九經直音	二		二	一五七	經一六	七三〇	
明本釋	三	宋劉荀	三	一一七	子一	二五八六	
明史	三三六	清張廷玉	一四五	九九〇三	史五	一一五三 一一七二	

明史紀事本末	八〇	清谷應泰	二〇	一八二三	史九	一三八〇 一三八二
明臣奏議	四〇	清乾隆御定	三四	一三三〇	史一五	一六六七 一六七〇
明臣謚考	二	明鮑應鰲	一	九五	史三〇	二三八六
明名臣琬琰錄	二四 續二四	明徐紘	一〇	九九三	史一六	一六九七 一六九八
明皇雜錄	二	唐鄭處誨	一	三五	子三一	四〇〇三
明宮史	五	明呂毖校	二	一二七	史三〇	二三八七
明唐桂二王本末						附通鑑輯覽後
明堂灸經	八	西方子	一	九二	子五	二七八四
明集禮	五三	明徐一夔	三〇	二〇八一	史三〇	二三七九 二三八三
明詩綜	一〇〇	明朱彝尊	五〇	三五三五	集三九	五九六五 五九七一
明會典	一八〇	明宏治敕	四二	三六二四	史二八	二三七〇 二三七六
明謚記彙編	二五	明郭良翰	四	一六八	史三〇	二三八六 二三八七
明儒言行錄	一〇 續二	清沈佳	一三	八三三	史一六	一七一八 一七一九
明儒學案	六二	清黃宗羲	三〇	二三四五	史一六	一七一一 一七一五

易小帖	五	清毛奇齡	二	一一六經四	一四八	
易小傳	六	宋沈該	六	三七四經一	一九	
易本義附錄纂疏						見周易本義附錄纂疏
易外別傳	一	宋俞琰	一	三三子三三	四二七	
易用	六	明陳祖念	四	一九一經三	一三	
易林						見焦氏易林
易例	二	清惠棟	二	九七經四	一八七	
易音	三	清顧炎武	一	四四經二〇	九五五	
易俟	一八	清喬萊	三	五〇二經四	一四九 一五〇	
易酌	一五	清刁包	三	八四四經三	一三八 一三九	
易原	八	宋程大昌	四	一九二經一	二六	
易原就正	一二	清包儀	三	五七三經四	一五五 一五六	
易原奧義	一	元寶巴	五	三四七經二	七二	
易通	六	宋趙以夫	六	二三七經二	四九	

易通變	四〇	宋張行成	三	九八五	子二三	三〇九四 三〇九六	
易稗傳	二	宋林至	一	五〇	經一	四〇	
易象大意存解	一	清任陳晋	一	五八	經四	一八七	
易象正	一四	明黄道周	九	六八九	經三	一一三 一二四	
易象鈔	一八	明胡居仁	七	五七二	易三	一〇八	
易象鈎解	四	明陳士元	四	一五六	經三	一一〇	
易象意言	一	宋蔡淵	一	三一	經二	五〇	
易象義	一六	宋丁易東	三	六一五	經二	六七 六八	
易象圖說	六	元張理	二	一三四	子二三	三一〇四	
易義古象通	八	明魏濬	六	三八八	經三	一二〇	
易筮通變							見易圖通變
易傳	九	宋蘇軾	六	二九六	經一	一四	
易傳							見伊川易傳
易傳燈	四		二	七九	經一	四〇	

易經存疑	一二	明林希元	一二	八七八經三	一〇五 一〇六
易經衷論	二	清張英	二	一二三經四	一五九
易經通注	九	清傅以漸	六	三九一經三	一三〇
易經蒙引	一二	明蔡清	二六	一五四七經三	九八 一〇三
易漢學	八	清惠棟	三	一三一經四	一八七
易說	六	清惠士奇	三	一六四經四	一六九
易說	四	宋趙善譽	四	一一九經一	三四
易精蘊大義	一二	元解蒙	一二	四六九經二	八六 八七
易圖明辨	一〇	清胡渭	五	三五九經四	一五九
易圖通變	五	宋雷思齊	二	一〇二經二	六八
易圖說	三	宋吳仁傑	一	五一經一	四〇
易箋	八	清陳法	六	五一六經四	一七五
易璇璣	三	宋吳沆	一	五六經一	二三
易數鉤隱圖	三	宋劉牧	一	七九經一	一〇

易學	一	宋王湜	一	五四子一三	三〇一
易學啟蒙小傳	一	宋稅與權	一	四七經二	五四
易學啟蒙通釋	二	宋胡方平	一	一六六經二	六二
易學啟蒙意見	四	明韓邦奇	四	一八九經三	一〇四
易學啟蒙翼傳					見周易啓蒙翼傳
易學象數論	六	清黃宗羲	六	三〇二經三	一四二
易學辨惑	一	宋邵伯溫	一	三三經一	一五
易學濫觴	一	元黃澤	一	二八經二	七八
易學變通	六	元曾貫	三	一三九經二	九〇
易緯八種			四	一七三經五	一九五
易緯坤靈圖	一				
易緯是類謀	一				
易緯乾元序制記	一				
易緯乾坤鑿度					

易緯乾鑿度						
易緯通卦驗	二					
易緯稽覽圖	二					
易緯辨終備	一					
易齋集	二	明劉璟	二	九三	集一九	五〇〇四
易翼述信	三	清王又樸	一〇	六二三	經四	一八〇 一八一
易翼宗						見學易初津
易翼傳	二	宋鄭汝諧	四	三二三	經二	五二
易翼說						見學易初津
易韻	四	清毛奇齡	一	七八	經二〇	九五九
易纂言	三	元吳澄	六	三七九	經二	七一
易纂言外翼	八	元吳澄	二	二〇二	經二	七二
易變體義	三	宋都絜	五	三二六	經一	二三
呻吟語摘	二	明呂坤	二	一三八	子三	二六六六

忠介燼餘集	三	明周順昌	一	五四 集二四	五二七〇
忠正德文集	一〇	宋趙鼎	六	二六〇 集七	四四六二
忠宣集					見范忠宣集
忠貞集	一〇	清范承謨	六	三七〇 集二六	五三六三
忠貞錄	附 一三	明李維樾	一	六七 史一五	一六七六
忠慧集	一〇	宋翟汝文	六	二六七 集七	四四六四
忠靖集	六	明夏原吉	三	一七九 集一九	五〇二〇
忠義集	七	元趙景良	二	八〇 集三一	五六〇五
忠愍集	三	宋寇準	一	一 集三	四二四八
忠愍集	三	宋李若水	二	七三 集	四四四二
忠肅集	二〇	宋劉摯	五	四六五 集四	四三一七
忠肅集	三	宋傅察	三	一八二 集五	四四四二
忠肅集	三	明盧象昇	一	一〇七 集二四	五二七五
忠肅集	一六	明于謙	一〇	九四三 集一九	五〇三六 五〇三七

忠穆集	八	宋李頤浩	四	一五七	集八	四四七四	
念菴文集	二三	明羅洪先	一六	一〇〇九	集二三	五一八二 五一八四	
金文靖集	一〇	明金幼孜	八	六五五	集一九	五〇二一 五〇二三	
金氏文集	二	宋金君卿	二	九五	集四	四二九六	
金石文字記	六	清顧炎武	六	二五〇	史三三	二五〇一	
金石文考畧	一六	清李光暎	一〇	五四二	史三三	二五〇三 二五〇四	
金石史	二	明郭宗昌	一	五〇	史三三	二五〇〇	
金石考異							見石經考異
金石林時地考	二	明趙均	一	五七	史三三	二四九九	
金石例	一〇	元潘昂霄	二	一五八	集四一	六〇六五	
金石要例	一	清黃宗羲	一	二三	集四一	六〇七五	
金石經眼錄	一	清褚峻	一	六七	史三三	二五〇六	
金石錄	三〇	宋趙明誠	六	四四九	史三二	二四八八	
金史	一三四	元托克托	四八	三二七一	史四	一一三一 一一三八	

金陀粹編	二八 續三	宋岳珂	三	八八〇 史一五	一六七四 一六七五
金陵百詠	一	宋曾極	一	二八 集二一	四六三〇
金淵集	六	元仇遠	三	一三三 集一五	四八二〇
金華子	二	南唐劉崇遠	合	三九 子三一	四〇〇六
金漳蘭譜	三	宋趙時庚	一	一〇 子一六	三八二四
金臺集	二	元納新	一	八九 集一七	四九〇三
金匱要畧論注	二四	漢張機	四	三九四 子五	二七六二
金匱鉤玄	三	元朱震亨	三	一〇八 子六	二八三二
金樓子	六	梁孝元皇帝	四	一七三 子一六	三三二〇
金薤琳琅	二〇	明都穆	六	二七〇 史三三	二四九八
金鼇退食筆記	二	清高士奇	一	六〇 史二五	二二六〇
知言	六 附一	宋胡宏	二	九七 子一	二五八五
知非堂稿	六	元何中	三	一三六 集一六	四八五七
知稼翁詞	一	宋黃公度	一	一四 集四二	六〇九九

知稼翁集	二	宋黃公度	二	一四二集九	四五一八	
牧菴文集	三六	元姚燧	一〇	七四四集一五	四八三八 四八三九	
牧潛集	七	元釋圓至	二	一〇〇集一五	四八二一	
物理小識	一三	明方以智	八	四六七子一九	三四一六	
乖崖集	一三	宋張詠	四	一七八集三	四二四八	
和清眞詞	一	宋方千里	一	三四集四一	六〇九三	
和靖集	八	宋尹焞	二	一一七集八	四四九七	
和靖集	四	宋林逋	一	八二集三	四二五三	
佩文韻府	四四四	清康熙御定	四三六	二八一六二子一九 三〇	三九二一 三九八〇	
佩文齋書畫譜	一〇〇	清康熙御定	九六	六六四四子一四	三一八二 三一九七	
佩文齋詠物詩選						見詠物詩選
佩玉齋類稿	一〇	元楊翮	二	一五一集一七	四九三〇	
佩韋齋集	二〇	宋俞德鄰	六	三一五集一四	四七七一	
佩韋齋輯聞	二	宋俞德鄰	二	七二子一八	三四〇二	

佩觿	三	宋郭忠恕	一	八〇經一九	八八九
岳武穆遺文	一	宋岳飛	一	二五集八	四五〇〇
岳陽風土記	一	宋范致明	一	三〇史二六	二六五
兒易內外儀	一五六	明倪元璐	五	三六八經三	一三五
近光集	三、	元周伯琦	二	八九集一七	四九〇〇
近事會元	五	宋李上交	二	九三子一六	三三二
近思錄	一四	宋朱子	四	二四七子一	二五六八
近思錄集註	一四	清江永	四	二五八子一	二五七〇
近思錄集註	一四	清茅星來	六	四五〇子一	二五六九
所安遺集	一	元陳泰	一	四六集一六	四八八一
征南錄	一	宋滕甫	一	一〇史一六	一七三七
徂徠集	二〇	宋石介	七	二九四集三	四二七二
周子抄釋	附一二	明呂柟	一	五八子三	二六五六
周元公集	八	宋周敦頤	三	一六九集五	四三二六

周官集注	一二	清方苞	一〇	七五四 經 九	三九〇 三九一
周官集傳	一六	元毛應龍	六	四七〇 經 八	三七一
周官新義	一六	宋王安石	六	三八三 經 八	三五五
周官義疏	四八		三四	二五三五 經 八 九	三八〇 三八五
周官祿田考	三	清沈彤	一	九六 經 九	三九四
周官總義	三〇	宋易祓	一二	八二二 經 八	三六〇 三六一
周易口訣義	六	唐史徵	四	二〇四 經 一	一〇
周易口義	一二	宋倪天隱	一三	七七六 經 一	一一 一二
周易文詮	四	元趙汸	三	四六八 經 二	九三
周易爻變義蘊	八	元陳應潤	六	三七七 經 二	九二
周易孔義集說	二〇	清沈起元	一三	一〇三二 經 四	一七八 一七九
周易古占法	一	宋程迥	一	四八 經 一	二七
周易本義	四	宋朱子	三	一六二 經 一	二七
周易本義	一二	宋朱子	二	一五六 經 一	二七

周易本義附錄纂註	一五	元胡一桂	五	三五九	經 二	六九
周易本義通釋	一二	元胡炳文	六	五三七	經 二	八一
周易本義集成	一二	元熊良輔	六	四五二	經 二	八二
周易折中	二二	清康熙御定	二〇	一〇九〇	經 三	一三三 一三五
周易玩辭	一六	宋項安世	六	四五六	經 一	三三
周易玩辭困學記	一五	明張次仲	一三	九四三	經 三	一二八 一二九
周易玩辭集解	一〇	清查愼行	六	四九〇	經 四	一六七
周易卦爻經傳訓解	二	宋蔡淵	二	二〇八	經 二	五〇
周易易簡說	三	明高攀龍	三	二〇四	經 三	一一九
周易函書	一八	清胡煦	二八	二三三三	經 四	一七〇 一七四
周易洗心	九	清任啓運	六	三九三	經 四	一八三
周易述義	一〇	清乾隆御定	六	四四七	經 三	一三六
周易要義	一〇	宋魏了翁	六	三五二	經 二	五一
周易衍義	一六	元胡震	一六	八一七	經 二	七五 七七

周易述	一三	清惠棟	一二	一五九二	經	四	一八五 一八六
周易淺述	八	清陳夢雷	八	六八二	經	四	一五四
周易淺釋	四	清潘思榘	四	三五五	經	四	一八二
周易章句證異	一一	清翟均廉	五	一九五	經	五	一九四
周易啟蒙翼傳	四	元胡一桂	四	三八八	經	二	七〇
周易通論	四	清李光地	四	一四六	經	四	一五二
周易參同契分章註	三	元陳致虛	二	一三二	子	三	四一五
周易參同契考異	一	宋朱子	一	四五	子	三	四一三
周易參同契通眞義	三	後蜀彭曉	一	九〇	子	三	四一三
周易參同契發揮	三	宋俞琰	四	一三四	子	三	四一四
周易參同契解	三	宋陳顯微	二	八三	子	三	四一四
周易參義	一二	宋梁寅	六	四四五	經	二	九二
周易註	一〇	魏王弼	四	一五七	經	一	五
周易註疏	一三	魏王弼註 唐孔穎達疏	一二	六一九	經	一	六 七

周易程朱傳義折衷	三三	元趙采	一四	八六八	經二	七三 七四	
周易稗疏	四	清王夫之	二	五八	經三	一三七	
周易集註	一六	明來知德	一三	八三四	經三	一一一 一一二	
周易集說	四〇	元俞琰	一三	七七四	經二	六三 六五	
周易集傳	八	元龍仁夫	四	一七九	經二	八五	
周易集解	一七	唐李鼎祚	八	五六五	經一	八 九	
周易象旨決錄	七	明熊過	六	四四八	經三	一〇九	
周易象義							見易象義
周易象辭	二〇 附三	清黃宗炎	一三	一一九七	經三	一四三 一四四	
周易新講義	六	宋耿仲南	四	二四六	經一	一六	
周易義海撮要	一二	宋李衡	一〇	六八八	經一	二九 三〇	
周易箋述	八	清王宏	六	三四五	經四	一四五	
周易傳義大全	二四	明胡廣	二四	一三九三	經二 三	九四 九七	
周易傳義合訂	一二	清朱軾	六	三四九	經四	一六八	

周易傳義附錄	一四	宋董楷	二〇	一二五七	經	二	五九 六一
周易傳註	七	清李塨	六	四〇六	經	四	一六六
周易會通	一四	元董眞卿	一三	九三四	經	二	八八 八九
周易經傳集解	三六	宋林栗	一四	九八二	經	一	二四 二五
周易圖書質疑	二四	清趙繼序	六	四九〇	經	五	一九三
周易圖說	二	元錢義方	一	七三	經	二	九〇
周易箚記	二	清楊名時	一	七七	經	四	一六八
周易箚記	三	明逯中立	二	一三〇	經	三	一一九
周易像象述	一〇	明吳桂森	一〇	五七三	經	三	一二一 一二二
周易鄭康成註	一	宋王應麟	一	三五	經	一	四
周易窺餘	一五	宋鄭剛中	六	三八六	經	一	二三
周易辨畫	四〇	清連斗山	一六	八二三	經	四	一九〇 一九二
周易辨錄	四	明楊爵	四	二五一	經	一	一〇七
周易輯聞	六	宋趙汝楳	八	六三二	經	二	五五 五六

周易舉正	三	唐郭京	一	三九	經一	一〇
周易總義	二〇	宋易祓	六	四七八	經一	四七
周易觀彖	三	清李光地	六	三八四	經四	一五三
周忠愍奏疏	二	明周啟元	一	八五	史一四	一六一四
周書	五〇	唐令狐德棻	三	九〇六	史二	一〇三五 一〇三六
周秦刻石釋音	一	元吾邱衍	一	二八	經一九	九〇三
周禮句解	一二	宋朱申	四	二八二	經八	三六八
周禮全經釋原	一四	明柯尚遷	三	二一七	經八	三七四 三七五
周禮注疏	四二	漢鄭康成注	二四	一五六〇	經八	三五一 三五四
周禮注疏刪翼	三〇	明王志長	三	一八〇二	經八	三七六 三七九
周禮訂義	八〇	宋王與之	三六	二五八五	經八	三六二 三六七
周禮述註	二四	清李光坡	三	一〇六〇	經九	三八六 三八七
周禮集說	一〇		二	一〇〇六	經八	三六九 三七〇
周禮復古編	一	宋俞廷椿	一	四〇	經八	三五八

周禮詳解	四〇	宋王昭禹	一三	七八九	經八	三五六 三五七
周禮傳	一〇	明王應電	一三	八六五	經八	三七二 三七三
周禮疑義舉要	七	清江永	三	一四五	經九	三九四
周禮纂訓	二一	清李鍾倫	一〇	八五〇	經九	三八八 三八九
周髀算經	二 附一		二	一五三	子一〇	三〇〇五
居竹軒集	四	元成廷珪	二	一四七	集一七	四九〇九
居易錄	三四	清王士禎	一六	八八二	子一九	三四二三 三四二五
居業錄	八	明胡居仁	四	三一一	子三	二六五一
居濟一得	八	清張伯行	四	二四二	史二五	二二二九
屈宋古音義	三	明陳第	三	一四二	經二〇	九四六
弧矢算術	一	明顧應祥	一	六五	子二一	三〇六二
孟子注疏	一四	漢趙岐	一〇	五八二	經一七	七七五 七七六
孟子音義	二	宋孫奭	一	二五	經一七	七七九
孟子師說	二	清黃宗羲	二	一四五	經一八	八三〇

書名	著者	卷數	分類
孟子集註考證	宋 金履祥	七 三	經一七 七六八
孟子集疏	宋 蔡模	一四 六	經一七 七六三
孟子說	宋 張栻	七 七	經一七 七六九
孟子傳	宋 張九成	二九	經一七 七六二
孟子解	宋 蘇轍	一 二	經一七 七六〇
孟子辨	宋 余允文	一	經一七 七六二
孟子雜記	明 陳士元	四 二	經一八 八二三
孟東野詩集	唐 孟郊	一〇 四	集二 四二二
孟浩然集	唐 孟浩然	四 一	集二 四一七七
姑溪居士前集	宋 李之儀	吾	集七 六〇二
姑溪詞	宋 李之儀	一	史志 一八四七
姑蘇志	明 王鏊	六〇	史九 三八〇五
姓氏急就篇	宋 王應麟	二	子三五 三五〇五
始豐稿	明 徐一夔	一四 八	集一六 四九七〇

八畫 孟姑姓始

一一五

附釋文互註禮部韻畧							見禮部韻略

九　畫

洪武正韻	一六	明王僎修	六	四六六	經二〇	九四三	
洪範口義	二	宋胡瑗	一	六五	經五	一九八	
洪範正論	五	清胡渭	三	一九二	經六	二五八	
洪範明義	二	明黄道周	三	二〇三	經六	二四一	
洪範皇極內篇	五	宋蔡沈	二	一〇八	子二三	三一〇一	
洪範統一	一	宋趙善湘	一	二四	經五	二三三	
洪龜父集	二	宋洪朋	一	四八	集七	四四四〇	
洹詞	三	明崔銑	三	五八九	集三三	五一四三 五一四一	
洞天清錄	一	宋趙希鵠	一	五八	子一九	三四二九	
洞冥記							見漢武洞冥記
洞霄圖志	六	宋鄧牧	三	一三三	史二五	二二五五	
洞麓堂集	一〇	明尹臺	八	四八七	集三三	五一九三	

洗心齋讀易述						見讀易述
洛水集	三〇	宋程珌	一〇	五三二	集二	四六七〇 四六七一
洛陽名園記	一	宋李格非	一	一七	史二五	三二五四
洛陽牡丹記	一	宋歐陽修	一	一三	子一六	三三八三
洛陽伽藍記	五	後魏楊衒之	二	一〇二	史二五	三二五三
洛陽縉紳舊聞記	五	宋張齊賢	二	七八	子三二	四〇〇八
宣明方論	一五	金劉完素	三	一九九	子六	二六一八
宣和北苑貢茶錄	一 附一	宋熊蕃	一	三八	子一六	三三八〇
宣和奉使高麗圖經	四〇	宋徐兢	四	一九二	史二六	三二八五
宣和書譜	二〇		四	二一〇	子一三	三二五〇
宣和博古圖（重修）	三〇	王黼	一八	一三六〇	子一五	三三六〇 三三六三
宣和畫譜	二〇		六	二七三	子一三	三二四九
宣室志	一〇 附一	唐張讀	四	一七〇	子三三	四〇四六
宣德鼎彝譜	八	明呂震	二	九八	子一五	三三六三

客亭類稿	一四	宋楊冠卿	六	二三一 集二	四六三七
帝王經世圖譜	一六	宋唐仲友	八	四九九 子三	三六一〇
帝範	四	唐太宗	二	六三 子一	二五五四
帝學	八	宋范祖禹	二	一〇四 子一	二五五五
音論	三	清顧炎武	一	六四 經三〇	九五五
音韻述微（欽定）	三〇	清乾隆御定	三〇	六〇二 經三〇	九五二 九五四
音韻闡微（御定）	一八	清康熙御定	一八	五八八 經三〇	九四七 九四八
彥周詩話	一	宋許顗	一	三九 集四〇	六〇四二
訂譌雜錄	一〇	清胡鳴玉	五	一七六 子一八	三三七五
郊社禘祫問	一	清毛奇齡	一	三二 經二	五〇〇
施註蘇詩	四二 附四	宋施元之	二六	一四九一 集五	四三六一 四三六六
前定錄	一 附一	唐鍾輅	一	四四 子三	四〇四五
前漢書	一〇〇	漢班固	五四	三九三四 史一	九八〇 九八八
前漢紀	三〇	漢荀悅	六	五六二 史五	一一七四

春王正月考	二〇	明張以寧	二	九五經一四	六四一	
春明退朝錄	三	宋宋敏求	一	六六子一八	三三七九	
春明夢餘錄	七〇	清孫承澤	三	三三七子一九	三四一七 三四二三	
春秋三傳辨疑						見三傳辨疑
春秋三傳讞	三	宋葉夢得	一〇	六七三經一三	五七八 五七九	
春秋大全	三七	明胡廣等	三	一九三經一四	六四二 六四五	
春秋大事表	附三 五〇	清顧棟高	三四	一八三經一五	七〇四 七〇九	
春秋王霸列國世紀編	三	宋李琪	三	三三經一三	六〇二	
春秋左氏傳說						見春秋毛氏傳
春秋凡例						見春秋輯傳
春秋毛氏傳	三六	清毛奇齡	一八	七八一經一五	六八八 六九〇	
春秋比事	二〇	宋沈棐	六	四八四經一三	五九〇	
春秋公羊傳注疏	二八	漢何休	一九	一〇三六經一三	五五九 五六一	
春秋分記	九〇	宋程公說	二八	二〇五〇經一三	五九二 五九五	

春秋孔義	一二	明高攀龍	六	二九九經一四	六六三
春秋平義	一二	清俞汝言	七	三七二經一五	六八三
春秋正旨	一	明高拱	一	二二經一四	六五一
春秋正傳	三七	明湛若水	一八	一三六三經一四	六四六 六四八
春秋本例	二〇	宋崔子方	四	三三四經一二	五七三
春秋本義	三〇	元程端學	一二	一〇一八經一三	六一九 六二〇
春秋五禮例宗	一〇	宋張大亨	三	一四二經一三	五七五
春秋世族譜	二	清陳厚耀	一	八四經一五	七〇〇
春秋占筮書	三	清毛奇齡	一	五六經一	四八
春秋左氏傳注疏	六〇	唐孔穎達	三六	二五九四經一三	五五三 五五八
春秋左氏傳事類始末	五 附一	宋章沖	六	五三三史八	一三三
春秋左氏傳補注	一〇	元趙汸	二	一六八經一四	六三三
春秋左氏傳續說	一二	宋呂祖謙	六	二九四經一三	五八七
春秋左傳小疏	一	清沈彤	一	二三經一五	七二一

春秋左傳要義	三二	宋魏了翁	七	五五五	經	一三	五九一	
春秋左傳屬事	二〇	明傅遜	一八	八三八	經	一四	六五九 六六一	
春秋四傳糾正	一	清俞汝言	一	四二	經	一五	六八二	
春秋四傳質	二	明王介之	二	一八九	經	一四	六六九	
春秋考	一六	宋葉夢得	六	四八七	經	一三	五七七	
春秋地名攷畧	一四	清高士奇	六	三八〇	經	一五	六九二	
春秋地理攷實	四	清江永	三	一五五	經	一五	七一一	
春秋臣傳	三〇	宋王當	四	三〇四	史	一五	一六八〇	
春秋名號歸一圖	二	五代馮繼光	一	六三	經	一三	五六七	
春秋年表	一		一	五六	經	一三	五六七	
春秋究遺	一六	清葉酉	三	六二一	經	一五	七一二 七一三	
春秋別典	一五	明薛虞畿	六	三〇九	史	一一	一四五七	
春秋宗朱辨義	一三	清張自超	一〇	五六四	經	一五	六九八 六九九	
春秋或問								見程氏春秋或問

春秋或問						見呂氏春秋或問
春秋直解（御纂）	一二	清乾隆御纂	一〇	五五二 經一五	六八〇 六八一	
春秋事義全考	一六	明姜寶	一四	七九六 經一四	六五六 六五八	
春秋長歷	一〇	清陳厚耀	六	四五六 經一五	七〇二	
春秋明志錄	一二	明熊過	一〇	六二八 經一四	六五〇 六五一	
春秋例要	一	宋崔子方	一	二〇 經一二	五七三	
春秋金鎖匙	一	元趙汸	一	五四 經一四	六二三	
春秋胡氏傳辨疑	二	明陸粲	一	五三 經一四	六四九	
春秋胡傳考誤	一	明袁仁	一	二九 經一四	六六二	
春秋胡傳附錄纂疏	三〇	元汪克寬	二八	一四六五 經一四	六三六 六四〇	
春秋皇綱論	五	宋王晳	一	五九 經一二	五六八	
春秋後傳	一二	宋陳傅良	六	二四六 經一三	五八五	
春秋師說	三	元趙汸	二	一四五 經一四	六二三	
春秋通訓	六	宋張大亨	三	一九三 經一二	五七五	

春秋通義	一		一	二二經一三	五六八
春秋通說	一三	宋黄仲炎	六	三三四經一三	六〇二
春秋通論	四	清方苞	二	一二二經一五	七〇〇
春秋尊王發微	一二	宋孫復	五	二四六經一三	五六八
春秋集註	四〇	宋高閌	一四	六六四經一三	五八三 五八四
春秋集註	一一 綱領一	宋張洽	四	三五二經一三	六〇〇
春秋集義	五〇	宋李明復	一八	一一六四經一三	五九七 五九九
春秋集傳	一五	元趙汸	八	四九三經一四	六三二
春秋集傳微旨	三	唐陸淳	三	一二經一三	五六六
春秋集傳辨疑	一〇	唐陸淳	四	一七五經一三	五六七
春秋集傳纂例	一〇	唐陸淳	四	三一八經一三	五六六
春秋集傳釋義大成	一二	元俞皐	一〇	六三六經一三	六一四 六一五
春秋集解	三〇	宋呂本中	一四	一二二經一三	五八〇 五八一
春秋集解	一二	宋蘇轍	四	二〇六經一三	五七二

春秋意林						見劉氏春秋意林
春秋稗疏	二	清王夫之	二	八一經一五	六八二	
春秋提綱	一〇	宋陳則通	四	二三經一三	六一八	
春秋詳說	三〇	宋家鉉翁	二三	九三七經一三	六〇九 六一二	
春秋鉤玄	三	明石光霱	三	一四三經一四	六四二	
春秋傳	一五	宋劉敞	四	二三七經一二	五七〇	
春秋傳	三〇	宋胡安國	六	四八六經一三	五八二	
春秋傳	二〇	宋葉夢得	八	四八八經一二	五七六	
春秋傳說例	一	宋劉敞	一	一六經一二	五七二	
春秋傳說彙纂(欽定)	三八	清聖祖御定	二四	一九一九經一五	六七六 六七九	
春秋會通	二四	元李廉	一三	八五一經一四	六二五 六二六	
春秋經筌	一六	宋趙鵬飛	一四	九一五經一三	六〇五 六〇七	
春秋經解	一三	宋孫覺	七	四五四經一二	五七二	
春秋經解	一二	宋崔子方	五	三三六經一二	五七四	

春秋經傳辨疑	一	明童品	一	六〇經一四	六四五
春秋經傳闕疑	四五	元鄭玉	二四	一三二經一四	六二七 六三一
春秋說	一五	清惠士奇	一三	七〇六經一五	七〇二 七〇三
春秋說	三〇	宋洪咨夔	一〇	五三二經一三	六〇二 六〇三
春秋管窺	一二	清徐庭垣	六	三三二經一五	六九三
春秋穀梁傳注疏	二〇	唐楊士勛	一〇	六四四經二三	五六二 五六三
春秋億	六	明徐學謨	四	一五五經一四	六五五
春秋質疑	一二	明楊于庭	二	九八經一四	六六二
春秋辨疑	四	宋蕭楚	二	一二七經一三	五七二
春秋諸國統紀	一六 目一	元齊履謙	一	一三三經一三	六一八
春秋輯傳	一三 附二	明王樵	一四	一三四五經一四	六五二 六五四
春秋戰國異辭	五五 附二	清陳厚耀	二八	二〇五九史二二	一五一一 一五一五
春秋隨筆	二	清顧奎光	一	七〇經一五	七一四
春秋講義	四	宋戴溪	六	三三八經一三	五九六

春秋繁露	一七	漢董仲舒	六	二二二	經一五	七一四
春秋簡書刊誤	二	清毛奇齡	一	五二	經一五	六九一
春秋闕如編	八	清焦元熹	六	三四八	經一五	六九七
春秋識小錄	九	清程廷祚	三	二三五	經一五	七一〇
春秋屬辭	一五	元趙汸	八	六〇〇	經一四	六二三四 六二三五
春秋屬辭比事記	四	清毛奇齡	三	七三	經一五	六九一
春秋纂言	一三 總例二	元吳澄	一〇	八五〇	經一三	六一六 六一七
春秋釋例	一五	晉杜預	一〇	九七三	經一二	五六四 五六五
春秋辯義	三九	明卓爾康	三〇	一六五三	經一四	六六四 六六七
春秋權衡	一七	宋劉敞	六	三七九	經一二	五六九
春秋讞義	九	元王元杰	六	三二五	經一三	六二四
春草齋集	一〇 附一	明烏斯道	五	二六二	集一八 二	四九八四
春卿遺稾	一	宋蔣堂	一	一七	集三	四二五六
春渚紀聞	一〇	宋何薳	四	一六二	子一八	三三八七

珂雪詞	二	清曹貞吉	二	八四	集四二	六二〇四
珍席放談	二	宋高晦叟	一	三三	子三	四〇一六
珊瑚木難	八	明朱存理	八	五〇九	子一三	三一六一 三一六二
珊瑚鉤詩話	三	宋張表臣	一	四四	集四〇	六〇四三
珊瑚網	四八	明汪砢玉	二四	一八三八	子一四	三一八一 三一八七
契丹國志	二六	宋葉龍禮	六	二九七	史二一	一四四五
封氏聞見記	一〇	唐封演	二	九二	子一八	三三七八
拾遺記	一〇	秦王嘉	二	一一八	子三三	四〇四二
拾遺錄	一	明胡爌	一	七三	子一七	三三五五
革除逸史	二	明朱睦㮮	一	四〇	史一三	一五四一
革象新書（原本）	五		三	九九	子一〇	三〇〇六
革象新書（重修）	二	明王禕	一	七〇	子一〇	三〇〇六
述書賦	二	唐竇蒙皐註	一	四五	子一三	三一四一
述異記	二	梁任昉	一	四六	子三三	四〇六六

柯山集	五〇	宋張耒	三	八三三	集六	四三九一 四三九三
柘軒集	五	明凌雲翰	四	二三七	集一八	四九六三
相山集	三〇	宋王之道	八	四六一	集八	四四八〇
柏齋集	一一	明何塘	八	三五三	集三三	四一三七
柳先生集	二〇 附七	宋魏仲舉	七	六〇二	集二	四二〇六
柳河東集	二 外一	唐柳宗元	二〇	九〇七	集二	四二〇〇 四二〇二
柳河東集注	四三	宋童宗說	三	七四四	集二	四二〇三 四二〇五
柳塘外集	四	宋釋道璨	二	一三七	集一四	四七六〇
厚齋易學	五〇	宋馮椅	二四	一六六一	經一	四一 四四
咸平集	三〇	宋田錫	八	四二〇	集三	四二四七
咸淳遺事	二		一	六九	史二三	一五三四
咸淳臨安志	一〇〇	宋潛說友	三〇	一九八四	史一九	一八三一 一八三五
南方草木狀	三	晉嵇含	一	三	史二六	二一六三
南北史識小錄	八	清沈名蓀等	六	三三一	史一七	一七三五

南史	八〇	唐李延壽	三	二二六二	史二	一〇四三 一〇四六	
南行集							見止山全集
南巡盛典	一〇〇	清高晉等	六三	二六六二	史三	二四〇六 二四一一	
南宋院畫錄	八	清厲鶚	四	三二一	子一五	三三三六	
南宋館閣錄	一〇 續一〇	宋陳騤	五	二五二	史二六	二一九三	
南宋雜事詩	七	清沈嘉轍等	四	二七七	集四〇	六二一六	
南邨詩集	四	明陶宗儀	三	一一九	集一八	四九八一	
南宮奏稾	五	明夏言	五	二九三	史一四	一六一二	
南唐近事	二	宋鄭文寶	一	三〇	子三	四〇〇七	
南唐書	三〇	宋馬令	四	二六三	史一七	一七四六	
南唐書	一八 音釋一	宋陸游	四	二三四	史一七	一七四七	
南軒易說	三	宋張栻	三	一〇八	經一	三一	
南軒集	四四	宋張栻	一四	六九九	集二	四六四九 四六五〇	
南部新書	一〇	宋錢易	四	一七八	子三	四〇〇八	

南湖集	一〇	宋張鎡	五	二五八 集二	四六三四
南湖集	二	元貢性之	二	九〇 集一七	四九三〇
南窗記談	一		一	一七 子三	四〇一九
南華眞經新傳	二〇	宋王雱	八	三六七 子二三	四一〇三
南華眞經義海纂微	一〇六	宋褚伯秀	三	一五六八 子二三	四一〇六 四一〇九
南陽書畫表	一 附一	明張丑	一	一九 子一四	三一七六
南陽集	六	宋趙湘	二	九一 集三	四二五一
南陽集	三〇 附一	宋韓維	八	五三六 集五	四三二七
南園漫錄	一〇	明張志淳	二	一八八 子一九	三四一二
南齊文紀	一〇	明梅鼎祚	八	四四四 集三四	五七三六
南齊書	五九	梁蕭子顯	一八	一二二六 史二	一〇一八 一〇二〇
南澗甲乙稿	二二	宋韓元吉	八	七四六 集二	四六三五 四六三六
南嶽小錄	一	唐李沖昭	一	一九 史二五	二一四六
南嶽酬倡集	二	唐朱子等	一	六九 集二九	五五〇五

胡文穆雜著	一	明胡廣	一	四八 子一九	三四一〇	
胡文敬公集						見敬齋集
胡仲子集	一〇	明胡翰	六	二八一 集一八	四九六九	
胡端敏奏議	一〇	明胡世寧	六	三七八 史一四	一六〇七	
郁氏書畫題跋記						見書畫題跋記
省心襍言	一	宋李邦獻	一	三八 子一	二五六六	
省愆集	二	明黃淮	二	九五 集一九	五〇三〇	
省齋集	一〇 附二	宋廖行之	五	二七九 集二一	四六四八	
貞白遺稿	一〇 附二	明程通	三	一四七 集一九	五〇〇三	
貞素齋集	八 附一	元舒頔	三	二六六 集一七	四九一六	
貞觀公私畫史	一	唐裴孝源	合	二〇 子一三	三一四〇	
貞觀政要	一〇	唐吳兢	六	四一九 史一二	一五二八	
范文正集						見文正集
范文忠集	一二	明范景文	八	三九〇 集二四	五三七二	

范太史集	五五	宋范祖禹	二〇	九四二	集四	四三一九 四三二二	
范村梅譜	一	宋范成大	合	六	子一六	三一八三	
范村菊譜	一	宋范成大	合	八	子一六	三一八三	
范忠貞集							見忠貞集
范忠宣集	二〇	宋范純仁	三	六三二	集五	四三四〇 四三四一	
范德機詩	七	宋范梈	三	一五八	集一六	四八七〇	
苑洛志樂	二〇	明韓邦奇	三	八八九	經一八	八四五 八四六	
苑洛集	二二	明韓邦奇	一四	七五二	集三	五一五三 五一五五	
茅亭客話	一〇	宋黃休復	一	九九	子三	四〇四八	
茅簷集	八	明魏學洢	四	二三八	集二四	五二七九	
苕溪集	五五	宋劉一止	三	五七〇	集五	四四七七 四四七八	
苕溪漁隱叢話							見漁隱叢話
柴氏四隱集	三	宋柴望	一	七三	集三一	五五九四	
則堂集	六	宋家鉉翁	四	一七七	集一四	四七七三	

昭明太子集	六	梁蕭統	二	八四 集一	四一三九
昭忠錄	一		一	六二 史一六	一六九〇
昭德新編	二	宋晁迥	一	四七 子一六	三三〇五
星命溯源	五		二	一二五 子一三	三一二〇
星命總括	三	遼耶律純	三	八七 子一三	三一二三
星歷考原	六	清康熙御定	四	一二九 子一三	三一三四
星學大成	三〇	明萬民英	三	一三八 子一三	三一二三 三一二六
品茶要錄	一	宋黃儒	合	八 子一六	三三八〇
思陵翰墨志	一	宋高宗御定	一	一二 子一三	三一四四
思辨錄輯要	三五	清陸世儀	三	六五四 子四	二七〇四 二七〇五
廸功集	六 附一	明徐禎卿	二	一〇二 集三	五一五〇
毘陵集	二五	唐獨孤及	六	二六三 集七	四四五七
毘陵集	一六	宋張守	六	三六二 集二	四一八二
畏齋集	六	元程端禮	五	一八六 集一五	四八二九

幽閒鼓吹	一	唐張固	合	二一	子三一	四〇〇四
郤掃編						見却掃編
弇山堂別集	一〇〇	明王世貞	四四	二六五三	史一二 一三	一五三六 一五四一
弇州四部稿	一七四 附二〇七	明王世貞	一八八	九六一六	集二四 一六	五二〇〇 五二三三
垂光集	一	明周璽	一	四九	史一四	一六二〇
秋堂集	二	宋柴望	一	三五	集一四	四七六四
秋崖集	四〇	宋方岳	一六	九六二	集一三	四七三六 四七三八
秋澗集	一〇〇	元王惲	四〇	二四三六	集一五	四八三一 四八三七
秋聲集	四	元黃鎮成	二	七一	集一六	四八九二
秋聲集	六	宋衞宗武	四	一八八	集一四	四七六五
秋巖詩集	二	元陳宜甫	一	三七	集一五	四八四四
香山集	一六	宋喻良能	五	二二五	集一〇	四五七四
香祖筆記	一二	清王士禎	四	三一九	子一九	三四二七
香乘	二八	明周家胄	八	四四五	子一六	三三七九

香屑集	一八	清黃之雋	八	三五七	集二七	五四二	
香溪集	二二	宋范浚	八	三五七	集九	四五二	
香譜	二	宋洪芻	一	四一	子一六	三七八	
重訂詩經疑問							見詩經疑問
重修玉篇							見玉篇
重修宣和博古圖							見宣和博古圖
重修革象新書							見革象新書
重修廣韻							見廣韻
重編瓊臺會稿							見瓊臺會稿
保命集	三	金張元素	三	一八七	子六	二八一九	
保越錄	一		一	二七	史一六	一七二八	
俗書刊誤	一二	明焦竑	二	八九	經一九	九〇六	
俟菴集	三〇	元李存	八	四五六	集一六	四八九六	
俟鯖錄	八	宋趙令時	二	一二九	子三二	四〇一五	

皇王大紀	八〇	宋胡宏	一八	一五一八	史六	一三三一 一三三三
皇言定聲錄	八	清毛希齡	三	一三九	經一九	八六九
皇甫少玄集	二六 附一〇	明皇甫涍	八	四七二	集三	五一九〇
皇甫司勳集	六〇	明皇甫汸	八	七六八	集三	五一八五 五一八六
皇甫持正集	六	唐皇甫湜	一	七四	集二	四二一〇
皇祐新樂圖記	三	宋阮逸等	一	四六	經一八	八三九
皇清文穎	一二四	清康熙御編	六八	三五四六	集三八	五九二四 五九三三
皇清開國方畧	三二	清乾隆御定	一四	八九六	史八	一三四〇 一三四一
皇清職貢圖	九	清乾隆御定	八	六五三	史一九	一八七三
皇朝文獻通考	三〇〇	清乾隆御定	一二五	一三〇二〇	史二九	二三二一 二三四三
皇朝通志	一二六	清乾隆御定	三〇	二九九四	史三〇	二三六一 二三六六
皇朝通典	一〇〇	清乾隆御定	三五	三二五八	史三〇	二三五四 二三六〇
皇朝禮器圖式	一八	清乾隆御定	一四	一八〇四	史三〇 三一	二三九九 二四〇一
皇極經世觀物外篇衍義	九	宋張行成	八	三二〇	子三	三〇九三

皇極經世索隱	二	宋張行成	一	七二子一三	三〇九二	
皇極經世書	一四	宋邵雍	二六	一四八三子一三	三〇八七 三〇九二	
皇極經世書解	一六	清王植	一六	八〇五子一三	三〇九八 三一〇〇	
皇輿西域圖志	五二	清乾隆御定	二四	一七七七史一九	一八六八 一八七一	
皇霸文紀	一三	明梅鼎祚	七	三五九集三四	五七一九	
禹貢山川地理圖						附禹貢論內
禹貢長箋	一二	清朱鶴齡	五	四一四經六	二五三	
禹貢指南	四	宋毛晃	二	一〇三經五	二〇三	
禹貢會箋	一二	清徐文靖	四	二六三經六	二五九	
禹貢說斷	四	宋傅寅	四	二四四經五	二〇八	
禹貢論	二 附一	宋程大昌	二	一三〇經五	二〇三	
禹貢錐指	二〇	清胡渭	二〇	三一七經六	二五四 二五七	
衍極	二	元鄭杓	一	七三子一三	三一五八	
待制集	二〇 附一	元柳貫	一四	七二〇集一六	四八七九 四八八一	

待軒詩記	八	明張次仲	六	六六一	經七	三三〇
律呂正義	五	清聖祖御定	五	四〇二	經一八	八五三
律呂正義後編	一二八	清高宗御製	六〇	五二五六	經一八	八五四 八六三
律呂成書	二	元劉瑾	二	一四三	經一八	八四四
律呂新書	二	宋蔡元定	二	八九	經一八	八四三
律呂新論	二	清江永	一	七〇	經一九	八七一
律呂闡微	一〇	清江永	四	二六九	經一九	八七二
後山集	二四	宋陳師道	八	四四二	集六	四三八九
後山詩話	一	宋陳師道	一	二〇	集四〇	六〇三七
後山談叢	四	宋陳師道	一	六四	子三二	四〇一二
後村集	五〇	宋劉克莊	二四	一〇九三	集一三	四七二三 四七二六
後村詩話	二 附二	宋劉克莊	五	三一一	集四一	六〇六〇
後周文紀	八	明梅鼎祚	六	二七四	集三四	五七四〇
後漢紀	三〇	晉袁宏	一三	六五五	史五	一一七五 一一七六

後漢書	一三〇	宋范蔚宗	四三	三一三五	史一	九九〇 九九六	
後漢書補遺	三	清姚之駰	一三	六一〇	史三	一五〇九 一五二〇	
後樂集	二〇	宋衛涇	一〇	五八五	集三	四六六〇 四六六一	
勉齋集	四〇	宋黃榦	一三	九七〇	集二	四六五一 四六五四	
急救仙方	六		二	七〇	子六	二八一七	
急就篇	四	漢史游	四	一一四	經一九	八八一	
扁鵲神應鍼灸玉龍經	一	元王國端	一	八五	子六	二八三三	
風月堂詩話	二	宋朱弁	一	三三	集四〇	六〇四四	
風俗通義	一〇附一	漢應劭	二	一三九	子一八	三三七八	
風雅翼	一四	元劉履	六	四四七	集三三	五六二〇	
負暄野錄	二	宋陳槱	一	二六	子一九	三四二九	
盈川集	一〇附一	唐楊炯	四	一九五	集一	四一四七	
癸巳孟子說							見孟子說
癸巳論語解							見論語解

癸辛雜識	一 附五	宋周密	四	三一七	子三	四〇三〇
建炎以來繫年要錄	二〇〇	宋李心傳	七三	五三〇八	史七	一二五一 一二六〇
建炎朝野雜記	四〇	宋李心傳	三	八一七	史二七	一三三八 一三三九
建康集	八	宋葉夢得	四	一四三	集八	四四六七
建康實錄	二〇	唐許嵩	三	七二六	史二〇	一三三九 一三四〇
眉山文集	二四	宋唐庚	四	二七三	集七	四四四〇
眉菴集	一二	明楊基	四	三二一	集一八	四九七七
韋蘇州集	一〇	唐韋應物	四	一六〇	集二	四一八一
韋齋集	一二 附一	宋朱松	七	二六三	集八	四四八四
姚少監詩集	一〇	唐姚合	二	一三一	集三	四二三〇
紀效新書	一八	明戚繼光	六	三七一	子四	二七二八

十畫

浣川集	一〇	宋戴栩	四	一五七	集一三	四六九八
浣花集	一〇	唐韋莊	二	八二	集三	四二四四

浪語集	三五	宋薛季宣	一六	八七四	集二一	四六二二 四六一四
浙江通志	二八〇	清嵇曾筠等	一五〇	二七六二	史三三	一九三六 一九六〇
浙西水利書	三	明姚文灝	二	一〇五	史二五	二一五
浦陽人物記	二	明宋濂	一	六七	史一六	一六九三
湅水記聞	一六	宋司馬光	四	三〇二	子三一	四〇〇九
酒譜	一	宋竇苹	一	六	子一六	三三八二
酒邊詞	二	宋向子諲	一	五〇	集四一	六〇九五
涇野子內篇	二七	明呂柟	七	四六〇	子三	二六五五
涇皋藏稿	三	明顧憲成	一〇	四九〇	集二四	五三五四 五三五五
涉史隨筆	一	宋葛洪	一	三七	史三三	二五一三
涉齋集	一八	宋許綸	六	二五五	集一〇	四五八七
浮山集	八	宋仲并	四	一八〇	集八	四五〇七
浮沚集	八	宋周行己	四	一八三	集七	四四三六
浮湘集						見顧華玉集

浮溪文粹	一五	宋汪藻	四	一九三 集七	四四六〇
浮溪集	三六	宋汪藻	三	六五三 集七	四四五八 四四五九
浩然齋雅談	三	宋周密	一	七七 集四一	六〇六三
海內十洲記	一	漢東方朔	合	一四 子三三	四〇四一
海岳名言	一	宋米芾	合	六 子一三	三一四八
海岱會集	三	明石存禮	三	一五四 集三三	五六五〇
海桑集	一〇 附一	明陳謨	六	三八〇 集一八	四九八七
海叟集	四 附一	明袁凱	二	一〇三 集一八	四九八九
海島算經	一	晉劉徽撰 唐李淳風等注	合	三 子一一	三〇五七
海野詞	一	宋曾覿	一	三三 集四二	六〇九七
海國聞見錄	二	清陳倫炯	二	五四 史二六	二一八九
海陵集	二三 附一	宋周麟之	八	三七九 集九	四五三二
海棠譜	三	宋陳思	一	三九 子一六	三二八四
海塘錄	二六	清翟均廉	三	九三八 史二五	二一四一 二一四二

海語	三	明黃衷	一	三九	史二六	二八七
海壑吟稿	二	明趙完璧	五	二三三	集二四	五二二七
海錄碎事	三	宋葉廷珪	二八	一八九二	子二三	三六〇四 三六〇七
海鹽澉水志	八	宋常棠	一	六二	史一九	一八二五
悟眞篇註疏	三 附一	宋張伯端	三	二二五	子三三	四一二六
家山圖書	一		一	六七	子二	二六二三
家範	一〇	宋司馬光	二	一三五	子一	二五五五
家禮	一 附一	宋朱子	二	一三三	經三三	五五一
家藏集	七七 補一	明吳寬	三四	一五五四	集三〇	五〇八二 五〇八六
宮室考	二	清任啓運	一	四二	經九	四二六
宮教集	三	宋崔敦禮	四	二〇二	集一〇	四五七五
容春堂全集	二〇	明邵寶	三	一五二四	集三二	五〇九七 五一〇二
容齋隨筆	一六 附二六	宋洪邁	三	一一四〇	子一七	三三一八 三三二三
記纂淵海	一〇〇	宋潘自牧	七七	四五四九	子二三	三六三八 三六四七

凌忠介集	六	明凌義渠	四	一七九	集二四	五二七八	
高士傳	三	晉皇甫謐	一	五五	史一五	一六七九	
高子遺書	一二 附二	明高攀龍	三	八六五	集二四	五二五六 五三五七	
高氏三宴詩集	三 附一	唐高正臣	一	一七	集二八	五四三九	
高峯文集	一二	宋廖剛	六	三〇七	集九	四五三四	
高常侍集	一〇	唐高適	二	一〇二	集二	四一七七	
高齋漫錄	一	宋曾慥	一	二〇	子三二	四〇二〇	
病機氣宜保命集							見保命集
席上腐談	二	宋俞琰	一	五八	子三三	四二二七	
庭訓格言							見聖祖庭訓格言
唐人萬首絕句選	七	清王士禎	三	一七一	集三九	五九六四	
唐才子傳	八	元辛文房	三	一六七	史一六	一六九一	
唐大詔令集	一三〇	宋朱敏求	二四	一九二六	史一四	一五九五 一五九八	
唐子西集							見眉山文集

唐六典	三〇	唐張九齡等	一三	六〇六	史二六	二二九〇 二二九一
唐文粹	一〇〇	宋姚鉉	四八	二五二〇	集二九	五四八四 五四八九
唐史論斷	三	宋孫甫	三	一一八	史三三	二五一一
唐四僧詩	一	唐僧靈澈	一	三七	集二八	五四四三
唐百家詩選	二〇	宋王安石	八	三五九	集二九	五四九一
唐宋八大家文鈔	一六四	明茅坤	五四	三三二八	集三三	五六七五 五六八二
唐宋文醇（御選）	五八	清乾隆選	三〇	一六七六	集三八	五九一六 五九一九
唐宋元名表	四	明胡松	四	二五四	集三三	五六七〇
唐宋詩醇	四七	清乾隆選	二八	一六五一	集三八	五九二〇 五九二三
唐音	一四	元楊士宏	七	四八二	集三一	五六一三
唐音癸籤	三三	明胡震亨	八	四〇一	集四一	六〇六八
唐英歌詩	三	唐吳融	二	八一	集三	四二三九
唐風集	三	唐杜荀鶴	一	七五	集三	四二三九
唐律疏義	三〇	唐長孫無忌等	一〇	八八七	史三二	二四五六 二四五七

唐書						見新唐書
唐書直筆	四 附一	宋 呂夏卿	一	六五	史三三	二五二一
唐國史補	三	唐 李肇	二	八二	子三一	四〇〇三
唐策						見增註唐策
唐朝名畫錄	一	唐 朱景元	一	三一	子一三	三一四三
唐開元占經	一二〇	唐 瞿曇悉達	三八	一六九四	子二三	三一〇七 三一二二
唐創業起居注	三	唐 溫大雅	一	六七	史五	一一七七
唐御覽詩						見御覽詩
唐新語	一三	唐 劉肅	五	二三六	子三一	四〇〇二
唐詩	三三 附三	清康熙御選	三二	二〇三一	集三八	五九一一 五九一四
唐詩品彙	九〇 拾遺一〇	明 高棅	二六	二〇二四	集三二	五六二三 五六二七
唐詩紀事	八一	宋 計有功	二六	一五七三	集四〇 四一	六〇四六 六〇五一
唐詩鼓吹	一〇	元 郝天挺	五	二七三	集三一	五五九七
唐詩鏡						見古詩鏡

唐愚士詩	四 附一	明唐之淳	二	一三八集一九	五〇〇六	
唐會要	一〇〇	宋王溥	三〇	二五七二史二七	二三三一 二三三五	
唐僧宏秀集						見弘秀集
唐語林	八	宋王讜	七	四〇六子三一	四〇一八	
唐摭言	一五	五代王定保	四	一三三子三一	四〇〇五	
唐賢三昧集	三	清王士禎	三	一三〇集三九	五九六四	
唐闕史	二	唐高彥休	二	六七子三三	四〇四七	
唐韻正	二〇	清顧炎武	一〇	七〇二經二〇	九五六 九五七	
唐韻考（孫氏）	五	清紀容舒	五	二七二經二〇	九五九	
唐鑑	二四	宋范祖禹	六	三四史三三	二五二〇	
旅舍備要方	一	宋董汲	一	一三子六	二七八七	
益古演段	三	元李治	二	一三一子一二	三〇六二	
益州名畫錄	三	宋黃休復	一	六〇子一三	三一四五	
益部方物略記	一	宋宋祁	一	一五史三六	三六四	

益部談資 二	明何宇度	一	四四 史二六	二七八
兼明書 五	五代丘光庭	二	七五 子一六	三三一
兼濟堂文集 二〇	清魏裔介	一四	六九七 集二六	五三五八 五三五九
剡源集 三〇	元戴表元	一六	七六一 集一四	四七九七 四七九九
剡錄 一〇	宋高似孫	三	一八七 史一八	一八一六
泰西水法 六	明西洋人熊三拔	二	九四 子五	二七五一
泰泉集 一〇	明黃佐	四	一九二 集二二	五一七五
泰泉鄉禮 七	明黃佐	二	一三八 經二二	五五二
班馬字類 五	宋婁機	二	八一 經一九	八九五
班馬異同 三五	宋倪思	六	五四三 史一	九八九
珠玉詞 一	宋晏殊	一	三八 集四一	六〇八九
珩璜新論 一	宋孔平仲	一	七八 子一八	三三八四
珞琭子三命消息賦註 二	宋徐子平	一	三八 子一三	三一二
珞琭子賦註（徐氏） 二	宋徐子平	二	一〇〇 子一三	三一三

素書					見黃石公素書
素問入式運氣論奧	三	宋劉溫舒	三	一七三子六	二七八七
素問元機原病式	一	金劉完素	一	八二子六	二六一八
素履子	三	唐張弧	一	二〇子一	二五五五
祕書監志	一一	元王士點 商企翁	四	三〇三史二六	二一九七
祕殿珠林	二四	清乾隆御定	八	六〇五子一四	三一九八
祛疑說	一	宋儲泳	一	三八子一八	三三九八
祠部集	三五	宋強至	三	七七二集四	四二七五 四二七七
祖英集	二	宋李重顯	二	六七集四	四二七九
神仙傳	一〇	晉葛洪	二	一一〇子一三	四二一七
神異經	一	漢東方朔	一	一五子一三	四〇四一
神農本草百種錄	一	清徐大椿	一	四三子一〇	三〇〇四
神農本草經疏	三〇	明繆希雍	一四	一〇九六子九	二九四八 二九五一
恥堂存稿	八	宋高斯得	六	二四一集一三	四七三五

袁氏世範	三	宋袁采	三	八七子一	二五六七
耆舊續聞	一〇	陳鵠	二	九七子三	四〇二八
捕蝗考	一	清陳芳生	一	二〇史三一	二四二五
桂林風土記	一	唐莫休符	一	二六史二六	二一六四
桂苑叢談	一	唐馮翊子	一	三子三	四〇四六
桂海虞衡志	一	宋范成大	一	四一史二六	二一六六
桂勝	四 附八	明張鳴鳳	四	二六九史二五	二一五〇
桂隱文集	四 附四	元劉銑	八	四一五集一五	四八〇四
栲栳山人集	三	元岑安卿	一	六一集一七	四九〇五
桐山老農文集	四	元魯貞	一	六三集一七	四九二五
桐江續集	三六	元方回	一八	九九三集一四	四七九三 四七九五
格古要論	三	明曹昭	一	五六子一九	三四三〇
格物通	一〇〇	明湛若水	三四	一七四〇子三	二六六二 二八六七
格致餘論	一	元朱震亨	一	七五子六	二八三一

格致鏡原	一〇〇	清陳元龍	四〇	三〇一三	子三一	三九八七 三九九二	
格齋四六	一	宋王子俊	一	四六	集一〇	四五七〇	
眞山民集	一	宋眞山民	一	二八	集一四	四七七四	
眞誥	二〇	梁陶弘景	六	三八〇	子三三	四二一八	
眞蹟日錄	五 附二	明張丑	五	一八四	子一四	三一七六	
眞臘風土記	一	元周達觀	一	三二	史一六	二一八六	
夏小正戴氏傳	四	宋傅崧卿	一	一九	經二	四九七	
夏忠靖集							見忠靖集
夏侯陽算經	三		一	四四	子二	三〇五八	
原本革象新書							見革象新書
原本韓集考異							見韓集考異
晉書	一三〇 附三	唐房喬等	五四	三九一四	史一 二	一〇〇三 一〇一一	
馬政紀	一二	明楊時喬	四	二五九	史三一	二四二七	
馬端肅奏議							見端肅奏議

荒政叢書	一〇 附二	清俞森	六	四〇九 史三一	二四二五
荊川集	一三	明唐順之	八	六〇三 集三三	五一八八 五一九九
荊川稗編					見稗編
荊南唱和詩集	一	元周砥	一	五九 集三三	五六三二
荊楚歲時記	一	晉宗懍	一	二八 史二六	二二六三
草木子	四	明葉子奇	三	一三四 子一九	三四一〇
草堂雅集	一三	元顧瑛	八	六〇三 集三一 三二	五六一八 五六一七
草堂詩話	二	宋蔡夢弼	一	五九 集四一	六〇六二
草堂詩餘（類編）	四		四	一六七 集四二	六二〇八
草閣集	六 附三	明李曄	三	一七五 集一八	四九八三
草澤狂歌	五	明王恭	三	一三三 集一八	四九七九
草經	八	唐陸羽	一	三三 子一六	三二八〇
茶山集	三	宋曾幾	三	一三七 集一八	四五〇〇
茶錄	二	宋蔡襄	合	六 子一六	三二八〇

荀子	二〇	周荀況	七	三六八 子一	一二五四六
荔枝譜	一	宋蔡襄	一	一三 子一六	三二八五
晏子春秋	八	齊晏嬰	三	一二七 史一五	一六七二
晏元獻遺文	一	宋晏殊	一	二四 集三	四二五三
晁氏客語	一	宋晁說之	一	五七 子一八	三三八四
晁旡咎詞	六	宋晁補之	一	五五 集四一	六〇九一
蚓竅集	一〇	明管時敏	二	八九 集一八	四九八二
峴泉集	四	明張宇初	四	三六二 集一九	五〇〇六
耕學齋詩集	一二	明袁華	四	一九五 集一八	四九八五
矩山存稿	五 附一	宋徐經孫	二	一一八 集一三	四七二九
倚松詩集（老人）	二	宋饒節	二	九七 集六	四四〇四
修辭鑑衡	二	元王構	一	六七 集四一	六〇六五
倪文貞集	二〇 附二三	明倪元璐	一〇	七三二 集二四	五三七六 五三七七
倪文僖集	三二	明倪謙	一四	七〇九 集二〇	五〇四一 五〇四二

倪石陵書	一	宋倪樸	一	四八集一〇	四五七六
島夷志畧	一	元汪大淵	一	五七史二六	二二八六
師山集	附六八	元鄭玉	四	二四九集一七	四九一二
師友詩傳錄	附一一	清郎廷槐	合	三三集四一	六〇七五
師友談記	一	宋李廌	一	三七子一八	三三八四
鬼谷子	一		合	二七子一六	三二九八
徐氏珞琭子賦注					見珞琭子賦注
徐氏筆精	八	明徐𤊹	六	二七四子一七	三三四七
徐正字詩賦	二	唐徐寅	一	七七集三	四二四一
徐孝穆集（箋註）	附一六	陳徐陵	附一六	二七五集一	四二四四
徐霞客遊記	三	明徐宏祖	三	一〇八一史二六	二二八二 二二八三
逃禪詞	一	宋楊旡咎	一	五四集四一	六〇九六
追昔遊集	三	唐李紳	一	五二集二	四二二五
脈訣刊誤	附一二	元戴啓宗	二	一四七子七	二八三三

書名	作者		
芻言	宋崔敦禮	三	一三〇五
芻蕘集	明周士修	六	二六六集一九
能改齋漫錄	宋吳曾	一八	六三子一七
書小史	宋陳思	一〇	一五〇子二三
書史	宋米芾	一〇	四九
書史會要	明陶宗儀	一九附	四〇五集四
書舟詞	宋程垓	一	六九二
書法正傳	清馮武	一〇	二六六子一四
書法雅言	明項穆	一	二九子三
書法離鉤	明潘之淙	一〇	二三〇子三
書苑菁華	宋陳思	二〇	三九三子二三
書品	梁庾肩吾附唐孫過庭	一	二二四子二
書叙指南	宋任廣	二〇	六 二六六子二三
書訣	明豐坊	一	七子二三

十畫 芻能書

一五五

書集傳或問	二	宋陳大猷	二	一七一	經	五	三四
書集傳纂疏	六	元陳櫟	六	五二四	經	五	三七
書畫跋跋	三 附三	明孫鑛	三	二六九	子	一三	三一六六
書畫彙考	六〇	清卞永譽	五八	四七九四	子	一四 一五	三二一〇 三三三五
書畫題跋記	一二 附一二	明郁逢慶	一四	六八七	子	一四	三一七〇 三一七一
書畫譜							見佩文齋書畫譜
書義矜式	六	元王充耘	四	二六二	經	六	二六〇
書義斷法	六 附一	元陳悅道	二	一四七	經	五	三三一
書傳	二〇	宋蘇軾	六	三五三	經	五	一九八
書傳大全	一〇	明胡廣等	一二	一〇三二	經	五	二三五 二三六
書傳旁通	六	元陳師凱	八	四五四	經	五	二三〇
書傳會通	六	明劉三吾等	六	三五七	經	五	二三四
書傳輯錄纂注	六	元董鼎	六	六〇四	經	五	二二八
書經衷論	四	清張英	二	一四六	經	六	二五九

書經集傳	六	宋蔡沈	六	二六七	經五	三一四	
書經傳說彙纂	二一	清聖祖勅撰	二〇	一二六八	經六	二四四 二四六	
書經稗疏							見尚書稗疏
書說							見東萊書說
書儀	一〇	宋司馬光	二	一三三	經一二	五五一	
書齋夜話	四	宋俞琰	一	四六	子一八	三四〇二	
書錄	三 外一	宋董更	一	六九	子一三	三一五六	
書斷	三	唐張懷瓘	一	七九	子一三	三一四〇	
書纂言	四	元吳澄	四	三七九	經五	二二六	
郡齋讀書志	四 附四	宋晁公武	六	五四八	史三三	二四六四	
孫子	一	周孫武	一	二六	子四	二七一二	
孫子算經	三		一	四一	子二一	三〇五六	
孫公談圃	三	宋劉延世錄	一	四五	子三一	四〇一三	
孫氏唐韻考							見唐韻考

孫白谷集							見白谷集
孫可之集	一〇	唐孫樵	一	六二	集三	四三三五	
孫明復小集	一	宋孫復	一	三八	集三	四二七二	
孫威敏征南錄							見征南錄
孫毅菴奏議	二	明孫懋	二	三三	史一四	一六一〇	
娛書堂詩話	一	宋趙與虤	一	四四	集四一	六〇六一	
純正蒙求	三	元胡炳文	三	一一四	子一五	三七一六	
純白齋類稾	二〇 附二	元胡助	六	二六五	集一七	四九〇一	
陣紀	四	明何良臣	二	一〇二	子四	二七二四	
陜西通志	一〇〇	清劉於義	一〇〇	一〇一九四	史三	二〇三三 二〇五四	
邕州小集	一	宋陶弼	一	一九	集四	四三〇二	

十一畫

淙山讀周易	二一	宋方實孫	六	四八四	經二	五八	
淳化秘閣法帖考正	一二	清王澍	四	二六九	史三三	二五〇五	

淳化閣帖釋文	一〇		五	一九三	史三三	二五〇〇
淳熙三山志	四二	宋梁克家	一二	九七二	史一八	一八一二 一八一三
淳熙玉堂雜記						見玉堂雜記
淡然軒集	八	明余繼登	八	四一八	集二四	五二五三
深衣考	一	清黄宗羲	一	二七	經二一	四九一
深衣考誤	一	清江永	一	一八	經二一	四九六
清文鑑	三二 附一三	清高宗御定	四二	三〇九九	經二〇	九一四 九二〇
清正存稿	六 附一	宋徐鹿卿	五	三九二	集一三	四七一五
清江三孔集	三〇	宋孔文仲	一五	六八九	集二九	五四九三 五四九四
清江詩集	一〇 附三	明貝瓊	一四	六六五	集一八	四九六五 四九六六
清河書畫表	一 附一	明張丑	一	二四	子一四	三一七六
清河書畫舫	一二	明張丑	二〇	九八七	子一四	三一七二 三一七五
清波雜誌	一二 附三	宋周煇	三	二四五	子三一	四〇二五
清苑齋集	一	宋趙師秀	合	三二	集一二	四六六九

清風亭稿	八	明童軒	三	一五〇 集二〇	五〇四八
清容居士集	五〇	元袁桷	一五	一三三〇 集一五 一六	四八四六 四八四九
清秘藏	二	明張應文	一	五四 子一九	三四三五
清異錄	二	宋陶穀	二	一八二 子三三	四〇六八
清惠集	三	明劉麟	七	三三三 集三	五一二九
清閟閣集	三	元倪瓚	八	三九〇 集一七	四九三一
清谿漫稿	二四	明倪岳	一三	六九〇 集二〇	五〇六五 五〇六六
清獻集	二〇	宋趙抃	四	三一九 集四	四二九三
清獻集	二〇	宋杜範	七	四五四 集二二	四六九二
淨德集	三八	宋呂陶	八	五六三 集四	四三〇八 四三〇九
淮南鴻烈解	三	漢劉安	八	四九九 子一六	三三〇一
淮海詞	一	宋秦觀	一	二九 集四一	六〇九〇
淮海集	四〇 附九	宋秦觀	一三	五三三 集六	四三九四 四三九五
淮陽集	一	元張宏範	一	三六 集一四	四七八七

梁文紀	一四	明梅鼎祚	三	六二三	集三四	五七三七 五七三八
梁書	五六	唐姚思廉	三	一〇〇二	史二	一〇二二 一〇二三
梁園寓稿	九	明王翰	二	一一九	集一八	四九九〇
梁谿集	一八〇 附六	宋李綱	五六	二八四七	集七	四四四六 四四五二
梁谿漫志	一〇	宋費衮	四	一五三	子一八	三三九六
梁谿遺稿	二	宋尤袤	一	三八	集九	四五六〇
淵穎集	一二 附一	元吾萊	八	四一四	集一六	四八七四
淵鑑類函	四五〇	清康熙御定	二七二	一九五三三	子一二七 一二八	三八二〇 三八六五
惜香樂府	一〇	宋趙長卿	三	一二二	集四二	六一〇一
惟實集	八 附一	元劉鶚	二	一八五	集一六	四八六二
密菴集	八	明謝肅	四	一九四	集一八	四九六四
密齋筆記	五 附一	宋謝伯采	二	九二	子一八	三三九五
寇忠愍公詩集						見忠愍集
商子	五	秦商鞅	一	六八	子四	二七三四

商文毅疏稿	一	明商輅	一	六九史一四	一六〇三	
竟山樂録	四	清毛奇齡	二	九四經一九	八七〇	
產育寶慶集	二		一	六二子六	二八〇九	
產寶諸方	一		一	三四子六	二八一三	
訥谿奏疏	一	明周怡	一	五六史一四	一六一三	
郭氏傳家易說	一一	宋郭雍	六	五三三經一	二六	
郭鯤溟集						見鯤溟詩集
疢瘧論說	一	明盧之頤	一	六六子九	二九七〇	
庶齋老學叢談	三	元盛如梓	二	八九子一八	三四〇七	
庚子山集註	一六 附一	清倪璠	一四	一〇〇三集一	四一四一 四一四三	
庚開府集箋註	一〇	周庾信	八	五七七集一	四一四〇	
康熙字典	四二	清聖祖御定	四〇	三九三七經一九 二〇	九〇七 九一三	
康範詩集	一 附三	宋汪晫	一	五〇集二	四六九一	
康濟録	四 附四	清乾隆御定	七	四一八史三二	二四二六	

康齋文集	一二	明吳與弼	一〇	四五九	集二〇	五〇六七 五〇六八
庸菴集	一四	元宋禧	五	二〇二	集一七	四九四〇
庸齋集	六	宋趙汝騰	三	一三四	集一三	四七三一
鹿皮子集	四	元陳樵	二	一〇八	集一七	四九一一
鹿洲初集	二〇	清藍鼎元	一二	一九八	集二七	五四二二 五四二三
望雲集	五	明郭奎	一	七〇	集一八	四九八二
望溪集	八	清方苞	五	二六八	集二七	五四一八
雪山集	一六	宋王質	七	三三	集九	四五六〇
雪坡集	五〇	宋姚勉	一四	六九六	集一三	四七四五 四七四六
雪溪集	五	宋王銍	一	六七	集八	四五〇一
雪樓集	三〇	元程鉅夫	一五	九二六	集一五	四八四〇 四八四二
雪牕集	二 附一	宋孫夢觀	二	九七	集一三	四七二九
雪履齋筆記	一	元郭翼	一	二〇	子一九	三四〇九
雪磯叢稿	五	宋樂雷發	一	四七	集一三	四七三九

理學類編	八	明張九韶	四	一九六	子二	二六二八	
救荒本草	八	明周王朱橚	八	四九二	子五	二七四三 二七四四	
救荒活民書	三 附一	宋董煟	二	一五三	史三一	二四二二	
執中成憲	八	清雍正御定	四	二三五	子四	二六九五	
埤雅	二〇	宋陸佃	六	三五二	經一九	八七七	
教坊記	一	唐崔令欽	一	一五	子三一	四〇〇四	
碧溪詩話	一〇	宋黄徹	二	九〇	集四〇	六〇四五	
授時通考	七八	清乾隆御定	三二	三三六	子五	二七五二 二七五七	
授經圖	二〇	明朱睦㮮	五	一九一	史三三	二四六九	
採芹錄	四	明徐三重	二	一三一	子一九	三四一三	
排字九經直音							見明本排字九經直音
排韻增廣事類氏族大全							見氏族大全
推易始末	四	清毛奇齡	二	七六	經四	一四八	
推求師意	二	明汪機	二	七五	子八	二六九八	

郴江百咏	一	宋阮閱	一	三	集八	四四九七
梧岡集	一〇	明唐文鳳	六	二七〇	集一九	五〇三〇
梧溪集	七	元王逢	六	五一五	集一七	四九二三 四九二三
桯史	一五	宋岳珂	五	三二七	子三	四〇二七
梅山續稾	一八	宋姜特立	六	三二一	集一二	四六六二
梅村集	四〇	清吳偉業	一六	七八九	集二六	五三五五 五三五六
梅花字字香	一 附一	元郭豫亨	一	三〇	集一六	四八五八
梅花百詠	一 附一	元馮子振	一	六〇	集三二	五六〇三
梅花道人遺墨	二	元吳鎮	一	三八	集一七	四九〇五
梅苑	一〇	宋黃大輿	三	一三一	集四二	六一〇五
梅屋集	五	宋許棐	一	四七	集一三	四七四一
梅溪詞	一	宋史達祖	一	四一	集四二	六一〇三
梅溪集	五四 附五	宋王十朋	一七	一二五一	集一〇	四五七〇 四五七三
梅巖文集	一〇	宋胡次焱	二	一一四	集一四	四七六九

曹子建集	一〇	魏曹植	二	一三五 集一	四一三六
曹文貞詩集	一〇附一	元曹伯啓	二	一三七 集一五	四八四三
曹月川集	一	明曹端	一	五五 集一九	五〇三二
曹祠部集	二附一	唐曹鄴	一	五〇 集三	四二三五
研山齋雜記	四		二	一三三 子一九	三四三七
研北雜志	二	元陸友	二	九三 子一八	三四〇八
硃批諭旨					見世宗硃批諭旨
乾坤清氣集	一四	明偶桓	六	二五七 集三三	五六二二
乾坤體義	三	明利瑪竇	二	一〇二 子一〇	三〇一四
乾坤鑿度					見易緯八種
乾道稿	二附三五	宋趙蕃	三	八〇四 集一〇	四五八九 四五九一
乾道臨安志	三	宋周淙	二	一〇九 史一八	一八一二
乾隆御製文集	三〇	清乾隆御撰	二六	一三八九 集二五	五二九四 五二九九
乾隆御製詩集	四八	清乾隆御撰	二九〇	一五四五三 集二六	五三〇〇 五三五四

常建詩	三	唐常建	二	三九	集二	四一七七
常談	一	宋吳箕	一	四〇	子一八	三三九三
逍遙集	一	宋潘閬	一	一七	集三	四二四八
莊子口義	一〇	宋林希逸	一〇	六一二	子三	四一〇四 四一〇五
莊子註	一〇	晉郭象	六	三八三	子三	四一〇三
莊子翼	八 附二	明焦竑	八	五八五	子三	四一一〇 四一一一
莊氏算學	八	清莊亨陽	四	二六六	子一三	三〇八二
莊定山集	一〇 附一	明莊泉	六	四二五	集二〇	五〇七八
莊渠遺書	一二	明魏校	一二	四六〇	集三三	五一四三 五一四四
莊靖集	一〇	金李俊民	四	三〇一	集一四	四七八二
莊簡集	一八	宋李光	八	三九八	集七	四四六一
紫山大全集	二六	元胡祗遹	一八	九四三	集一五	四八〇八 四八一〇
紫微集	三六	宋張嵲	一三	六一八	集八	四四七五 四四七六
紫薇詩話	一	宋呂本中	一	二四	集四〇	六〇四二

紫微雜說	一	宋呂祖謙	一	五四	子一八	三三九〇	
紫巖易傳	一〇	宋張浚	六	五一三	經一	一七	
紫巖詩選	三	宋于石	一	六三	集一四	四七七六	
野古集	三 附一	明龔詡	四	一一七	集一九	五〇〇五	
野古詩稿	六	宋趙汝鐩	二	八五	集一二	四六八八	
野老記聞							見野客叢書
野客叢書	三〇	宋王楙	一四	四六九	子一七	三三二六 三三二七	
野處集	四	元邵亨貞	二	七九	集一七	四九〇三	
野處類稿	二	宋洪邁	一	三六	集一〇	四六〇六	
野菜博錄	四	明鮑山	四	二六三	子五	二七五一	
野趣有聲畫	二	元楊公遠	二	九三	集一四	四七九六	
畦樂詩集	一	明梁蘭	一	六八	集一八	四九八八	
晦菴集	一〇〇 附一三	宋朱子	一〇〇	五七八一	集九	四五三六 四五四九	
晞髮集	一〇 附六	宋謝翺	二	一五六	集一四	四七六七	

國子監志	六二	清梁國志等	一八	一二五三	史二七	一三三〇 一三三二
國老談苑	二	王君玉	一	二七	子三一	四〇一七
國秀集	三	唐芮挺章	一	五九	集二八	五四四〇
國朝宮史	三六	清乾隆御定	一八	二〇八	史三一	二四〇二 二四〇四
國語	二一	吳韋昭	四	三五七	史二一	一五三三
國語補音	三	宋宋庠	二	一〇〇、	史二一	一五三三
唯室集	四 附一	宋陳長方	三	八九	集九	四五一八
問辨錄	一〇	明高拱	四	一八三	經一八	八二一
崇文總目	一二	宋王堯臣等	六	二九〇	史三三	二四六三
崇古文訣	三五	宋樓昉	三	五六一	集三〇	五五三五 五五三六
崧菴集	六	宋李處權	二	一二一	集八	四四九五
崑崙河源考	一	清萬斯同	一	五九	史二五	二二一八
笠澤叢書	四 附一	唐陸龜蒙	二	九三	集三	四二三六
釣磯立談	一		一	五一	史一七	一七四三

慜帚稿略	八	宋包恢	四	一九八集一三	四七一四	
猗覺寮雜記	二	宋朱翌	二	一六五子一七	三三一三	
術數記遺						見數術記遺
御覽詩	一	唐令狐楚	一	五六集二八	五四四一	一名唐歌詩一名選進集一名元和御覽
脚氣治法總要	二	宋董汲	一	四〇子六	二七八六	
脚氣集	一	宋車若水	一	五九子一八	三四〇一	
扈從西巡目錄	一	清高士奇	一	三五史一七	一七二九	
習學記言	五〇	宋葉適	二〇	九四〇子一六	三三〇六 三三〇八	
通志	二〇〇	宋鄭樵	一八九	一五三八九史一〇	一四〇四 一四三七	
通典	二〇〇	唐杜佑	六〇	四五一五史二七	三三二一 三三二〇	
通書述解	二	明曹端	二	一〇五子一	二五五六	
通雅	五二	明方以智	四二	一九〇七子一七	三三四八 三三五三	
通鑑外紀						見資治通鑑外記
通鑑地理通釋	一四	宋王應麟	六	四一七史六	二三〇七	

通鑑前編						見資治通鑑前編
通鑑胡註舉正	一	清陳景雲	一	一九史六	一二〇九	
通鑑紀事本末	四二	宋袁樞	六六	五四一五史八	一三三三 一三三二	
通鑑問疑	一	宋劉羲仲	一	三史三	二五一二	
通鑑答問	五	宋王應麟	二	一九五史三	二五一六	
通鑑綱目	五九	宋朱子振	六六	五六一九史三	二五二四 二五三五	
通鑑綱目三編	四〇	清乾隆御定	一八	一五七〇史八	一三〇七 一三〇九	
通鑑綱目前編外紀	一 附三	元金履祥	一六	一三四六史三	二五三六 二五三八	
通鑑綱目續編						見通鑑綱目
通鑑輯覽	一二六 附三	清乾隆御定	一〇二	七四二〇史八七	一二八七 一三〇六	
通鑑總類	二〇	宋沈樞	二四	一九六五史一七	一七三一 一七三四	
通鑑釋例	一	宋司馬光	合	七史六	一三〇三	
通鑑續編	二四	元陳桱	三	一〇三三史七	一二七九 一二八〇	
參寥子詩集	三	宋僧道潛	四	一六二集六	四三九七	

參讀禮志疑	二	清汪紱	二	一四三	經二一	五〇〇
晝簾緒論	一	宋胡太初	一	四二	史二七	三三〇
屏山集	二〇	宋劉子翬	六	三二二	集八	四四八九
屏巖小稿	一	元張觀光	一	九二	集一五	四八〇六
尉繚子	五	周尉繚	一	三五	子四	二七一三
張子抄釋	六	明呂柟	三	一四八	子三	二六五六
張子全書	一四 附一	宋張載	一〇	四九六	子一	二五五七 二五五八
張文貞集	一二	清張玉書	一二	五八二	集二七	五三九六 五三九七
張氏可書	一	宋張知甫	一	一四	子三一	四〇三
張氏拙軒集	六	宋張侃	三	一三七	集一三	四七三二
張司業集	八	唐張籍	二	一二〇	集二	四二〇九
張邱建算經	三		二	九五	子二	三〇五八
張莊僖文集	五	明張永明	四	一八五	集一三	五一九二
張燕公集	二五	唐張說	七	四五二	集一	四一五〇

張襄壯奏疏	六	清張勇	六	二七五	史一四	一六一四
婦人大全良方	二四	宋陳自明	一四	六七七	子六	二八〇七 二八〇八
紺珠集	一三	宋朱勝非	三	五二六	子一九	三四三八 三四三九
紹陶錄	二	宋王質	一	六二	史一五	一六七三
紹熙州縣釋奠儀圖	一	宋朱子	一	四二	史三〇	二三七五
紹興十八年同年小錄	一	宋王佐榜	一	一三八	史一六	一六八一
陸士龍集	一〇	晉陸雲	四	一四六	集一	四一三七
陸子餘集	八	明陸粲	四	二三九	集三	五一八一
陸氏易解	一	明姚士粦	一	二九	經一	五
陸氏詩疏廣要	二	吳陸璣撰 明毛晉廣要	四	二八八	經六	二六五
陵川集	三九 附一	元郝經	一八	九七三	集一四	四七八八 四七九〇
陵陽集	四	宋韓駒	二	八七	集八	四四八六
陳文紀	八	明梅鼎祚	八	二八六	集三四	五七三九
陳氏香譜	四	宋陳敬	四	三二二	子一六	三二七八

陳氏禮記集說補正	三八	清納喇性德	六	五一三	經一一	四九一
陳拾遺集	一〇	唐陳子昂	五	三三〇	集一	四一四九
陳剛中集	四	元陳孚	二	一一〇	集一五	四八四四
陳秋巖詩集						見秋巖詩集
陳書	三六	唐姚思廉	一〇	五六八	史二	一〇二三 一〇二四
陳檢討四六	二〇	清陳維崧	一〇	五四〇	集二七	五三九四 五三九五
陰符經考異	一	宋朱子	合	一五	子三三	四〇九五
陰符經解	一	黃帝撰 太公等六家註	一	一八	子三三	四〇九五
陰符經講義	四	宋夏元鼎	一	四九	子三三	四〇九五
陶山集	一四	宋陸佃	六	二七九	集六	四四〇三
陶朱新錄	一	宋馬純	一	四五	子三三	四〇六三
陶淵明集	八	晉陶潛	二	一三〇	集一	四一三七
陶菴全集	三三	明黃淳耀	八	四九一	集二四	五二八〇
陶學士集	二〇	明陶安	八	四七〇	集一八	四九五一 四九五二

巢氏諸病源候總論	五〇	隋巢元方等	一四	七〇三 子 五	二七六五 二七六六	

十二畫

游宦紀聞	一〇	宋張世南	三	一三三 子 一八	三三九五	
游城南記						見遊城南記
游藨山集	四	宋游酢	三	一六二 集 七	四四二七	
渾蓋通憲圖說	二	明李之藻	二	一〇四 子 一一	三〇二六	
渚山堂詞話	三	明陳霆	一	三六 集 四二	六一三三	
渚宮舊事	附 一五	唐余知古	二	一〇五 史 二	一五二九	
湛淵集	一	元白珽	一	四〇 集 一五	四八二〇	
湛淵靜語	二	元白珽	一	七三 子 一八	三四〇六	
湛然居士集	一四	元耶律楚材	四	二七四 集 一四	四七八六	
湛園禮記	四	淸姜宸英	四	一四七 子 一八	三三六四	
湛園集	八	淸姜宸英	八	五一六 集 二七	五四〇〇 五四〇一	
湘山野錄	附 一三	宋釋文瑩	二	一一四 子 三二	四〇一四	

湖山集	一〇	宋呂芾	四	二七六	集八	四五一一
湖山類稿	五 附一	宋汪元量	二	一三二	集一四	四七六七
湖廣通志	一三〇	清邁柱等	七三	六四九四	史三	一九七一 一九八三
測量法義	一 附二	明徐光啓	一	七〇	子二	三〇二五
測圓海鏡	一二	元李冶	四	二四五	子二	三〇六一
測圓海鏡分類釋術	一〇	明顧應祥	二	二三七	子二	三〇六一
湯子遺書	一〇 附一	清湯斌	五	三八九	集二六	五三五七
湯液本草	三	元王好古	三	八四	子六	二八二六
温公易說	六	宋司馬光	二	一八三	經一	一三
温氏母訓	一	明温璜	一	一七	子三	二六七一
温疫論	二	明吳有性	二	一一九	子九	二九七〇
温恭毅集	三〇	明温純	一二	七四六	集二四	五三三八 五三三九
温飛卿集箋注	九	明曾益謙	四	二二〇	集三	四二三三
渭南文集	五〇 附二	宋陸游	一四	八〇四	集二	四六二八 四六二九

寒山子詩集	一附一		一	六二	集一	四一四五
寒山帚談	二附二	明趙宧光	二	一三六	子一三	三一六八
寒松閣集	三	宋詹初	一	四七	集一三	四七一六
富山遺稿	一〇	宋方夔	三	一五九	集一四	四七七三
寓意編	一	明都穆	一	一八	子一三	三一五九
寓意草						見醫門法律
寓簡	一〇	宋沈作喆	一	一三一	子一八	三三九二
童子問	一〇	宋輔廣	五	二九五	經六	二八六
童溪易傳	三〇	宋王宗傳	三	七三六	經一	四五 四六
童蒙訓	三	宋呂本中	一	五八	子一	二五六六
詠史詩	二	唐胡曾	一	六三	集三	四二三八
詠物詩	一	元謝宗可	一	二九	集一七	四九一二
詠物詩選	四八六	清康熙御定	七〇	三八四〇	集三七	五八六一 五八六九
評鑑闡要	一二	清劉統勳	四	三二六	史三三	二五四四

詞林典故	八	清鄂爾泰	六	四七二	史二七	三三〇九	
詞苑叢談	三	清徐釚	六	三四九	集四三	六一三四	
詞律	二〇	清萬樹	三	七四五	集四三	六一四〇 六一四二	
詞話							見西河詞話
詞綜	三六	清朱彝尊	一四	八〇七	集四三	六一二八 六一二九	
詞譜	四〇	清康熙御定	三	一三五七	集四三	六一三五 六一三九	
馮少墟集							見少墟集
馮安岳集							見安岳集
普濟方	四二六	明周王朱橚	三〇〇	二四〇〇一	子七八	二八三四 二八八三	
曾子	一	宋汪晫編	一	六〇	子一	二五八八	
尊白堂集	六	宋虞儔	五	二七〇	集一〇	四五八四	
尊孟辨							見孟子辨
尊前集	二		一	六〇	集四三	六二〇五	
尊嚴集	二		一	六〇	集四三	六二〇五	

雲仙雜記	一〇	唐馮贄	二	一〇二子三二	四〇〇五
雲村集	一四	明許相卿	六	二九六集三二	五一七〇
雲谷雜記	四	宋張淏	二	一一三子一七	三三一六
雲林石譜	三	宋杜綰	一	五四子一六	三二八〇
雲林集	六	元貢奎	三	一三五集一六	四八五八
雲林集	二	明危素	一	三四集一八	四九五七
雲松巢集	三	元朱希晦	一	五四集一七	四九三三
雲南通志	三〇	清鄂爾泰	四〇	二七八四史二四	二〇九一 二〇九六
雲泉詩	一	宋薛嵎	一	五四集一四	四七六〇
雲烟過眼錄	四附一	宋周密	一	七二子一九	三四二九
雲笈七籤	一二二	宋張君房	四八	二五七五子三三	四一二〇 四一二五
雲峯集	八	元胡炳文	三	一二九集一五	四八三〇
雲莊集	五	宋曾協	四	一五九集九	四五二三
雲莊集	二〇	宋劉爚	六	三三九集一〇	四六〇三

雲莊禮記集說						見禮記集說
雲巢編	一〇	宋沈遼	三	二三二集六	四四〇六	
雲溪友議	三	唐范攄	三	一〇四子三二	四〇〇四	
雲溪居士集	三〇	宋華鎮	一四	五三三集七六	四四一六 四四一七	
雲溪集	一二	宋郭印	四	一八五集八	四四八七	
雲陽集	一〇	元李祁	六	二七四集一七	四九二九	
雲臺編	三	唐鄭谷	一	七三集三	四二三八	
雲麓漫鈔	一五	宋趙彥衛	八	二九七子一八	三三九三	
琴史	六	宋朱長文	三	一二九子一五	三二五二	
琴旨	二	清王坦	二	一三七經一九	八七二	
琴堂諭俗編	二	宋鄭玉道等	一	五九子一八	三三九八	
琴譜合璧	一八	明楊掄撰 清和素譯	一八	六三九子一五	三三五四 三三五六	
絜齋毛詩經筵講義	四	宋袁燮	二	七九經六	二八四	
絜齋家塾書鈔	一二	宋袁燮	一三	五六〇經五	二一二 二一三	

絜齋集	二四	宋袁燮	一六	六三三	集一〇	四六〇一 四六〇二
項氏家說	一〇 附二	宋項安世	四	三三〇	子二	二六〇四
壺山四六	一		一	五五	集一三	四七二一
彭城集	四〇	宋劉攽	一〇	七六〇	集四	四二九九 四三〇〇
彭惠安集	一〇 附一	明彭韶	四	一八二	集三〇	五〇四八
堯峰文鈔	五〇	清汪琬	一六	九九一	集三六	五三六八 五三七〇
越史畧	三		三	一三〇	史一七	一七五四
越絕書	一五		二	一三三	史一七	一七三六
都官集	一四	宋陳舜俞	六	二八五	集四	四三〇一
都城記勝	一	灌圃耐得翁撰	一	二四	史二六	二一六七
揮麈錄	四	宋王明清	九	四六〇	子三一	四〇二一 四〇二三
揚子法言	一〇		四	一六三	子一	二五五一
揚子雲集	六	漢揚雄	四	二六三	集一	四一三四
揚州芍藥譜	一	宋王觀	合	二一	子一六	三二八三

搜玉小集	一		一	二五	集二八	五四四四	
搜神記	二〇	晋干寶	四	二〇五	子三	四〇四三	
搜神後記	一〇	晉陶潛	一	五八	子三	四〇四三	
握奇經	一	風后	一	三	子四	二七一二	
黃文獻集							見文獻集
黃氏日抄	九七	宋黃震	六四	三七九一	子二	二六〇七 二六一九	
黃氏補注杜詩							見補注杜詩
黃石公三略	三		一	一九	子四	二七一三	
黃石公素書	一	黃石公	一	三〇	子四	二七一三	
黃帝素問							見內經素問
黃御史集	一八附	唐黃滔	四	一九五	集三	四二四〇	
散花菴詞	一	宋黃昇	合	一四	集四二	六一〇三	
博物志	一〇	晉張華	二	六八	子三	四〇六六	
博異記	一	唐谷神子還古	合	三	子三	四〇四五	

博濟方	五	宋王袞	五	二八子六	二七八五
栟櫚集	二五	宋鄧肅	四	三六集八	四四八三
棋訣	一	宋劉仲甫	合	七子一五	三三五八
棋經	一	宋晏天章	一	一〇子一五	三三五八
椒丘文集	三五	明何喬新	一六	一〇八八集三〇	五〇五五 五〇五七
盛京通志	一三〇	清乾隆欽定	五七	四一三二史三〇	一八七三 一八八〇
朝邑縣志	二	明韓邦靖	一	二七史一九	一八四八
朝野僉載	六	唐張鷟	三	一三八子三一	四〇〇二
朝野類要	五	宋趙昇	一	七〇子一七	三三三四
朝鮮史略	三		六	三七五史一七	一七五三
朝鮮國志	二		一	五一史二六	二二八八
朝鮮賦	一	明董越	一	二〇史二六	二二八七
硯史	一	宋米芾	一	一八子一六	三二七二
硯箋	四	宋高似孫	二	六九子一六	三二七二

硯譜	一		合	九子一六	三二七二
雁門集	附一三	元薩都拉	三	一九六集一六	四八九二
雅頌正音	五	明劉仔肩	二	一二三集三二	五六二三
棠陰比事	附一一	宋桂萬榮	一	五三子五	二七三七
萍洲可談	一	宋朱彧	三	七五子三二	四〇二〇
華亭百泳	一	宋許尙	一	一八集三二	四六六二
華泉集	一四	明邊貢	一〇	四七七集三二	五二二七 五二二八
華野疏稾	五	清郭琇	三	一八二史一四	一六一六
華陽國志	附一二	晉常璩	六	三三五史一七	一七三七
華陽集	附一三	唐顧況	三	一〇四集二	四一八四
華陽集	附一四〇	宋王珪	二	七八四集四	四二八五 四二八七
華陽集	四〇	宋張綱	八	四九一集八	四四七三
菽園雜記	一五	明陸容	四	二八八子三二	四〇三六
菌譜	一	宋陳仁玉	合	六子一六	三二八五

菊錄	三	元韓彥直	合	一七	子一六	三二八五
菊磵集	一 附一	宋高翥	一	六〇	集二三	四六六二
虛舟集	五	明王偁	三	一五三	集一九	五〇〇八
虛齋集	五	明蔡清	五	三二六	集二二	五〇九六
景文集	六二 附三	宋宋祁	二〇	一八二	集三	四二五九 四二六三
景迂生集	二〇	宋晁說之	二〇	七二	集六	四四〇七 四四〇九
景定建康志	五〇	宋周應合	二八	三三二	史一九	一八二六 一八三〇
景定嚴州續志						見嚴州續志
景岳全書	六四	明張介賓	五四	三三五〇	子九	二九五九 二九六九
異苑	一〇	宋劉敬叔	二	一〇四	子一三	四〇四四
異域錄	二	清圖理琛	一	一〇六	史二六	二一八九
異魚圖贊	一	明楊慎	一	二七	子一六	三一九五
異魚圖贊補	三 附一	清胡世安	一	六七	子一六	三一九六
異魚圖贊箋	四	清胡世安	二	一三三	子一六	三一九六

開天傳信記	一	唐鄭棨	一	一八	子二二	四〇四七	
開元天寶遺事	四	五代王仁裕	一	四四	子二一	四〇〇六	
開元釋教錄	二〇	唐釋智昇	一〇	一〇七四	子二二 二二	四〇八〇 四〇八一	
閑居錄	一	元吾衍	一	二八	子一八	三四〇八	
閒居叢稿	二六	元蒲道源	八	四一九	集一六	四八八二	
鄂州小集	六 附一	宋羅願	四	一六九	集九	四五三五	
喻林	一二〇	明徐元太	五六	三一五八	子二五 二六	三七三九 三七四五	
蛟峯文集	八 附四	宋方逢辰	五	二五八	集一四	四七六四	
貴州通志	四六	清鄂爾泰等	三六	二三五三	史二四	二〇九七 二一〇三	
貴耳集	一 附二	宋張端義	三	二六	子一八	三四〇〇	
筆記							見朱景文筆記
筆精							見徐氏筆精
筍譜	一	宋僧惠崇	一	四六	子一六	三二八五	
鈍吟雜錄	一〇	清馮班	三	一三九	子二〇	三四八八	

舒文靖集	二	宋舒璘	二	一〇九集一〇	四六〇三	
斐然集	三〇	宋胡寅	一四	九八四集八	四五〇四 四五〇六	
無住詞	一	宋陳與義	一	七集四二	六〇九五	
無爲集	一五	宋楊傑	五	一九九集四	四三一八	
無能子	一		合	三二子三	四一一九	
無錫縣志	四		三	二六二史一九	一八四二	
剩語	二	元艾性	一	六二集一四	四七九九	
嵇中散集	一〇	晉嵇康	三	一一六集一	四一三六	
程氏春秋或問	一〇	元程端學	六	三三〇經一三	六二二	
程氏經說	七	宋程伊川	二	一八二經一六	七二四	
程氏演繁露	一六 附六	宋程大昌	七	三七〇子一七	三三一三	
喬氏易俟						見易俟
焦氏易林	四	漢焦贛	四	三三三子一三	三一一六	
集千家注杜詩集	二〇 附三		一六	七八八集一	四一六六 四一六八	

集玉山房稿	一〇	明葛昕	六	三一九	集二四	五二七四
集古錄	一〇	宋歐陽修	五	二七九	史三三	二四八九
集異記	一	唐薛用弱	一	三三	子三三	四〇四五
集韻	一〇	宋丁度等	一〇	七六〇	經三〇	九三三 九三四
集驗背疽方	一	宋李迅	一	三〇	子六	二八一三
備忘集	一〇	明海瑞	六	三五九	集二三	五二三九
備急千金要方	九三	唐孫思邈	四〇	一八三二	子五	二七六七 二七七二
衆妙集	一	宋趙師秀	一	五〇	集三〇	五五五一
傅子	一	晉傅玄	一	三四	子一	二五五三
傅與礪詩文集	二〇 附一	元傅若金	六	三七三	集一六	四八九四
傲軒吟稿	一	元胡天游	一	四六	集一七	四九一二
粵西詩載	二五 附一〇五	清汪森編	八二	四六七八	集三九	五九八六 五九九六
粵閩巡視記略	六	清杜臻	四	三五九	史一七	一七二九
復古詩集	六	元楊維楨	一	四〇	集一七	四九三八

復古編	二	宋張有	三	一四〇	經一九	八九五
復齋易說	六	宋趙彥肅	二	一〇	經一	三二
須溪四景詩集	四	宋劉辰翁	一	四八	集一四	四七五九
須溪集	一〇	宋劉辰翁	八	四五六	集一四	四七五八
勝朝殉節諸臣錄	一二	清乾隆御定	一二	五九八	史一六	一七〇九 一七一〇
脾胃論	四	元李杲	三	一三〇	子六	二八二三
逸周書	一〇	晉孔晁注	二	一二七	史一〇	一三九八
象山集	二八 附八	宋陸九淵	一二	六一五	集一〇	四五九六 四五九七
象臺首末	五	宋胡知柔	二	一〇三	史一五	一六七六
觚不觚錄	一	明王世貞	一	三一	子三	四〇三六
登州集	二三	明林弼	八	三九三	集一八	四九五九
發微論	一	宋蔡元定	一	一四	子三	三一一五
畫山水賦	一 附一	唐荆浩	一	一〇	子一三	三一四三
畫史	一	宋米芾	一	四九	子一三	三一四八

畫史會要	五	明朱謀垔	五	三六〇子一四	三一六九
畫墁集	八	宋張舜民	三	一〇五集六	四四〇三
畫墁錄	一	宋張舜民	一	四四子三一	四〇一三
畫蟬室隨筆	四	明董其昌	二	一三〇子一九	三四一三
畫鑒	一	宋東楚湯垕君載	一	四二子一三	三一五七
畫繼	一〇	宋鄧椿	二	八六子一三	三一五三
巽隱集	四	明程本立	二	一三〇集一九	五〇〇四
巽齋文集	二七	宋歐陽守道	七	四五三集一三	四七四四
强齋集	一〇	明殷奎	五	二七〇集一八	四九八六
給事集	五	宋劉安上	二	一〇六集七	四四三八
絳守居園池記	一	唐樊宗師	一	四二集二	四二一四
絳帖平	六	宋姜夔	一	六九史三	二四九二
絳雪園古方選註	一六 附一	清王子接	六	三一〇子一〇	二九九五
絕妙好詞箋	一〇	宋周密編　清查爲仁等撰箋	四	一九七集四二	六一〇九

幾何原本	六	西洋人歐几里得 西洋人利瑪竇譯	四	三二八	子一一	三〇六四	
幾何論要	七	清杜知耕	二	一八七	子一三	三〇七七	
隋文紀	八	明梅鼎祚	八	四三八	集三四	五七四一	
隋書	八五	唐魏徵等	三〇	二三〇一	史二	一〇三七 一〇四一	
隆平集	二〇	宋曾鞏	六	三九九	史一〇	一四〇一	

十三畫

滏水集	二〇	金趙秉文	八	三七六	集一四	四七七九	
滋溪文稿	三〇	元蘇天爵	一四	六七四	集一七	四八九七 四八九八	
源流至論							見古今源流至論
滇考	二	清馮甦	二	二三三	史九	一三七九	
滇略	一〇	明謝肇淛	六	二八九	史一九	一八四九	
溪堂詞	一	宋謝逸	合	一七	集四二	六〇九二	
溪堂集	一〇	宋謝逸	四	一六八	集七	四四三二	
溪蠻叢笑	一	宋朱輔	一	一七	史二六	二二八六	

滄浪集	三	宋嚴羽	二	七八集一三	四七一六
滄浪詩話	一	宋嚴羽	一	二九集四一	六〇五七
滄溟集	三〇 附一	明李攀龍	一四	八二〇集三	五一九六 五一九八
滄洲塵缶編	一四	宋程公許	六	三四集二	四七〇〇
滄海遺珠	四		二	七八集三	五六三〇
滄螺集	六	明孫作	一	七〇集一八	四九七一
準齋雜說	二	宋吳如愚	二	五〇子二	二六二〇
愼子	一	周愼到	合	一一子一六	三三九八
愧郯錄	一五	宋岳琦	四	二〇六子一八	三三九八
靖康要錄	一三		六	五四七史七	一二六八
靖康緗素雜記	一〇	宋黃朝英	二	七六子一七	三三一三
意林	五	唐馬總	四	一四四子一九	三四三七
新五代史					見五代史
新安文獻志	一〇〇	明程敏政	四二	二六八二集三	五六四三 五六四九

新安志	一〇	宋羅願	四	三二七	史一八	一八一六	
新序	一〇	漢劉向	四	一五七	子一	二五五一	
新法算書	一〇〇	明徐光啟等	三八	三四七五	子一〇	三〇一五 三〇二五	
新唐書	二二五	宋歐陽修等	九二	六七六二	史三	一〇七〇 一〇八四	
新唐書糾謬	二〇	宋吳縝	六	二八四	史三	一〇八五	
新書	一〇	漢賈誼	四	一六八	子一	二五四八	
新語	二	漢陸賈	一	三五	子一	二五四七	
新論	一〇	北齊劉晝	三	一〇八	史二	三三〇三	
新儀象法要	三	宋蘇頌	二	一一〇	子一〇	三〇〇五	
廉吏傳	二	宋費樞	二	一三三	史一五	一五八〇	
詳注東萊左氏博議							見左氏博議
詩人玉屑	二〇	宋魏慶之	一〇	五三二	集四一	六〇五八 六〇五九	
詩本音	一〇	清顧炎武	四	二〇三	經二〇	九五五	
詩本義							見毛詩本義

詩外傳	一〇	漢韓嬰	四	一六七	經八	三五〇	
詩札							附毛詩寫官記後
詩地理攷	六	宋王應麟	三	一七三	經七	二九二	
詩考	一	宋王應麟	一	七二	經七	二九二	
詩名物疏	五五	明馮復京	二四	一〇四二	經七	三二一 三一四	
詩序	二	宋朱子辨說	一	八一	經六	二六一	
詩序補義	二四	清姜炳璋	一四	七一三	經八	三四六 三四七	
詩所	八	清李光地	六	三三一	經七	三三五	
詩林廣記	一〇 附一〇	宋蔡正孫	八	四七〇	集四一	六〇六四	
詩故	一〇	明朱謀㙔	三	一三七	經・七	三一〇	
詩品	三	梁鍾嶸	一	二四	集四〇	六〇三五	
詩紀匡謬	一	清馮舒	一	三四	集三三	五六六三	
詩家鼎臠	二		一	五〇	集三一	五五七八	
詩童子問							見童子問

詩集傳	一九	宋蘇轍	八	四四〇	經	六	二六七
詩集傳名物鈔	八	元許謙	八	五〇九	經	七	二九三
詩話補遺	三	明楊慎	二	七三	集	四一	六〇六七
詩話總龜	四八 附五〇	元阮閱	二四	一二二七	集	四〇	六〇三八 六〇四一
詩義折中	二〇		一四	七六四	經	七	三三八 三三九
詩補傳	三〇	宋范處義	一四	八四二	經	六	二七五 二七六
詩傳大全	二〇	明胡廣等	一八	一一〇五	經	七	三〇四 三〇七
詩傳名物集覽	一二	清陳大章	一〇	五四六	經	八	三三八 三三九
詩傳旁通	一五	元梁益	六	三八五	經	七	二九六
詩傳通釋	二〇	元劉瑾	一三	一〇四二	經	七	二九四 二九五
詩傳詩說駁義	五	清毛奇齡	二	八三	經	七	三三六
詩傳遺說	六	宋朱鑑	三	一八九	經	七	二九一
詩經世本古義	二八	明何楷	一八	一六五七	經	七	三一七 三一九
詩經通義	一二	清朱鶴齡	六	六四二	經	七	三三二

詩經集傳	八	宋朱子	四	三二 經六	二七九
詩經稗疏	四	清王夫之	四	二三七 經七	三一
詩經傳說彙纂	二一 序二	清康熙御定	二四	一六六五 經七	三三二 三三五
詩經疏義會通	二〇	元朱公遷	二〇	九一九 經七	二九七 三〇〇
詩經疑問	一二	明姚舜牧	一〇	六七一 經七	三一五 三一六
詩經樂譜全書	三〇	清乾隆御定	二四	一八二一 經一八 一九	八六四 八六七
詩經劄記	一	清楊名時	一	三〇 經八	三四〇
詩解頤	四	明朱善	四	二三六 經七	三〇三
詩演義	一五	元梁寅	六	三七一 經七	三〇二
詩說	三	清惠周惕	一	五二 經八	三三九
詩說解頤	四〇	明季本	三	九八二 經七	三〇八 三〇九
詩疑問	七 附一	元朱倬	二	八三 經七	三〇〇
詩疑辨證	六	清黃中松	六	五六三 經八	三四四
詩緝	三六	宋嚴粲	三	九六二 經七	二八九 二九〇

詩總聞	二〇	宋王質	三	五九七	經六	二七七 二七八
詩瀋	二〇	清范家相	四	三二一	經八	三四五
詩識名解	一五	清姚炳	六	四五六	經八	三三七
詩纘續	一八	元劉玉汝	六	四〇七	經七	三〇一
雍錄	一〇	宋程大昌	四	三〇六	史二五	二一五
資治通鑑	二九四	宋司馬光	一四四	一〇八八	史六五	一一七八 一二〇七
資治通鑑目錄	三〇	宋司馬光	二〇	一三七〇	史六	一二〇四 一二〇六
資治通鑑外紀	一〇 目五	宋劉恕	六	六〇三	史六	一二一〇
資治通鑑考異	三〇	宋司馬光	三	六二三	史六	一二〇二 一二〇三
資治通鑑前編	一八 舉要三	宋金履祥	一〇	八四七	史七	一二七七 一二七八
資治通鑑後編	一八四	清徐乾學	六六	五五五九	史八	一三一二 一三三一
資治通鑑釋文辨誤	一二	元胡三省	六	三一六	史八	一三〇八
資政要覽	三 後序一	清順治御定	二	一二一	子三	二六七二
資暇集	三	唐李匡乂	一	四三	子一六	三三一〇

義府	二	清黃生	二	一四二	子一七	三三五五
義門讀書記	五八	清蔣維鈞	三八	一八三	子一八	三三六六 三三七一
義豐集	一	宋王阮	一	六三	集二〇	四五八八
煎茶水記	一	唐張又新	一	一〇	子一六	三三八二
遊城南記	一	宋張禮	一	二七	史二六	三一八一
運甓漫稿	七	明李昌祺	五	二七一	集一九	五〇三九
道山清話	一		一	五三	子三一	四〇一七
道院集要	三	宋晁迥	一	五四	子三三	四〇八五
道鄉集	四〇	宋鄒浩	一八	七一五	集七	四四二四 四四二六
道園遺稿	六	元虞集	四	二〇六	集一六	四八六九
道園學古錄	五〇	元虞集	三〇	一三五六	集一六	四八六五 四八六九
道德指歸論	六	漢嚴遵	二	一一六	子三三	四〇九六
道德眞經註	四	元吳澄	二	一二九	子三三	四〇九七
道德經註	二	清順治御註	二	六九	子三三	四〇九九

道德經註	二	清徐大椿	一	六〇子三三	四〇九九	
道德經解						見老子道德經解
道德寶章	一	宋葛長庚	一	三五子三三	四〇九七	
道藏目錄詳註	四	明白雲霽	四	三七子三三	四一二八	
遂初堂書目	一	宋尤袤	一	一〇四史三二	二四六五	
遂昌雜錄	一	元鄭元祐	一	三五子三一	四〇三二	
瑟譜	六	元熊朋來	二	八四經一八	八四四	
瑞竹堂經驗方	五	元沙圖穆蘇	二	八二子六	二八二六	
補後漢書年表	一〇	宋熊方	五	一五九史一	九九七	
補注杜詩	三六	宋黃希等	二六	一三七三集一	四一六二 四一六五	
補漢兵志	一	宋錢文子	一	三七史三一	二四二七	
補歷代史表	五三	清萬斯同	一三	六〇〇史三	一五〇七 一五〇八	
補繪離騷全圖	三	清蕭雲從	三	二〇七集一	四一三二	
補饗禮	一	清諸錦	一	一八經九	四二四	

聖求詞	一	宋呂濱老	合	四二 集四一	六〇九三	
聖祖庭訓格言	一	清世宗御定	一	九九 子三	二六七二	
聖祖聖訓	六〇	清世宗御定	一八	一三〇二 史一三	一五四四 一五四六	
聖祖御製文集	一七六	清康熙御定	五八	二七八二 集二五	五二八一 五二八九	
聖壽萬年歷	五 附一	明朱載堉	七	四四二 子一〇	三〇〇八	
聖諭廣訓	一	清聖祖御定	一	三七 子三	二六七三	
聖諭樂本解說	二	清毛希齡	一	四三 經一九	八六九	
聖學宗要						見劉子遺書
聖濟總錄纂要	二六	清程林刪定	二〇	九九二 子六	二七八九 二七九一	
靳文襄奏疏						見文襄奏疏
搜玉小集	一		一	二五 集二八	五四四四	
勤有堂隨錄	一	元陳櫟	合	一〇 子一八	三四〇七	
勤齋集	八	元蕭𣂏	三	一五七 集一六	四八六二	
賈氏譚錄	一	宋張洎	一	一〇 子三二	四〇〇八	

棨埜集	三	宋徐元杰	八	三七七	集一三	四七三四	
禁扁	五	元王士點	二	二〇二	史一七	一七五八	
楚蒙山房易經解	一六	清晏斯盛	一〇	八九〇	經四	一七六 一七七	
楚辭章句	一七	漢王逸	四	二一九	集一	四一二九	
楚辭集註	八	宋朱子	六	三〇五	集一	四一三一	
楚辭補註	一七	宋洪興祖	七	三五三	集一	四一三〇	
楊文忠公三錄	七	明楊廷和	三	二三五	史一四	一六〇八	
楊文敏集							見文敏集
楊公筆錄	一	宋楊延齡	一	三〇	子一八	三三八五	
楊氏易傳	二〇	宋楊簡	六	四一五	經一	三二	
楊仲宏集							見仲宏集
楊忠介集	一三	明楊爵	六	三五〇	集二三	五一八七	
楊忠愍集	三	明楊繼盛	四	一七二	集二三	五一九九	
楊誠齋詩話							見誠齋詩話

極玄集	二	唐姚合	一	二六	集二八	五四四一	
楓山集	四 附一	明張懋	四	二八〇	集二〇	五〇七七	
楓山語錄	一	明章懋	一	四五	子三	二六五一	
楓窗小牘	三		一	五一	子一二	四〇一九	
肆獻祼饋食禮	三	清任起運	二	一〇三	經九	四二七	
虞東學詩	三	清顧鎮	一〇	七六〇	經八	三四八 三四九	
歲時廣記	四	宋陳元靚	一	七一	史一七	一七五四	
歲時雜詠	四六	宋蒲積中	一四	六五三	集二九	五五〇三 五五〇四	
歲華記麗譜	一	元費著	一	一九	史二六	二二六九	附箋紙譜蜀錦譜
歲寒堂詩話	一	宋張戒	一	三八	集四〇	六〇四四	
葉八白易傳	一六	明葉山	三	五九九	經三	一一四 一一五	
葬書	一	晉郭璞	一	五二	子一二	三一一三	
萬花谷集							見錦繡萬花谷集
萬首唐人絕句詩	一〇〇	宋洪邁	二四	一五七二	集二九	五五〇六 五五〇九	

萬姓統譜	一四六	明凌廸知	四八	三五五七	子二五	三七三一 三七三八
萬壽盛典初集	一二〇	清康熙御定	四三	二九八六	史三〇	三三九〇 三三九六
敬止集	四	明陳應芳	三	一六七	史二五	二一一九
敬軒集	二四	明薛瑄	一四	七二六	集一九	五〇三二 五〇三三
敬鄉錄	一四	元吳師道	四	三二一	史一六	一六九一
敬業堂詩集	五〇	清查愼行	二八	一三五五	集二七	五四一三 五四一七
敬齋古今黈	八	元李治	五	二六〇	子一八	三四〇六
敬齋集	三	明胡居仁	二	一五二	集二二	五一〇八
葦航漫遊稿	四	宋胡仲弓	二	一〇八	集一四	四七五九
葯房樵唱	三 附一	元吳景奎	二	七六	集一七	四九〇五
蜀中廣記	一〇八	明曹學佺	四〇	二九四一	史二六	二一七一 二一七七
蜀檮杌	二	宋張唐英	一	四五	史一七	一七四五
蜀鑑	一〇	宋郭元諂	四	二三九	史八	一三四一
鼎錄	一	梁虞荔	一	二	子一五	三二五八

愚谷集	一〇	明李舜臣	四	一八四集三三	五一七七
愚菴小集	一五	清朱鶴齡	八	三九五集二七	五三八一 五三八二
農政全書	六〇	明徐光啟	四〇	一七七二子五	二七四五 二七五〇
農桑衣食撮要	二	元魯明善	一	四七子五	二七三九
農桑輯要	七	元世祖時官	四	一八九子五	二七三九
農書	三 附一	宋陳旉	一	五二子五	二七三九
農書	二二	元王禎	一六	五五八子五	二七四〇 二七四二
跨鼇集	三〇	宋李新	八	四五五集七	四四四一
路史	四七	宋羅泌	一八	一三三史二一	一四四二 一四四四
鄖溪集	二八	宋鄭獬	一〇	五二六集四	四三〇五 四三〇六
蛻菴集	五	元張翥	二	一七六集一七	四九〇二
蛻巖詞	二	元張翥	一	四九集四二	六一〇四
過庭錄	一	宋范公偁	一	五四子三二	四〇一九
嵩山集	五四	宋晁公遡	三	五九二集九	四五一五 四五一六

嵩陽石刻集記	二	清葉封	二	一四四	史三三	二五〇二
錢軒集	一三	元唐元	六	三三七	集一六	四八九五
錢溪集	二四	宋李彌遜	三	五〇七	集八	四四七一 四四七二
錢谿樂府	一	宋李彌遜	一	三八	集四一	六〇九四
愛日齋叢抄	五		三	一六二	子一七	三三三八
禽星易見	一	明池本理	一	五二	子一三	三一一三
禽經	一	周師曠 晉張華註	一	二二	子一六	三二九五
會昌一品集	二〇 附一四	唐李德裕	一〇	四六一	集二	四二二五 四二二六
會稽三賦	三	宋王十朋	一	七三	史二六	三一六六
會稽志	二〇 續八	宋施宿等	三	一一二〇	史一八	一八一七 一八二〇
會稽掇英總集	二〇	宋孔延之	八	三三七	集二九	五四九二
稗編	一二〇	明唐順之	八二	四五一〇	子二五	三七二〇 三七三〇
傳信適用方	四		二	一三一	子六	二八〇四
傳家集	一八	宋司馬光	二八	一三三	集四	四二八九 四二九二

傳神祕要	一	清蔣驥	一	一八子一五	三三五三
催官篇	二	宋賴文俊	一	七一子一三	三二一四
傷寒舌鑑	一	清張登	一	六八子一〇	二九九四
傷寒直格論方	三 附二	金劉完素	二	一五六子六	二八一九
傷寒兼證析義	一	清張倬	一	八七子一〇	二九九四
傷寒微旨	二	宋韓祇和	一	六四子六	二七八八
傷寒論條辨	八	明方有執	六	三〇五子九	二九四六
傷寒論註釋	一〇 附四	漢張機	六	三〇九子五	二七六三
傷寒總病論	六 附二	宋龐安時	四	一七八子六	二七八八
傷寒類方	二	清徐大椿	二	二一一子一〇	三〇〇四
鼠璞	二	宋戴埴	二	八〇子一七	三三三四
凫藻集	五	明高啓	三	一五〇集一八	四九七六
遁甲演義	四	明程道生	二	一五七子一三	三一三三
殿閣詞林記	三	明廖道南	三	五七九史一六	一六九四 一六九五

羣書考索	六六	宋章如愚	一〇三	五四〇二子二四	三六五六 三六六八
羣書會元截江網	二五		一六	一〇〇五子二四	三六五一 三六五二
羣經音辨	七	宋賈昌朝	二	一〇〇經一九	八七六
羣經補義	五	清江永	三	一一三經一七	七六九
經史正音切韻指南	一	元劉鑑	一	四七經二〇	九四二
經史講義	三一	清乾隆御定	三三	三三七四子四	二六九六 二七〇三
經外雜鈔	二	宋魏了翁	一	七四子一七	三三八
經典釋文	三〇	唐陸元朗	二四	一〇八九經一五 一六	七二〇 七二三
經典稽疑	二	明陳耀文	二	一六七經一六	七三三
經咫	一	清陳祖范	一	六三經一七	七六九
經問	一八 補三	清毛奇齡	一〇	四七三經一六	七五〇 七五一
經幄管見	四	宋曹彥約	二	八七史三	二五二二
經稗	三	清鄭方坤	三	五八一經一六	七五九 七六〇
經義考	三〇〇	清朱彝尊	七八	六二八八史三	二四七四 二四八六

經義模範	一		一	四二	集三	五六五〇	
經說	七	元熊明來	四	一八九	經一六	七三〇	
經濟文集	六	元李士瞻	三	一四〇	集一七	四九〇〇	
經濟文衡集	二五 後集二五		二〇	九五九	子一	二五九〇 二五九二	
經濟類編	一〇〇	明馮琦	七八	六六六〇	子二六	三七四六 三七五八	
經禮補逸	九	元汪克寬	四	一六八	經九	四一〇	
綏寇紀略	一二	清吳偉業	六	四三〇	史九	一三七八	
鄉黨圖考	一〇	清江永	五	四三一	經一八	八三九	
勦捕臨清逆匪紀略	一六		五	四五五	史九	一三七〇	

十四畫

演山集	六〇	宋黃裳	一六	七〇四	集七	四四一八 四四二〇	
演禽通纂	二		二	九三	子一三	三一二三	
演繁露							見程氏演繁露
滿洲祭神祭天典禮	六	清乾隆御定	六	二八七	史三二	二四〇五	

滿洲源流考	二〇	清乾隆御定	八	六五〇	史一九	一八六六 一八六七	
滿珠蒙古漢字三合切音清文鑑							見三合切音清文鑑
漢上易集傳	一一 附四	宋朱震	一〇	七八三	經一	二〇 二一	
漢官舊儀	二 補一	漢衞宏	一	三五	史三〇	二三六七	
漢武故事	一	漢班固	一	三二	子三三	四〇四一	
漢武洞冥記	四	後漢郭憲	一	三三	子三三	四〇四二	
漢武帝內傳	一	漢班固	合	一八	子三三	四〇四一	
漢制考	四	宋王應麟	一	一三	史二七	一三四三	
漢隸分韻	七		二	二〇六	經一九	九〇四	
漢隸字源	六	宋婁機	六	三七三	經一九	八九六	
漢濱集	一六	宋王之望	八	四四三	集九	四五一九 四五二〇	
漢魏六朝一百三家集	一八〇	明張溥	九〇	五四九九	集三五	五七八六 五七九九	
漢藝文志考證	一〇	宋王應麟	二	二一七	史三三	二四六八	
潄玉詞	一	宋李清照	合	一三	集四一	六〇九五	

滹南集	四五	金王若虛	一三	四六二 集一四	四七八〇 四七八一
漫塘文集	三六	宋劉宰	二〇	一〇一六 集一三	四六六四 四六六七
漁洋詩話	三	清王士禎	三	八三 集四一	六〇七五
漁墅類稿	八	宋陳元晉	四	一四八 集一三	四六九九
漁隱叢話	六〇 附四〇	宋胡仔	三	一三〇五 集四一	六〇五三 六〇五五
寧海將軍固山貝子功績錄	一		一	三二 史一五	一六七七
寧極齋稿	一 附一	宋陳深	一	四七 集一四	四七七七
賓退錄	一〇	宋趙與旹	五	二一三 子一七	三三三三
實賓錄	一四	宋馬永易	六	三一三 子二三	三六〇二
說文字原	一	元周伯琦	一	五三 經一九	九〇三
說文解字	三〇	漢許愼	八	六三二 經一九	八八二 八八三
說文解字篆韻譜	五	南唐徐鍇	五	二七六 經一九	八八六
說文繫傳	四〇	南唐徐鍇	一〇	八一三 經一九	八八四 八八五
說文繫傳考異	四 附一	清汪憲	二	一一四 經一九	八八六

說苑	二〇	漢劉向	七	三五七	子一	二五五〇	
說郛	一二〇	明陶宗儀	一四四	一〇九五四	子一九 二〇	三四五二 三四七五	
說略	三〇	明顧起元	二〇	一〇四六	子二六	三七六一 三七六三	
說學齋稿	四	明危素	四	二〇九	集一八	四九五七	
語林							見何氏語林
誠意伯文集	二〇 附一	明劉基	一六	九七八	集一八	四九四九 四九五〇	
誠齋易傳	二〇	宋楊萬里	一〇	四九七	經一	三五 三六	
誠齋集	一三三	宋楊萬里	三八	二七三五	集一二	四六一六 四六二二	
誠齋詩話	一	宋楊萬里	一	四〇	集四二	六〇五七	
韶舞九成樂補	一	元余載	一	四〇	經一八	八四四	
端明集	四〇	宋蔡襄	一〇	六八六	集四	四二七三 四二七四	
端溪硯譜	一		合	八	子一六	三二七二	
端肅奏議	一二	明馬文升	三	二三五	史一四	一六〇四	
瘟疫論							見溫疫論

齊民要術	一〇	後魏賈思勰	六	三三二	子五	二七三七 二七三八
齊東野語	二〇	宋周密	八	四二五	子一八	三四〇三
齊乘	六	元于欽	六	二四五	史一九	一八三九
榮進集	四	明吳伯宗	二	一〇八	集一八	四九九〇
滎陽外史集	一〇〇	明鄭眞	二〇	一三七〇	集一九	四九九三 四九九六
頖宮禮樂疏	一〇	明李之藻	一〇	七七七	史三〇	二三八四 二三八五
精華錄	一〇	清王士禎	八	三九二	集二六	五三六七
瑤石山人詩稿	一六	明黎明表	八	四〇六	集三三	五一九一
碧梧玩芳集	二四	宋馬廷鸞	八	三四八	集一四	四七六一
碧雞漫志	一	宋王灼	一	四二	集四二	六一三三
福建通志	七八	清郝玉麟等	六八	五三八七	史二二 二三	一九六一 一九七〇
壽親養老新書	四	宋陳直	三	二六一	子六	二七八六
摛文堂集	一五 附一	宋慕容彥逢	六	三七九	集七	四四三五
臺海使槎錄	八	清黃叔璥	四	二一四	史二六	二一八〇

嘉禾百詠	一	宋張堯同	一	三二	集一四	四七六〇
嘉定赤城志						見赤城志
嘉泰會稽志						見會稽志
嘉祐集	一六 附二	宋蘇洵	六	二七九	集五	四三四二
嘉祐雜志	一	宋江休復	一	四〇	子三一	四〇一二
嘉靖以來首輔傳	八	明王世貞	四	三二六	史一六	一六九六
趙氏鐵網珊瑚						見鐵網珊瑚
趙考古文集						見考古文集
榕村四書說五種	七	清李光地	四	二五四	經一八	八三五
榕村集	四〇	清李光地	一八	一〇八二	集二七	五四〇五 五四〇七
榕村語錄	三〇	清李光地	三〇	九二三	子四	二七〇七 二七〇九
榕壇問業	一八	明黃道周	八	四八六	子三	二六七〇 二六七一
槎翁詩集	八	明劉崧	八	七〇五	集一八	四九六〇 四九六一
爾雅注疏	一一	晉郭璞注 唐陸德明音義	六	四六四	經一九	八七三

爾雅鄭註	三	宋 鄭樵	二	八一	經一九	八七四	
爾雅翼	三二	宋 羅願	六	五三六	經一九	八七八	
蒲江詞	一	宋 盧祖皐	合	九	集四二	六〇九九	
蒲室集	一五	元 釋大訢	五	二一九	集一六	四八五三	
蒙川遺稿	四	宋 劉黻	二	九九	集一三	四七三九	
蒙古王公功績表傳							見外藩蒙古回部王公功績表傳
蒙古源流	八	清 乾隆御定	三	一七二	史一三	一五四二	
蒙求集註	二	晉 李瀚 宋 徐子光 註	二	二八三	子二一	三五一二	
蒙齋中庸講義	四	宋 袁甫	四	一四四	經一七	七九〇	
蒙齋集	一八	宋 袁甫	三	四六三	集一二	四六九〇 四六九一	
蒙隱集	二	宋 陳棣	一	五三	集一〇	四五七五	
夢粱錄	二〇	宋 吳自牧	六	三一〇	史二六	二一六八	
夢窗稿	四 附一	宋 吳文英	二	一二八	集四二	六一〇〇	
夢溪筆談	二六 附二	宋 沈括	八	三五一	子一八	三三八二	

夢澤集	二三 附五	明王廷棟	八	三六三	集三三	五一七二
夢觀集	五	元釋大圭	一	六七	集一七	四九〇三
墓銘舉例	四	明王行	二	一〇四	集四一	六〇六六
慈湖詩傳	二〇	宋楊簡	三	六二〇	經六	二八〇 二八一
慈湖遺書	一九 附一	宋楊簡	三	六七〇	集一〇	四五九八 四六〇〇
對山集	一〇	明康海	五	二八〇	集二二	五一三六
對牀夜話	五	宋范晞文	一	六四	集四〇	六〇六三
睽車志	六	宋郭彖	二	八七	子三三	四〇六三
聞見後錄	三〇	宋邵博	六	三〇四	子三二	四〇二六
聞見前錄	二〇	宋邵伯温	六	二四二	子三二	四〇二四
聞過齋集	八	元吳海	四	二〇二	集一七	四九一三
閩中十子詩	三〇	明袁表馬熒	八	五〇九	集三三	五六二九 五六三〇
閩中海錯疏	三	明屠本畯	一	五二	史二六	三一七〇
閩中理學淵源考	九二	清李清馥	一八	一六三五	史一六	一七二四 一七二六

閩越巡視記略							見粵閩巡視記畧
鳴盛集	四	明林鴻	四	一五九	集一八	四九七八	
幔亭集	一五	明徐熥	八	三七五	集二四	五二七二	
圖書編	一二七	明章潢	七三	八一九	子二六	三七七六 三七九一	
圖書見聞誌	六	宋郭若虛	二	一二五	子一三	三一四五	
圖繪寶鑑	五	元夏文彥	四	一八三	子一三	三一五九	
管子	二四	周管仲	一〇	五三一	子四	二七三〇 二七三一	
管子補注	二四	明劉績	一三	五三五	子四	二七三二 二七三三	
管城碩記	三〇	清徐文靖	一六	八三二	子一八	三三七二 三三七四	
管窺外篇	二	元史伯璿	二	二〇三	子二	二六二五	
箋註評點李長吉歌詩							見李長吉歌詩
算學							見數學
銅人鍼灸經	七		二	六〇	子五	二七八四	
銀海精微	二	唐孫思邈	二	二三四	子五	二七七三	

書名	卷數	作者			
榘菴集	一五	元同恕	六	三〇五 集一六	四八六四
僑吳集	一三 附一	元鄭元祐	八	三八五 集一七	四九一〇
像象管見	九	明錢一本	六	四九三 經三	一一八
鳳池吟稿	一〇	明汪廣洋	四	一四〇 集一八	四九五一
翠屏集	四	明張以寧	四	二五三 集一八	四九五六
翠渠摘稿	七 附一	明周英	六	三〇七 集二〇	五〇八一
翠寒集	一	元宋元	一	六二 集一六	四八七三
翠微南征錄	一一	宋華岳	三	一一九 集一二	四六九七
熊峯集	一〇	明石珤	七	三八五 集二二	五〇一六
盡言集	一三	宋劉安世	四	二六七 史一四	一六〇二
遜志齋集	二四	明方孝孺	三	五二四 集一九	四九九九 五〇〇一
疑獄集	四 附六	晉和凝	三	一三三 子四	二七三六
疑耀	七	明李贄	六	二四六 子一七	三三四五
網山集	八	宋林亦之	二	一三〇 集一〇	四五六二

綱目分註拾遺	四	清芮長恤	四	二二五五	史六	一二四八
綱目訂誤	四	清陳景雲	一	六三	史六	一二四八
綱目續麟	二〇 附一	明張自勳	一四	一〇〇三	史六	一二四六 一二四七
緇衣集傳	四	明黃道周	四	一六五	經一〇	四七五

十五畫

澈水志						見海鹽澈水志
潛山集	三	宋釋文珦	四	二二一	集一四	四七五七
潛夫論	一〇	漢王符	三	一四七	子一	二五五二
潛邱劄記	六	清閻若璩	五	三六二	子一八	三三六三
潛虛	一 附一	宋司馬光	一	五四	子三	三〇八六
潛齋文集	一二 附一	宋何夢桂	八	三一八	集一四	四七六八
澗泉日記	三	宋韓淲	一	五四	子一八	三三九六
澗泉集	二〇	宋韓淲	一〇	五八五	集一三	四七二七 四七二八
潞公文集	四〇	宋文彥博	八	四四三	集五	四三二二

潘司空奏疏	六	明潘季馴	六	二九二史一四	一六一三	
潏水集	一六	宋李復	八	三〇〇集七	四四一三	
審齋詞	一	宋王千秋	合	三集四二	六〇九七	
毅齋詩集	一八 附	明王洪	六	二三八集一九	五〇一〇	
談苑						見孔子談苑
談龍錄	一	清趙執信	合	一三集四一	六〇七五	
談藝錄						見廸功集
論孟精義	三四	宋朱子	三	一〇〇七經一七	七八五 七八六	
論語注疏	二〇	魏何晏	六	三四五經一七	七七八	
論語全解	一〇	宋陳祥道	六	三一八經一七	七八〇	
論語拾遺	一	宋蘇轍	一	一五經一七	七七九	
論語商	二	明周宗建	二	一四六經一八	八二三	
論語筆解	二	唐韓愈等	二	五〇經一七	七七九	
論語集註考證	一〇	宋金履祥	二	一二八經一七	七九八	

論語集解義疏	一〇	魏何晏	五	三七六	經一七	七七七
論語集說	一〇	宋蔡節	五	三〇二	經一七	七九四
論語意原	四	宋鄭汝諧	二	一五一	經一七	七八七
論語解	一〇	宋張栻	五	二五三	經一七	七八八
論語稽求篇	七	清毛奇齡	二	一四三	經一八	八三五
論語類考	二〇	明陳士元	六	三七二	經一八	八二三
論語學案	一〇	明劉宗周	八	三九六	經一八	八二四
論衡	三〇	漢王充	三	六六〇	子一八	三三七六 三三七七
論學繩尺	一〇 附一	宋魏天應	一〇	一〇三〇	集三〇	五五六〇 五五六一
廣川書跋	一〇	宋董逌	四	二二二	子一三	三一五一
廣川畫跋	六	宋董逌	三	一一〇	子一三	三一五三
廣州四先生詩	四		一	六二二	集三二	五六二八
廣西通志	一二八	清金鉷等	七八	六二一九	史二四	二〇七九 二〇九〇
廣成集	一二	蜀杜光庭	四	一八三	集三	四二四四

廣弘明集	三〇	唐錢道宣	一四	一二五四	子三	四〇七〇 四〇七一
廣東通志	六四	清郝玉麟等	五六	五四〇五	史二四	二〇六八 二〇七八
廣陵集	三一 附一	宋王令	五	四五六	集五	四三五一
廣博物志	五〇	明董斯張	三八	三三三七	子二七	三八一五 三八一九
廣雅	一〇	魏張揖	二	八四	經一九	八七五
廣羣芳譜	一〇〇	清康熙御定	五四	三九〇四	子一六	三三八六 三三九四
廣韻	五	宋陳彭年等	五	三九九	經二三	九三三
廣韻（重修）	五		五	三八〇	經二〇	九三一
廟制圖考	一	清萬斯同	一	一〇六	史三一	二四二一
廟學典禮	六		三	一七〇	史三〇	二三七八
慶元黨禁	一	滄州樵叟	一	五四	史一六	一六八九
慶湖遺老詩集	九	宋賀鑄	四	一九八	集七	四四三四
羯鼓錄	一	唐南卓	一	一七	子一五	三三五七
養吾齋集	三	元劉將孫	一五	六一九	集一五	四八二五 四八二六

養蒙集	一〇	元張伯淳	四	一八三 集一四	四八〇〇	
鄭少谷集						見少谷集
鄭氏周易	三	清惠棟	一	六八 經一	四	
鄭志	三	魏鄭小同	三	五五 經一五	七一九	
鄭忠肅奏議遺集	二	宋鄭興裔	一	六四 集九	四五二二	
鄭開陽雜著	一一	明鄭若曾	六	三八九 史二五	二一四五	
褚氏遺書	一	南齊褚澄	一	一五 子五	二七六四	
震川集	三〇 附二	明歸有光	一八	一二九四 集二四	五二四〇 五二四二	
震澤長語	二	明王鏊	一	八四 子一九	三四一二	
震澤集	三六	明王鏊	一六	七九九 集二〇 二三	五〇八八 五〇九〇	
璇璣圖詩讀法	二	明康萬民	一	六五 集一	四一三八	
熬波圖	二	元陳椿	二	一〇三 史三一	二四二三	
穀誠山館詩集	二〇	明于慎行	八	三六九 集二四	五二四九	
熱河志	一二〇	清乾隆御定	四二	三三五二 史一九	一八五二 一八五七	

增修互註禮部韻略							見禮部韻略
增修校正押韻釋疑							見押韻釋疑
增註唐策	一〇		五	二三七	集三一	五五七八	
增補武林舊事							見武林舊事
樗菴類稿	二	明鄭潛	一	五六	集一八	四九八三	
樗隱集	六	元胡行簡	二	九三	集一七	四九三四	
樓居雜著	一 附三	明朱存理	一	六三	集二〇	五〇六八	
樊川集	二〇 附二	唐杜牧	六	三八二	集三	四二二九	
樊謝山房集	二〇	清厲鶚	一〇	五四九	集二七 二八	五四二四 五四二五	
輟耕錄	三〇	明陶宗儀	一四	六七〇	子三	四〇三三 四〇三四	
歐陽文粹	二〇	宋陳亮	六	三一三	集五	四三三五	
歐陽行周集	一〇	唐歐陽詹	二	二七	集二	四二一一	
歐陽修撰集	六 附一	宋歐陽澈	四	一九〇	集八	四四九九	
蓮洋詩鈔	一〇	清吳雯	四	二〇三	集二七	五三九五	

蓮峰集	一〇	宋史堯弼	五	二三三	集二	四六三九
蔡中郎集	六	漢蔡邕	五	一八二	集一	四一三五
劇談錄	二	唐康駢	一	六五	子三	四〇四六
頤山詩話	二	明安磐	一	二七	集四二	六〇六七
頤菴文選	二	明胡儼	二	二六六	集一九	五〇二一
頤菴居士集	二	宋劉應時	一	二七	集二	四六三〇
墨子	一五	宋墨翟	六	二四九	子一六	三二九七
墨史	三	元陸友	一	四三	子一六	三二七六
墨池璅錄	三	明楊慎	一	二七	子一三	三一六六
墨池編	六	宋朱長文	六	六四一	子一三	三一四六 三一四七
墨法集要	一	明沈繼孫	一	五二	子一六	三二七六
墨客揮犀	一〇	宋彭乘	二	八六	子三二	四〇一七
墨莊漫錄	一〇	宋張邦基	四	一九七	子一八	三三九一
墨經	一	晁李一	合	一三	子一六	三二七六

墨譜法式	三	宋李孝美	一	五四 子一六	三二七六
墨藪	二 附一	唐韋續	二	八三 子一三	三一四三
閩風集	三	宋舒岳祥	五	二四三 集一四	四七六三
數度衍	二四	清方仲通	八	六六六 子一三	三〇七九 三〇八〇
數理精蘊	五三	清康熙御定	五〇	三九一〇 子一一 一三	三〇六五 三〇七七
數術記遺	一	漢徐岳	一	二二 子一二	三〇五七
數學	八 附一	清江永	三	二九二 子一二	三〇五五
數學九章	一八	宋秦九韶	三	五六四 子一二	三〇五九 三〇六〇
數學鑰	六	清杜知耕	六	三〇三 子一三	三〇七八
箴膏肓	一 附二	漢鄭玄	一	二六 經一三	五六三
篋中集	一	唐元結	一	一〇 集二八	五四四〇
篁墩集	九三	明程敏政	五六	二八四六 集三〇	五〇七〇 五〇七六
篆隸考異	四	清周靖	四	一五二 經三〇	九三〇
節孝集	三〇 附一	宋徐積	八	三三二 集五	四三二八

節孝語錄	一	宋徐積	一	四四	子一	二三六五
劍南詩稿	八五	宋陸游	四四	一三三四	集二	四六二三 四六二七
鄱陽五家集	一五	清史簡	八	四四〇	集四〇	六二一五
鄱陽集	三	宋彭汝礪	六	二九四	集五	四三二四
鄱陽集	四	宋洪皓	二	六三	集八	四四八四
稼村類稿	三〇	元王義山	八	四二五	集一四	四七九二
稼軒詞	四	宋辛棄疾	四	一七八	集四三	六〇九八
稽古錄	二〇	宋司馬光	五	二五〇	史六	一三〇九
稽神錄	六	宋徐鉉	二	一〇八	子三	四〇四八
黎嶽集	一	唐李頻	一	四四	集三	四二三四
儀象考成	三二	清乾隆御定	一六	七九五	子二	三〇三七 三〇三九
儀禮小疏	七	清彭彤	三	一八〇	經九	四二七
儀禮注疏	一七	漢鄭康成	一四	一三七	經九	三九五 三九七
儀禮析疑	一七	清方苞	三	五五七	經九	四二二 四二三

儀禮述註	一七	清李光坡	一三	九〇五	經 九	四二〇 四二一
儀禮要義	五〇	宋魏了翁	一八	一〇〇九	經 九	四〇三 四〇五
儀禮商	二 附一	清萬斯大	一	八〇	經 九	四二〇
儀禮章句	一七	清吳廷華	五	三六七	經 九	四二四
儀禮集說	一七	元敖繼公	一六	一一七三	經 九	四〇六 四〇九
儀禮集編	四〇	清盛世佐	三四	二八一七	經 一〇 九	四二八 四三三
儀禮集釋	三〇	宋李如圭	一六	九六〇	經 九	三九八 四〇〇
儀禮逸經	二	元吳澄	一	五六	經 九	四〇五
儀禮義疏	四八	清乾隆御定	五〇	三一四七	經 九	四一一 四一八
儀禮經傳通解	三七 附二九	宋朱子	五三	三一九一	經 一二	五〇四 五一〇
儀禮圖	一七 附一	宋楊復	一三	六五九	經 九	四〇一 四〇二
儀禮鄭注句讀	一七	清張爾岐	六	四八二	經 九	四一九
儀禮識誤	三	宋張惇	二	五六	經 九	三九八
儀禮釋宮	一	宋李如圭	一	二七	經 九	四〇〇

儀禮釋宮增註	一	清江永	一	三〇經九	四二七
樂全集	四〇 附一	宋張方平	三	一〇五三集五	四三六 四三九
樂府指迷	一	宋沈義父	合	八集四三	六一三
樂府詩集	一〇〇	宋郭茂倩	三	一六五〇集二九	五四九九 五五〇二
樂府補題	一		一	二〇集四三	六一〇九
樂府雅詞	三	宋曾慥	四	二七一集四二	六一〇六
樂府雜錄	一	唐段安節	合	二三子一五	三二五七
樂郊私語	一	元姚桐壽	合	二三子三二	四〇三二
樂律全書	四四	明朱載堉	三	二五八五經一八	八四八 八五二
樂律表微	八	清胡彥昇	六	二七三經一九	八七一
樂軒集	八	宋陳藻	四	一七六集二〇	四五七六
樂圃餘稾	一〇 附一	宋朱長文	二	一二六集六	四四一四
樂書	二〇〇	宋陳暘	二四	一六九七經一八	八四〇 八四三
樂章集	一	宋柳永	一	七〇集四一	六〇八九

樂庵語錄	五	宋龔昱	合	五一子一六	三三〇五	
樂善堂文集定本（御製）	三〇	清乾隆御製	二	六一八集二五	五二九二 五二九三	
樂靜集	三〇	宋李昭玘	五	三一〇集七	四四三〇	
德隅齋畫品	一	宋李廌	一	一五一子一三	三一四八	
盤山志	一六	清蔣溥等	六	六九四史二五	二一五一	
盤洲文集	八〇	宋洪适	一四	一〇七三集一〇 一一	四六〇七 四六一〇	
鄮峯眞隱漫錄	五〇	宋史浩	一〇	七六九集九	四五二九 四五三一	
劉子遺書	四	明劉宗周	四	一四三子三	一六六八	
劉氏春秋意林	二	宋劉敞	二	一〇九經一三	五七〇	
劉氏菊譜	一	宋劉蒙	一	二四子一六	三二八三	
劉左史集	四	宋劉安節	二	一〇七集七	四四三八	
劉彥昺集	九	明劉炳	二	一一集一八	四九七三	
劉清惠集						見惠淸集
劉給事集						見給事集

劉賓客文集	三〇 附一〇	唐劉禹錫	三	五三五	集二	四二〇七 四二〇八	
劉賓客嘉話錄	一	唐韋絢	一	二六	子三	四〇〇三	
劉隨州集	一一	唐劉長卿	四	一四七	集二	四一八一	
劉蕺山集	一七	明劉宗周	八	六五九	集二四	五二六六 五二六七	
魯齋集	二〇	宋王柏	一〇	五六四	集一四	四七五五 四七五六	
魯齋遺書	一一	元許衡	四	三一八	集一五	四八二三	
鄧子	一	周鄧析	一	二一	子四	二七三三	
鄧紳伯集							見大隱居士集
履齋遺集	四	宋吳潛	二	九二	集一三	四七一一	
練中丞集							見中丞集
練兵實紀	九	明戚繼光	八	三七六	子四	二七二九	
練兵雜紀							見練兵實紀
編珠	二 附四	隋杜公瞻	四	一九二	子二〇	三四八九	
緝古算經	一	唐王孝通	一	三七	子二	三〇五八	

緣督集	二〇	宋曾豐	八	四三六 集一〇	四五九五
畿輔通志	一二〇	清李衞等	七二	五四五三 史二〇	一八八一 一八九三
十六畫					
澠水燕談錄	一〇	宋王闢之	二	一三三 子三二	四〇一〇
澹軒集	八	宋李呂	三	一三八 集一〇	四五七七
澹菴集	六	宋胡銓	三	一六二 集八	四五〇二
澹齋集	一八	宋李流謙	八	三九三 集八	四四八五
親征朔漠方略	四八	清温達等	二六	一九一三 史九	一三四八 一三五一
辨定祭禮通俗譜	五	清毛奇齡	二	一〇六 經三	五五三
辨惑編	四 附一	元謝應芳	三	一二一 子二	二六二四
龍川詞	一	宋陳亮	合	一五 集四三	六〇九八
龍川略志	一〇	宋蘇轍	三	一二五 子三	四〇二三
龍川集	三〇	宋陳亮	八	五九七 集三	四六七二 四六七三
龍沙紀略	一	清方式濟	一	三七 史二六	二一七九

龍虎經註疏	三	宋王道	一	七七	子一三	四二二七	
龍洲詞	一	宋劉過	一	三	集四二	六二〇一	
龍洲集	一四	宋劉過	三	一四一	集一二	四六七三	
龍雲集	三二	宋劉弇	三	五三五	集六	四四一四 四四一五	
龍筋鳳髓判	四	唐張鷟	四	一五四	子二〇	三五〇一	
龍學文集	一六	宋祖無擇	四	一八一	集四	四三一三	
龍龕手鑑	四	遼僧行均	三	三七六	經一九	八九九	
謚法	四	宋蘇洵	一	五二	史三〇	二三七一	
諸史然疑							見三國志補注
諸臣奏議							見宋名臣奏議
諸葛忠武書	一〇	明楊時偉	四	一九〇	史一五	一六六七	
諸蕃志	二	宋趙汝适	二	七八	史二六	二一八五	
諭行旗務奏議	一三	清允祿等	四	二八五	史一三	一五五一	
麈史	三	宋王得臣	一	一〇六	子一八	三三八一	

糖霜譜	一	宋王灼	一	二二	子一六	三二八三
遵生八牋	一九	明高廉	一八	一二四四	子一九	三四三一 三四三四
遼史	一一五	元托克托	二〇	一四四四	史四	一一二六 一一二八
遼史拾遺	二四	清厲鶚	一四	六七九	史四	一一二九 一一三〇
遼金元三史國語解	四六	清乾隆御纂	三	一〇八六	史四	一一五〇 一一五二
霏雪錄	二	明鎦績	二	七八	子一九	三四〇九
靜春堂集	四	元袁易	一	五二	集一六	四八六一
靜思集	一〇	元郭鈺	四	一九三	集一七	四九二五
靜修集	二八	元劉因	八	四〇二	集一五	四八二三
靜菴集	四	明張羽	二	一二四	集一八	四九七七
靜學文集	一	明王淑英	一	六四	集一九	五〇〇二
撼龍經	一 附二	唐楊筠松	一	八六	子一三	三一一三
燕石集	一五 附一	元宋褧	六	三二四	集一六	四八九一
燕堂詩稿	一	宋趙公豫	一	二五	集九	四五三三

燕翼貽謀錄	五	宋王栐	二	八〇	史二三	一五三〇
整菴存稿	二〇	明羅欽順	一〇	五三六	集三	五一一三 五一一四
融堂四書管見	一三	宋錢時	五	三〇九	經一六	七八
融堂書解	二〇	宋錢時	五	三六七	經五	三三
瓢泉吟稿	五	元朱晞顏	二	一〇三	集一六	四八九五
橫浦集	二〇	宋張九成	八	三〇八	集八	四五一〇
橫塘集	二〇	宋許景衡	七	三六八	集七	四四五四
橫渠易說	三	宋張載	三	一九七	經一	一三
樵香小記	二	清何琇	一	四三	子一八	三三六五
樵雲獨唱	六	元葉顒	三	一五二	集一七	四九二四
樵隱詞	一	宋毛幵	合	一七	集四二	六〇九九
橘山四六	二〇	宋李廷忠	三	五五六	集三	四六五八 四六五九
橘錄	三	宋韓彥直	合	一七	子一六	三一八五
歷代史表						見補歷代史表

歷代名臣奏議	三五〇	明楊士奇等	一三三	一六六二六 史一四	一六二五 一六六一
歷代名畫記	一〇	唐張彥遠	三	一五五 子一三	三一四一
歷代名賢確論	一〇〇		二四	一六六三 史三三	二五一七 二五二〇
歷代兵制	八	宋陳傅良	二	八五 史三一	二四二七
歷代制度詳說	一二	宋呂祖謙	四	一八五 子一三	三六一五
歷代帝王宅京記	二〇	清顧炎武	六	四三二 史二四	二一〇三
歷代建元考	一〇	清鍾淵映	六	三〇二 史三一	二四二〇
歷代紀事年表	一〇〇	清康熙御定	九八	八四八二 史一一	一四五八 一四七六
歷代通畧	四	元陳櫟	四	二〇八 史三三	二五二二
歷代詩話	八〇	清吳景旭	三六	一五七三 集四一	六〇六九 六〇七四
歷代詩餘	一二〇	清康熙御定	八六	三三四六 集四二	六一一四 六一二七
歷代賦彙	一四〇 附四四	清康熙御定	一一二	六七九六 集三六	五九一三 五九二八
歷代職官表	七二	清乾隆御定	三六	二八三八 史二七	二三一三 二三一八
歷代題畫詩類（御定）	一二〇	清康熙御定	三八	二八九〇 集三七	五八七〇 五八七五

歷代鐘鼎彝器款識法帖	二〇	宋薛尚功	六	三四〇	經一九	八九四	
歷象考成（御製）	四三	清康熙御製	二〇	二〇五五	子二	三〇二七 三〇三四	
歷象考成後編（御製）	一〇	清乾隆御製	八	七六二	子二	三〇三五 三〇三六	
歷算全書	六〇	清梅文鼎	二六	二六八七	子二	三〇四二 三〇四八	
歷體畧	三	明王英明	一	七四	子二	三〇二六	
翰林志	一	唐李肇	一	一四	史二六	二一九二	
翰林記	二〇		四	四六一	史二六	二一九八	
翰范新書前集	七〇 附八六		四八	二五七八	子二五	三七〇七 三七一二	
翰范集	三	唐陸贄	八	三九七	集二	四一八五 四一八六	
翰范羣書	三	宋洪遵	三	一四四	史二六	二一九二	
翰墨志							見思陵翰墨志
駮五經異義	一 補一	漢鄭玄	二	五五	經一五	七一九	
駱丞集	四	唐駱賓王	四	三四三	集一	四一四八	
鬳齋考工記解							見考工記解

鬳齋續集						見竹溪鬳齋十一稿續集
盧昇之集	七	唐盧照鄰	二	九三 集一	四一四七	
盧溪文集	五〇	宋王庭珪	八	四九三 集八	四四八八	
鄴中記	一	晉陸翽	一	一八 史一七	一七三七	
默成文集	四	宋潘良貴	一	三五 集八	四四八三	
默記	三	宋王銍	一	七二 子三	四〇二〇	
默堂集	二二	宋陳淵	八	四七九 集九	四五一七	
默菴集	五	元安熙	一	七三 集一五	四八三〇	
默齋遺稿	二	宋游九言	一	四八 集一三	四七一二	
曉菴新法	六	清王錫闡	三	一五二 子一一	三〇四〇	
遺山文集	四〇	金元好問	一八	九三七 集一四	四七八三 四七八五	
圜容較義	一	明李之藻	一	三八 子一一	三〇二六	
戰國策	三三	漢高誘	七	四四五 史三	一五二四	
戰國策注	一〇	宋鮑彪	四	四九九 史三	一五二五	

戰國策校註	一〇	元吳師道	八	六六五	史二三	一五三六 一五三七	
篔窗集	一〇	宋陳耆卿	四	一七二	集一三	四七〇八	
餘師錄	四	宋王正德	二	一一九	集四一	六〇五七	
錢氏私志	一	宋錢世昭	一	一八	子三一	四〇一二	
錢仲文集	一〇	唐錢起	二	一二〇	集二	四一八四	
錢通	三二	明胡我琨	三	八七七	史三一	二四二三 二四二四	
錢塘先賢傳贊	一	宋袁韶	一	三三	史一六	一六八九	
錢塘集	一三	宋韋驤	八	四九六	集四	四三〇七	
錢塘遺事	一〇	元劉一清	二	一三六	史二	一五三五	
錢錄	一六	清乾隆御定	六	四二七	子一六	三二七七	
錦里耆舊傳	四	宋句延慶	一	五五	史一七	一七四五	又名成都理亂記
錦繡萬花谷前集	四〇 附八〇		二六	一九九〇	子二三	三二六一六 三二六一九	
歙州硯譜	一	宋唐積	合	七	子一六	三二七二	
歙硯說	附一一		合	一三	子一六	三二七二	

學古編	一	元吾邱衍	一	二四 子一五	三三五七
學古緒言	二五	明婁堅	三	五六五 集二四	五三六八 五三六九
學史	一三	明邵寶	三	三三一 史三三	二五三三
學言詩稿	六	元吳當	二	一一六 集一七	四九一四
學林	一〇	宋王觀國	八	五一三 子一七	三三一七
學易初津	一六	清晏斯盛	一〇	八九〇 經四	一七六 一七七 附楚蒙山房易經解內
學易記	九	元李簡	一〇	六二四 經二	八三 八四
學易集	一三	宋劉跂	四	一八五 集七	四四二七
學庸正說	三	明趙南星	三	一三九 經一八	八二三
學庸集說啟蒙	三	元景星	三	二五六 經一七	八一一
學餘堂文集	二八 附五三	清施閏章	三	一六四三 集二六	五三六〇 五三六二
學齋佔畢	四	宋史繩祖	二	一三〇 子一七	三三三四
學禮質疑	二	清萬斯大	二	九四 經一一	四九九
積齋集	五	元程端學	二	一〇九 集一六	四八九〇

穆天子傳	六	晉郭璞	一	三七	子三	四〇四一
穆參軍集	三 附一	宋穆修	一	六五	集三	四二五三
儒行集傳	二	明黃道周	二	一三〇	經一〇	四七五
儒言	一	宋晁說之	一	三二	子一	二五六五
儒志編	一	宋王開祖	一	四八	子一	二五五六
儒林公議	二	宋田況	一	七八	子三二	四〇〇九
儒林宗派	一六	清萬斯同	二	一二四	史一六	一七一七
儒門事親	一五	金張從正	一〇	五〇七	子六	二八二〇 二八二一
獨醉亭集	三	明史謹	二	一〇四	集一八	四九八九
獨醒雜志	一〇	宋曾敏行	二	一二六	子三二	四〇二八
獨斷	二	漢蔡邕	一	四一	子一六	三三一〇
衡州集	一〇	唐呂溫	二	一五七	集二	四二〇九
衡廬精舍藏稿	三〇 附二一	明胡直	三〇	一一〇五	集二四	五三三三 五三三五
衛濟寶書	二	東軒居士	一	四〇	子六	二八〇四

鮑氏戰國策注							見戰國策註
鮑明遠集	一〇	宋鮑照	二	九四	集一	四一三八	
鮑溶詩集	六附一	唐鮑溶	二	五七	集三	四二三八	
龜山集	四二	宋楊時	一六	七四九	集七	四四四四 四四四五	
龜巢集	一七	元謝應芳	一四	八八九	集一七	四九一八 四九二〇	
龜溪集	一二	宋沈與求	六	二八〇	集八	四四八二	
豫章文集	一七	宋羅從彥	六	二六二	集八	四四九六	
潁川語小	二	宋陳叔方	一	四六	子一七	三三三三	
緡雲文集	四	宋馮時行	四	一四〇	集九	四五一四	
緯畧	一二	宋高似孫	六	三〇九	子一七	三三二四	
隨隱漫錄	五	宋陳隨隱	一	六二	子三	四〇三〇	

十七畫

濟生方	八	宋嚴用和	三	一四四	子六	二八二三	
濟南集	八	宋李廌	四	二四六	集六	四三九六	

鴻慶居士集	四二	宋孫覿	二〇	九〇九集八	四四九二 四四九四
謙齋文錄	四	明徐溥	四	二七六集二〇	五〇五四
謝宣城集	五	齊謝朓	一	七二集一	四一三八
襄陵文集	一二	宋許翰	四	二〇八集七	四四三六
襄毅文集	一五	明韓雍	七	四〇三集二〇	五〇四三
應齋雜著	六	宋趙善括	三	一二七集二	四六二一
營平二州地名記	一	清顧炎武	一	五一史二五	二一六〇
營造法式	三四	宋李誡	七	六〇三史一三	二四六二
燭湖集	二〇 附二	宋孫應時	一〇	五〇三集二	四六四四 四六四五
霞外詩集	一〇	元馬臻	四	三八集一六	四八五〇
環谷集	八	元汪克寬	四	一七四集一七	四九三三
環溪詩話	一		一	三五集四一	六〇五二
禪月集	二五 附一	唐釋貫休	四	二〇三集三	四二四三
禪林僧寶傳	三二 附二	宋釋惠洪	六	二九八子一三	四〇八五

聲畫集	八	宋孫紹遠	四	二四九集二九	五五二〇
聲調譜	一	清趙執信	一	三四集四一	六〇七五
輿地碑記目	四	宋王象之	二	一二八史三三	二四九六
輿地廣記	三八	宋歐陽忞	六	六〇三史一七	一七六九
擊壤集	二〇	宋邵子	八	三三七集五	四三三三
檀弓疑問	一	清邵泰衢	一	二五經二一	四九五
檀園集	一二	明李流芳	四	二二六集二四	五二七〇
澥溪居士集	一二	宋劉才邵	八	三四三集八	四四七〇
隸辨	八	清顧藹吉	八	八一八經二〇	九二九 九三〇
隸釋	二七	宋洪适	三	五九六史三三	二四九〇 二四九一
隸續	二一	宋洪适	三	二三六史三三	二四九三
檜亭集	九	元丁復	二	一〇九集一六	四八七三
檇李詩繫	四二	清沈季友	三〇	一九三二集四〇	六〇一九 六〇二三
韓文考異（別本）	四〇 附二	宋王伯大	二〇	九四六集二	四一八九 四一九一

韓內翰別集	一	唐韓偓	一	六三	集	三	四二三九	
韓非子	二〇	周韓非	一〇	三七七	子	四	二七三四 二七三五	
韓昌黎集	四〇	宋魏仲舉	二〇	一〇六三	集	二	四一九二 四一九五	
韓昌黎集註（東雅堂）	四〇		二〇	一〇三五	集	二	四一九六 四一九九	
韓集考異（原本）	一〇	宋朱子	五	二五四	集	二	四一八八	
韓集舉正	一〇 附一	宋方崧卿	四	二三六	集	二	四一八七	
韓集點勘	四	清陳景雲	二	八六	集	二	四一九九	
韓詩外傳								見詩外傳
薛文清集								見敬軒文集
薛氏醫案	七七	明薛已	六二	三一八九	子	八	二六九〇 二六九七	
薛濤李冶詩集	二		一	二九	集	二八	五四四三	
薜荔園詩集	四	明余翔	四	二六二	集	二四	五三三六	
還山遺稿	二 附一	元楊奐	一	一〇八	集	一五	四八二二	
還冤志	一	隋顏之推	一	三三	子	三三	四〇四四	

嘯堂集古錄	二	宋王俅	四	九七子一五	三三五八	
牆東類稿	二〇	元陸文圭	一〇	五四一集一五	四八〇一 四八〇二	
嶺外代答	一〇	宋周去非	四	一八八史二六	二二六七	
嶺表錄異	三	唐劉恂	一	四〇史二六	二二六四	
嶺南風物紀	一	清吳綺	一	二六史二六	二二七九	
嶺海輿圖	一	明姚虞	一	六〇史一九	一八四八	
臨川集	一〇〇	宋王安石	三〇	一四五三集五	四三四三 四三四八	
臨安集	六	明錢宰	二	九五集一六	四九七二	
臨清紀畧						見剿捕臨清逆匪紀畧
臨皋文集	四	明楊寅秋	四	三三〇集二四	五二五二	
臨漢隱居詩話	一	宋魏泰	一	一三集四〇	六〇三七	
鍼灸甲乙經	一二	晉皇甫謐	八	三九六子五	二七六一	
鍼灸問對	四	明汪機	三	一三四子八	二六九八	
鍼灸資生經	七		四	四〇六子六	二六〇六	

鍾律通考	六	明倪復	四	一九九	經	一八	八四七	
僧寶傳								見禪林僧寶傳
優古堂詩話	一	宋吳幵	一	五六	集	四〇	六〇三七	
避暑錄話	二	宋葉夢得	二	一七〇	子	一八	三三八九	
隱居通義	三一	元劉壎	一〇	五〇七	子	一八	三四〇四 三四〇五	

十八畫

雜學辨	一 附一	宋朱子	一	六三	子	一	二五七〇	
顏山雜記	四	清孫廷銓	三	一二八	史	二六	二一七九	
顏氏家訓	二	北齊顏之推	二	一〇四	子	一六	三三〇三	
顏魯公集	一五 附三	唐顏眞卿	六	二六三	集	二	四一七九	
甕牖閒評	八	宋袁文	四	一三六	子	一七	三三二五	
豐干拾得詩								見寒山子詩集
豐川易說	一〇	清王心敬	六	五二五	經	四	一八四	
璿機圖詩讀法								見璇璣圖詩讀法

禮記大全	三〇	明胡廣等	一八	一五三七	經一〇	四七一 四七三
禮記注疏	六三	漢鄭康成注	三	三一七九	經一〇	四四四 四四九
禮記析疑	四八	清方苞	六	五二八	經一二	四九五
禮記述註	二八	清李光坡	一六	一三二三	經一二	四九二 四九四
禮記訓義擇言	八	清江永	四	一九八	經一二	四九六
禮記集說	一〇	元陳澔	一〇	六五九	經一〇	四六九 四七〇
禮記集說	一六〇	宋衞湜	八四	六二七〇	經一〇	四五〇 四六三
禮記義疏	八二	清乾隆御定	六二	四二三五	經一二	四八一 四九〇
禮記纂言	三六	元吳澄	一六	一三一〇	經一〇	四六四 四六八
禮書	一五〇	宋陳祥道	一八	一六三七	經一二	五〇一 五〇三
禮書綱目	八五	清江永	三八	二四三三	經一二	五一一 五一六
禮部志稿	一〇〇	明俞汝楫	四八	三六六一	史二六	二一九九 二二〇六
禮部集	二〇 附一	元吳師道	一〇	五七九	集一六	四八八八 四八九〇
禮部韻畧	五	宋毛晁增	五	四九四	經二〇	九三七

禮部韻畧	五 附一	宋丁度	六	三六八	經二〇	九三六
禮經本義	一七	清蔡德晉	一〇	五八六	經九	四二五 四二六
禮經會元	四	宋葉時	六	三五九	經八	三五九
禮說	一四	惠士奇	三	五三九	經九	三九二 三九三
職方外紀	六	明西洋人艾儒略	一	一一四	史二六	二一八八
職官分紀	五〇	宋孫逢吉	一六	一七五三	子一三	三六一一 三六一四
轉注古音畧	五	明楊慎	二	一〇四	經二〇	九四四
覆瓿集	六	宋趙必𤩪	二	九二	集一四	四七六二
覆瓿集	一七 附一	明朱同	四	一五八	集一八	四九六二
醫旨緒餘	二	明孫一奎	二	一八七	子八	二九一二
醫宗金鑑	九〇	清乾隆御定	八〇	四三二	子一〇九	二九七三 二九八八
醫門法律	一二 附四	清喻昌	一六	八二六	子一〇	二九九一 二九九三
醫經溯洄集	二	元王履	二	八七	子七	二八三三
醫說	一〇	宋張杲	六	四二一	子六	二八〇五

醫閭集	醫壘元戎	醫學源流論	邇言	駢字類編	駢志	駢雅	騎省集	藏一話腴	藏春集	藏海居士集	藏海詩話	藏山集	藍澗集
九	三	二	三	二四	三	七	二〇	四	六	二	一	六	六
明賀欽	元王好古	清徐大椿	宋劉炎	清康熙御定	明朱謀㙔	明朱謀㙔	宋徐鉉	宋陳郁	元劉秉忠	宋吳可	宋吳可	明藍仁	明藍智
四	三	二	二	三〇	六	一	八	二	三	一	一	二	二
二〇三集二〇	吾四二六 子	二六四〇〇 子	八五子一	二六六二子元	二二四九二子二六	六經一九	四六六子三	六六七集一九	二九集一四	三〇集八	三〇集四〇	二三〇集一八	一〇二集一六
吾〇八〇	二六三五	三〇〇四	二五六八	二九〇〇	三七九二	八七九	四二四五	三五〇一	四七六七	四九六六	六〇四三	四九七四	四九七二

舊五代史	一五〇 目錄二	宋薛居正等	三〇	一三五二	史 三	一〇八六 一〇九一
舊唐書	二〇〇	晉劉昫	八八	七五七九	史 三二	一〇五五 一〇六九
舊聞證誤	四	宋李心傳	二	八七	史 三三	二五一六
蕭茂挺文集	一	唐蕭穎士	一	五五	集 二	四一八三
題畫詩類						見歷代題畫詩類
蟫精雋	一六	明徐伯齡	四	二〇八	子 一九	三四一二
簡平儀說						附表度說內
簡端錄	一二	明邵寶	六	二七二	子 一六	七一三
簡齋集	一六	宋陳與義	四	一七九	集 八	四四六七
雞肋	一	宋趙崇絢	一	一五	子 二五	三七〇六
雞肋集	七〇	宋晁補之	一三	一〇六九	集 六	四四一〇 四四一三
雞肋編	三	宋莊季裕	三	一六九	子 三一	四〇二五
鵝湖集	六	明龔斅	三	一七七	集 一八	四九九二
魏書	一一四	北齊魏收	四八	三四九六	史 二	一〇二五 一〇三二

魏鄭公諫錄	五	唐王方慶	二	九二	史一五	一六七三
魏鄭公諫續錄	二	元翟思忠	二	六八	史一五	一六七六
儲光羲詩	五	唐儲光羲	二	七一	集二	四一七八
雙溪集	二七	宋王炎	三	六八八	集一〇	四五九二 四五九三
雙溪集	八	明杭淮	二	一三八	集三	五一三六
雙溪集	一五	宋蘇籀	六	三一七	集八	四四九八
雙溪醉隱集	六	元耶律鑄	五	二六九	集一五	四八二七
雙橋隨筆	三	清周召	六	二八〇	子四	二七〇六
歸田稿	八	明謝遷	四	一三三	集二〇	五〇八七
歸田錄	二	宋歐陽修	一	四九	子三一	四〇一〇
歸田類稿	三	元張養浩	五	三七三	集一四	四七九一
歸愚詞	一	宋葛立方	一	一七	集四二	六〇九八
歸潛志	一四	元劉祁	四	二二〇	子三一	四〇三一
彝齋文編	四	宋趙孟堅	三	一三三	集一三	四七三一

繙譯五經	五八 附二九	清高宗御定	二〇	七七六四	經一六	七三四 七四九
斷腸詞	一	宋朱淑貞	合	一〇	集四二	六一〇三
十九畫						
瀛奎律髓	四九	元方回	二〇	一〇九〇	集三二	五五九九 五六〇二
瀕湖脈訣	一	明李時珍	一	四二	子九	二九四五
懷星堂集	三〇	明祝允明	一六	八二〇	集三二	五一一〇 五一一二
懷清堂集	二〇	清湯右曾	八	三八五	集二七	五四二一
懷麓堂集	一〇〇	明李東陽	三〇	三二一〇	集三〇	五〇六〇 五〇六四
懷麓堂詩話	一	明李東陽	一	四六	集四一	六〇六六
韻石齋筆談	二	清姜紹書	一	五四	子一九	三四三六
韻府拾遺	一一三	清康熙御定	三八	二九二九	子三〇 三一	三九八一 三九八六
韻府羣玉	二〇	宋陰時夫	一八	一七三三	子二五	三七一三 三七一六
韻補	五	宋吳棫	二	一五二	經二〇	九三五
韻補正	一	清顧炎武	一	三五	經二〇	九五八

韻語陽秋	二〇	宋葛立方	六	二六五 集四一	六〇四五
識小編	二	清董豐垣	二	六四 子一八	三三七五
識遺	一〇	宋羅璧	四	二〇四 子一七	三三三七
譚苑醍醐	九	明楊慎	二	一六九 子一七	三三四三
譚襄敏奏議	一〇	明譚綸	五	四七〇 史一四	一六一二
證治準繩	一二〇	明王肯堂	一二〇	六九七三 子九八	二九一二 二九三一
證類本草	三〇	宋唐慎微	三三	三三四五 子六	二七九二 二七九八
離騷草木疏	四	宋吳仁傑	二	七九 集一	四一三三
廬山記	三 附一	宋陳舜俞	一	六一 史三五	二一四六
廬山集	五 附一	宋董嗣杲	三	一三五 集一四	四七七三
類博稿	一〇 附二	明岳正	四	二二一 集三〇	五〇一六
類經	三二 附一一	明張介賓	四〇	一九〇九 子九	二九五二 二九五八
類說	六〇	宋曹慥	四〇	一七七四 子一九	三四四〇 三四四四
類篇	四五	宋司馬光	一三	九八三 經一九	八九一 八九三

類編草堂詩餘						見草堂詩餘
類證普濟本事方	一〇	宋許叔微	五	一九二 子 六	二六〇二	
瓊臺會稿	二四	明邱濬	一六	一〇一八 集 二〇	五〇五一 五〇五三	
難經本義	二	元滑壽	二	一四五 子 五	二七六〇	
麗則遺音	四	元楊維楨	一	七二 集 一七	四九三八	
麗澤論說集錄	一〇	宋呂祖謙	六	三七三 子 一	二五八七	
願學集	八	明鄒元標	九	五八八 集 二四	五二六四 五二六五	
藝文類聚	一〇〇	唐歐陽詢	五六	三二一〇 子 二〇	三四九〇 三四九六	
藝林彙考	四〇	清沈自南	一四	七三三 子 一八	三三六一 三三六二	
藝圃擷餘	一	明王世懋	一	一八 集 四二	六〇六七	
藝彀	三 附一	明鄧伯羔	三	八三 子 一七	三三四三	
羅圭峯集						見圭峯集
羅昭諫集	八	唐羅隱	四	一八五 集 三	四二四一	
羅湖野綠	四	宋釋曉瑩	二	九五 子 三三	四〇八六	

曝書亭集	八〇 附一	清朱彝尊	二六	一七三七	集一二六 一二七	五三七六 五三七九
關中奏議	一八	明楊一清	三	一二一七	史一四	一六〇五 一六〇六
關中勝蹟圖志	三二	清畢沅	三	七九一	史二六	二二六一 二二六二
關尹子	一	周關尹喜	一	四三一	子一三	四一〇〇
嚴州續志	一〇	宋鄭瑤方仁榮合作	二	一三八	史一九	一八二五
嚴陵集	一	宋董棻	四	一七〇	集一一九	五五〇五
籀史	一	宋翟耆年	一	三一	史三三	二四八九
蟹畧	四	宋高似孫	合	六三	子一六	三一九五
蟹譜	二	宋傅肱	一	一三	子一六	三一九五
鯨背吟集	一	元朱晞顏	一	一〇	集一七	四九〇〇
鯤溟詩集	四 附一	明郭諫臣	三	一六一	集二四	五一三六
嬾眞子	五	宋馬永卿	二	九五	子一八	三三八七
繹史	一六〇	清馬驌	七二	五六九五	史一〇九	一三八三 一三九三
繪事備考	八	清王毓賢	六	四二一	子一四	三三〇七

繪事微言	二	明唐志契	二	一〇三二	子一三	三一六七

二十畫

寶刻叢編	二〇	宋陳思	八	六六二	史三三	二四九四 二四九五
寶刻類編	八		四	二六二	史三三	二四九六
寶祐四年登科錄						見宋寶祐四年登科錄
寶眞齋法書贊	二八	宋岳珂	六	六八三	子一三	三一五三 三一五四
寶晉英光集	八	宋米芾	二	一〇〇	集六	四三九七
寶章待訪錄	一	宋米芾	一	三三	子一三	三一四八
寶慶四明志	二一 附一二	宋羅濬	三	九七五	史一八	一八二三 一八二四
竇氏聯珠集	五	唐褚藏言	一	四五	集二六	五四四三
蘆川詞	一	宋張元幹	一	五八	集四二	六〇九六
蘆川歸來集	一〇 附一	宋張元幹	五	一九七	集八	四五〇二
蘆浦筆記	一〇	宋劉昌詩	二	八一	子一七	三三二五
蘇氏演義	二	唐蘇鶚	一	四六	子一六	三三一一

蘇平仲集	一六	明蘇伯衡	三	六四四	集一八	四九六七 四九六八
蘇沈良方	八	宋蘇軾 沈括	二	一二七	子六	二七八五
蘇門六君子文粹	七〇		二〇	九七二	集三一	五五七三 五五七五
蘇門集	八	明高叔嗣	四	一七八	集三三	五一七七
蘇詩						見施註蘇詩
蘇詩補註	五〇	淸查愼行	四〇	一八五二	集六五	四三六七 四三七三
蘇學士集	一六	宋蘇舜欽	六	二四六	集四	四二七九
蘇魏公文集	七二	宋蘇頌	二四	一三三三	集四	四二八〇 四二八四
鶡冠子	三	宋陸佃解	三	八六	子一六	三三九八
籌海圖編	一三	明胡宗憲	一〇	八四八	史二五	二二四三 二二四四
鐔津集	二二	宋釋契嵩	八	四六三	集四	四二七八
釋文紀	四五	明梅鼎祚	四〇	一七六四	集三四	五七四二 五七四七
釋氏稽古畧	四	元釋覺岸	四	四三〇	子三三	四〇九一
釋名	八	漢劉熙	一	八〇	經一九	八七五

繼志齋集	九附一	明王紳	三	一六〇集一九	四九九七

二十一畫

灌畦暇語	一		一	三〇子一八	三三七九
灌園集	三〇	宋呂南公	八	三六八集七	四四三三
濂山集	三	宋朱翌	三	九八集八	四四八六
辯言	一	宋員興宗	一	二六子一八	三三九一
鶴山全集	一〇九	宋魏了翁	四八	三七九集三	四六七四 四六八一
鶴年詩集	三	元丁鶴年	二	一〇四集一七	四九一六
鶴林玉露	一六	宋羅大經	六	三一三子一八	三三九九
鶴林集	四〇	宋吳泳	二〇	七七三集三	四六九三 四六九五
顧曲雜言	一	明沈德符	一	二二集四三	六一四二
顧華玉集	四	明顧璘	一六	八四七集三	五一二四 五一二六
驂鸞錄	一	宋范成大	一	二六史一七	一七二七
蘭州紀畧	二〇	清乾隆御定	七	四九五史九	一三七一

蘭室祕藏	六	元李杲	三	二〇〇 子 六	二八二三
蘭亭考	一三	宋桑世昌	四	一四七 史 三二	二四九三
蘭亭續考	二	宋俞松	一	四八 史 三二	二四九三
蘭亭集	二	明謝晉	二	一二三 集 一九	五〇三八
蘭軒集	一六	元王䄵	八	三一五 集 一五	四八四五
蘭皐集	三	宋吳錫疇	一	三四 集 一四	四七五九
蘭臺軌範	八	清徐大椿	八	四〇九 子 一〇	三〇〇三
蠛蠓集	五	明盧柟	五	二五八 集 二四	五二四四
鐵崖古樂府	一〇 附 六	元楊維楨	四	二〇八 集 一七	四九三八
鐵菴集	三五	宋方大琮	八	三六三 集 一三	四七一〇
鐵圍山叢談	六	宋蔡絛	二	一五四 子 三二	四〇一六
鐵網珊瑚	一六	明朱存理	一六	一二三 子 一三	三一六三 三一六五
鐵廬集	四 附 二	清潘天成	四	一三三 集 二七	五四〇〇
蠡海集	一	宋王逵	一	六五 子 一九	三四〇九

續文獻通考	二五〇	清乾隆御定	一二四	九四一四	史	二六 一九	二三〇三 二三三〇	
續方言	二	清杭世駿	一	四二	經	一九	八七九	
續仙傳	三	唐沈汾	一	六六六	子	三三	四二一九	
續名醫類案	六〇	清魏之琇	二八	三三〇〇	子	一〇	二九九六 三〇〇二	
續宋編年資治通鑑	一五	宋劉時舉	六	三一九	史	七	二二六五	
續呂氏家塾讀詩記	三	宋戴溪	三	一六五	經	六	二八四	
續孟子	二	唐林慎思	一	一三	子	一	三五五四	
續茶經	三 附一	清陸廷燦	四	二八〇	子	一六	三三八一	
續後漢書	四八 附四	宋蕭常	一三	六〇三	史	二	一四四九 一四五〇	
續後漢書	九〇	元郝經	三四	二六六四	史	二	一四五一 一四五六	
續軒渠集	一〇 附一	元洪希文	四	一八五	集	一六	四八五四	
續書畫題跋記								見書畫題跋記
續書譜	一	宋姜夔	一	一七	子	一三	三一五三	
續通志	六四〇	清乾隆御定	二〇〇	一四七六六	史	一一 一三	一四七七 一五〇六	

續通典	一五〇	清乾隆御定	八	三八八九	史 二九 三〇	二三四四 二三五三
續博物志	一〇	晉李石	二	八八	子 三	四〇六八
續畫品	一	陳姚最	合	六	子 一三	三一四〇
續詩話	一	宋司馬光	一	一四	集 四〇	六〇三六
續詩傳鳥名卷	三	清毛奇齡	一	六三	經 七	三三六
續資治通鑑長編	五二〇	宋李燾	一九二	一四八七〇	史 六	二三一六 二三四五
續齊諧記	一	梁吳均	一	三	子 三三	四〇四四

二十二畫

讀左日鈔	二三 附二	清朱鶴齡	六	五一八	經 一五	六八四
讀史記十表	一〇	清汪越	五	五〇二	史 一	九七九
讀四書叢說	四	元許謙	三	一八九	經 一七	八〇二
讀朱隨筆	四	清陸隴其	四	一六三	子 四	二七一〇
讀易大旨	五	清孫奇逢	四	二五五	經 三	一三七
讀易日鈔	八	清張烈	八	五四四	經 四	一五一

讀易考原	一	元蕭漢中	一	五三	經 二	八五
讀易私言	一	元許衡	一	一五	經 二	六九
讀易述	一七	明潘士藻	一四	一〇二五	經 三	一一六 一一七
讀易紀聞	六	明張獻翼	六	三〇二	經 三	一一三
讀易詳說	一〇	宋李光	六	三八三	經 一	一八
讀易餘言	五	明崔銑	二	一八六	經 三	一〇四
讀易擧要	四	宋俞琰	四	一四七	經 二	六六
讀孟子箚記						見榕村四書說
讀春秋畧記	三	明朱朝瑛	六	四四三	經 一四	六六八
讀春秋編	三	宋陳深	六	三三二	經 一三	六一三
讀書分年日程	三	元程端禮	三	一五二	子 二	二六二四
讀書記						見西山讀書記
讀書後	八	明王世貞	四	一八九	集 三	五三三四
讀書紀數畧	五四	清宮夢仁	三〇	一五二五	子 三一	三九九三 三九九六

讀書偶記	三	清雷鋐	三	一二一	子四	二七一	
讀書管見	二	元王充耘	二	一三二	經五	二三一	
讀書箚記	八	明徐向志	三	一五二	子三	二六五四	
讀書齋偶存稿	四	清葉方藹	四	一七〇	集二六	五三七四	
讀書錄	一一 附一二	明薛瑄	三	五三九	子二	二六三七 二六三八	
讀書叢說	六	元許謙	三	一六二	經五	二三五	
讀詩私記	五	明李先芳	二	八〇	經七	三一〇	
讀詩畧記	六	明朱朝瑛	六	四五八	經七	三一三	
讀詩質疑	四六	清嚴虞惇	一八	一三六五	經八	三四〇 三四二	
讀論語箚記							見榕村四書說
讀禮志疑	六	清陸隴其	三	一八二	經一一	五〇〇	
讀禮通考	一二〇	清徐乾學	六〇	四五〇八	經一〇	四三四 四四三	
霽山集	五	宋林景熙	二	一四二	集一四	四七七〇	
權文公集	一〇	唐權德輿	二	一一五	集二	四一八六	

疊山集	四 附一	宋謝枋得	三	一三九	集一三	四七四九
鑑誡錄	一〇	蜀何光遠	二	一一七	子三一	四〇〇六
儼山外集	三四	明陸深	七	四三六	子二〇	三四八三
儼山集	一〇〇 附一〇	明陸深	二八	一四三〇	集三三	五一四五 五一四九
臞軒集	一六	宋王邁	三	四六九	集一三	四七一二 四七一三
鷺子	一	周鷺熊	一	三三	子一六	三二九七

二十三畫

欒城遺言	一	宋蘇籀	一	一九	子一八	三三九二
欒城集	五〇 附四六	宋蘇轍	三四	一八一五	集　六	四三七四 四三七九
麟角集	一	唐王棨	一	六二	集　三	四二三五
麟原文集	八 附一	元王禮	八	四〇四	集一七	四九三一
麟臺故事	五	宋程俱	二	七二	史二六	二一九二
巖下放言	三	宋葉夢得	一	五〇	子一八	三三八九

二十四畫

讕言長語	一	明曹安	一	八三	子一九	三四〇	
靈城精義	二	南唐何溥	一	七九	子一三	三一一四	
靈棋經	二	漢東方朔	二	一〇四	子一三	三一一五	
靈臺祕苑	一五	北周庾子才原撰 宋人重修	四	三〇八	子一三	三一〇六	
靈樞經	一二		四	二一八	子五	二七六〇	
靈巖集	八	宋唐士恥	四	一八九	集一三	四七三三	
蠹齋鉛刀編	三二	宋周孚	五	二四一	集一〇	四五八八	
鹽鐵論	一二	漢桓寬	六	三六五	子一	二五四九	
孏窟詞	一	宋侯寘	合	二六	集四三	六〇九六	
二十五畫							
蠻書	一〇	唐樊綽	二	八〇	史一七	一七四二	
觀妙齋金石文考略							見金石文考略
觀物篇解	五 附一	宋祝泌	五	四六五	子一三	三〇九七	
觀林詩話	一	宋吳聿	一	三二	集四一	六〇五三	

顳顬經	二		一	二六	子五	二七八四
二十六畫						
灤京雜詠	一	元楊允孚	一	一九	集一七	四九二九
二十七畫						
讜論集	五	宋陳次升	三	一三五	史一四	一六〇二
二十九畫						
鬱洲遺稿	八	明梁儲	四	一六二	集三	五〇九〇

四庫全書索引　終

文溯閣四庫全書書名索引檢字説明

一、本書有兩個書名索引:一個是綫裝本《文溯閣四庫全書提要》書末原有的,題爲“欽定四庫全書書名索引”(以下簡稱“索引一”);另一個是平裝本《文溯閣四庫全書要略及索引》中後編的索引,題爲“文溯閣四庫全書書名索引”(以下簡稱“索引二”)。這兩個索引都是按書名首字的筆畫順序編排。同筆畫的字,又按點、横、豎、撇、折的次序排列。

二、爲了查檢方便,我們此次新編了書名首字的筆畫和拼音檢字。

筆畫檢字的順序完全按照原索引,將書名首字提出來,使讀者可以快速鎖定書名。所以,筆畫檢字表也可以看作是兩個索引的目録。原索引將書名中有不同字形或寫法的都予列入,如“却”與“卻”、“迪”與“廸”、“游”與“遊”、“璇”與“璿”,有的確實涉及到書名的具體寫法,我們將這些字全部收入檢字表中。原索引存在個别誤重的條目,則誤重的書名不入檢字。

拼音檢字是在筆畫檢字的基礎上編成的。凡遇到的多音字,儘量根據其在書名中的實際讀音排列,但難免會有特殊讀音,若讀者按某一讀音查檢不到,可嘗試另一讀音。

三、讀者根據筆畫或拼音檢字,可以查到該字在索引一和索引二中的頁碼(此指原書頁碼,不是此次影印時統編的頁碼),兩者之間用斜杠隔開。斜杠前爲索引一的頁碼,斜杠後爲索引二的頁碼。

例如,按拼音檢索“慶”字,查到的結果是“三九 B/二二一”,則表示以“慶”字開頭的書名,在“索引一”的第三十九頁 B 面(B 面指一個綫裝書筒子頁的後半面),在“索引二”的第二二一頁。

如果以某字開頭的書名有多個，在索引中排到兩頁及以上，則只列其在索引中第一次出現的頁碼。例如八畫的“易”字，查到的結果是“十八 A/九八”，則表示以“易”字開頭的書名，在“索引一”的第十八頁 A 面（A 面指一個綫裝書筒子頁的前半面），在“索引二”的第九十八頁，在翻到該頁後，可以發現以“易”字開頭的書名實際是跨頁的。

四、“索引一”和“索引二”的功能不同。

通過“索引一”，可以查到該書提要在本書中的卷數和頁數；通過“索引二”，可以查到該書的卷數、著者及時代，以及該書存在的物理形態，即在文溯閣《四庫全書》中，該書有多少册，多少頁，裝爲幾函（函號），存放於經史子集四部中哪一部的第多少架（架號）。

仍以“慶”字爲例，我們在“索引一”的第三十九頁 B 面查到兩個以“慶”字開頭的書名，分别是《慶元黨禁》和《慶湖遺老詩集》。《慶元黨禁》下的數字爲“三四・一五”，表示此書提要是在卷三十四第十五頁。《慶湖遺老詩集》下的數字爲“八七・一〇”，表示此書提要是在卷八十七第十頁。

而在“索引二”的第二二一頁，我們可以查到《慶元黨禁》爲一卷，作者爲“滄州樵叟”，一册，五十四頁，裝爲一函，函號一六八九，在史部的第十六架；《慶湖遺老詩集》爲九卷，宋賀鑄撰，四册，一九八頁，裝爲一函，函號四四三四，在集部的第七架。

對於現代讀者而言，架號和函號的意義已經不大，我們經常要使用的是“索引一”，以及“索引二”的前幾項内容。

五、書名有不同稱呼的，兩個索引都提供了互見條目。如《古文尚書疏證》下注曰“見《尚書古疏證》”，《玉瀾集》下注曰“見《韋齋集》”。

筆畫檢字

一畫

一　一A/一

二畫

二　一A/一
丁　一A/二
十　一A/二
七　一A/三
卜　一A/三
八　一A/三
入　一B/三
人　一B/四
九　一B/四
了　一B/五

三畫

三　一B/五
干　二A/七
于　二A/七
土　二A/八
士　二A/八
才　二A/八
大　二A/八
小　二B/一一
上　二B/一一
山　二B/一二
千　三A/一三
子　三A/一三

四畫

斗　三A/一四
六　三A/一四
文　三B/一五
方　四A/一八
亢　四A/一九
心　四A/一九
王　四A/一九
井　四B/二〇
天　四B/二〇
元　四B/二一
木　五A/二三
切　五A/二三
不　五A/二三

五畫

仕 十 A/五二
白 十 A/五二
瓜 十 A/五三
外 十 A/五三
用 十 A/五三
句 十 A/五三
册 十 A/五四
包 十 A/五四
弁 十 A/五四
司 十 A/五四
弘 十 A/五四
皮 十 A/五四

六畫

汗 十 A/五四
江 十 B/五四
池 十 B/五六
汝 十 B/五六
守 十 B/五六
宅 十 B/五六
字 十 B/五六
安 十 B/五六
次 十 B/五七
亦 十 B/五七
州 十 B/五七
式 十 B/五七
圭 十 B/五七
老 十一 A/五七
考 十一 A/五八
西 十一 A/五八
在 十一 B/六一
列 十一 B/六一
百 十一 B/六一
存 十一 B/六一
至 十一 B/六一
夷 十一 B/六二
匡 十一 B/六二
此 十一 B/六二
艾 十一 B/六二
曲 十一 B/六二
同 十一 B/六二
因 十一 B/六三
回 十一 B/六三
全 十二 A/六三
合 十二 A/六四
朱 十二 A/六四
先 十二 A/六四
竹 十二 A/六四
印 十二 B/六六
伐 十二 B/六六
仲 十二 B/六六
伊 十二 B/六六
仰 十二 B/六七
自 十二 B/六七

后　十二 B/六七
行　十二 B/六七
名　十二 B/六七
羽　十二 B/六八
牟　十二 B/六八
艮　十二 B/六八

七畫

汴　十二 B/六八
沈　十二 B/六八
沙　十二 B/六八
沖　十二 B/六八
宋　十二 B/六八
宏　十三 A/七〇
冷　十三 A/七〇
言　十三 A/七〇
初　十三 A/七〇
求　十三 A/七一
坊　十三 A/七一
赤　十三 A/七一
孝　十三 A/七一
攻　十三 B/七二
折　十三 B/七二
投　十三 B/七二
抑　十三 B/七二
杜　十三 B/七二
杏　十三 B/七三
李　十三 B/七三
甫　十三 B/七四
吾　十三 B/七四
酉　十三 B/七四
成　十三 B/七四
戒　十四 A/七四
克　十四 A/七四
夾　十四 A/七五
步　十四 A/七五
見　十四 A/七五
困　十四 A/七五
呂　十四 A/七五
吹　十四 A/七五
别　十四 A/七五
吳　十四 A/七六
谷　十四 A/七七
希　十四 A/七七
延　十四 B/七七
何　十四 B/七七
伯　十四 B/七八
作　十四 B/七八
佛　十四 B/七八
巵　十四 B/七八
伸　十四 B/七八
肘　十四 B/七八
妙　十四 B/七八
局　十四 B/七八

甬　十四 B/七八

八畫

注　十四 B/七八
法　十四 B/七八
河　十四 B/七九
泊　十四 B/八〇
泠　十五 A/八〇
治　十五 A/八〇
性　十五 A/八〇
宗　十五 A/八一
定　十五 A/八一
官　十五 A/八一
空　十五 A/八一
宛　十五 A/八一
京　十五 A/八二
放　十五 A/八二
庚　十五 A/八二
炎　十五 A/八二
武　十五 A/八二
青　十五 B/八三
玩　十五 B/八三
表　十五 B/八四
幸　十五 B/八四
却　十五 B/八四
卦　十五 B/八四
坦　十五 B/八四
坤　十五 B/八四
坡　十五 B/八四
政　十五 B/八四
押　十五 B/八四
拙　十五 B/八五
抱　十五 B/八五
林　十五 B/八五
松　十五 B/八五
杼　十六 A/八六
來　十六 A/八六
東　十六 A/八六
事　十六 B/九〇
雨　十六 B/九〇
兩　十六 B/九一
協　十七 A/九一
奇　十七 A/九一
直　十七 A/九二
尚　十七 A/九二
長　十七 B/九四
芳　十七 B/九五
芸　十七 B/九五
芥　十七 B/九五
花　十七 B/九五
卓　十七 B/九五
虎　十七 B/九五
盱　十七 B/九五
具　十七 B/九五

果 十七 B/九六
昌 十七 B/九六
廸 十七 B/九六
明 十七 B/九六
易 十八 A/九八
呻 十八 B/一〇二
忠 十八 B/一〇三
念 十九 A/一〇四
金 十九 A/一〇四
知 十九 A/一〇五
牧 十九 B/一〇六
物 十九 B/一〇六
乖 十九 B/一〇六
和 十九 B/一〇六
佩 十九 B/一〇六
岳 十九 B/一〇七
兒 十九 B/一〇七
近 十九 B/一〇七
所 十九 B/一〇七
征 十九 B/一〇七
徂 十九 B/一〇七
周 十九 B/一〇七
居 二十 B/一一四
屈 二一 A/一一四
弧 二一 A/一一四
孟 二一 A/一一四
姑 二一 A/一一五
姓 二一 A/一一五
始 二一 A/一一五
附 二一 A/一一六

九畫

洪 二一 A/一一六
洹 二一 A/一一六
洞 二一 A/一一六
洗 二一 A/一一七
洺 二一 A/一一七
洛 二一 A/一一七
宣 二一 B/一一七
客 二一 B/一一八
帝 二一 B/一一八
音 二一 B/一一八
彦 二一 B/一一八
訂 二一 B/一一八
郊 二一 B/一一八
施 二一 B/一一八
前 二一 B/一一八
春 二一 B/一一九
珂 二三 A/一二七
珍 二三 A/一二七
珊 二三 A/一二七
契 二三 A/一二七
封 二三 A/一二七
拾 二三 A/一二七

革 二三 A/一二七
述 二三 A/一二七
柯 二三 A/一二八
柘 二三 A/一二八
相 二三 A/一二八
柏 二三 A/一二八
柳 二三 A/一二八
厚 二三 A/一二八
咸 二三 A/一二八
南 二三 B/一二八
胡 二三 B/一三一
郁 二三 B/一三一
省 二三 B/一三一
貞 二三 B/一三一
范 二四 A/一三一
苑 二四 A/一三二
茅 二四 A/一三二
苕 二四 A/一三二
柴 二四 A/一三二
則 二四 A/一三二
昭 二四 A/一三三
星 二四 A/一三三
品 二四 A/一三三
思 二四 A/一三三
迪 二四 A/一三三
毘 二四 A/一三三
畏 二四 A/一三三
幽 二四 A/一三四
卻 二四 A/一三四
弇 二四 A/一三四
垂 二四 A/一三四
秋 二四 A/一三四
香 二四 B/一三四
重 二四 B/一三五
保 二四 B/一三五
俗 二四 B/一三五
俟 二四 B/一三五
侯 二四 B/一三五
皇 二四 B/一三六
禹 二四 B/一三七
衍 二五 A/一三七
待 二五 A/一三七
律 二五 A/一三八
後 二五 A/一三八
勉 二五 A/一三九
急 二五 A/一三九
扁 二五 A/一三九
風 二五 A/一三九
負 二五 A/一三九
盈 二五 A/一三九
癸 二五 A/一三九
建 二五 A/一四〇
眉 二五 B/一四〇
韋 二五 B/一四〇

姚 二五 B/一四〇
紀 二五 B/一四〇

十畫

浣 二五 B/一四〇
浪 二五 B/一四一
浙 二五 B/一四一
浦 二五 B/一四一
涑 二五 B/一四一
酒 二五 B/一四一
涇 二五 B/一四一
涉 二五 B/一四一
浮 二五 B/一四一
浩 二五 B/一四二
海 二五 B/一四二
悟 二六 A/一四三
家 二六 A/一四三
宮 二六 A/一四三
容 二六 A/一四三
記 二六 A/一四三
凌 二六 A/一四四
高 二六 A/一四四
病 二六 A/一四四
席 二六 A/一四四
庭 二六 A/一四四
唐 二六 A/一四四
旅 二六 B/一四七
益 二六 B/一四七
兼 二六 B/一四八
剡 二六 B/一四八
泰 二六 B/一四八
班 二六 B/一四八
珠 二六 B/一四八
珩 二六 B/一四八
珞 二七 A/一四八
素 二七 A/一四九
祕 二七 A/一四九
袪 二七 A/一四九
祠 二七 A/一四九
祖 二七 A/一四九
神 二七 A/一四九
恥 二七 A/一四九
袁 二七 A/一五〇
耆 二七 A/一五〇
捕 二七 A/一五〇
桂 二七 A/一五〇
栲 二七 A/一五〇
桐 二七 A/一五〇
格 二七 A/一五〇
眞 二七 A/一五一
夏 二七 A/一五一
原 二七 A/一五一
晉 二七 B/一五一
馬 二七 B/一五一

荒　二七 B/一五二
荊　二七 B/一五二
草　二七 B/一五二
茶　二七 B/一五二
荀　二七 B/一五三
茘　二七 B/一五三
晏　二七 B/一五三
晁　二七 B/一五三
蚓　二七 B/一五三
峴　二七 B/一五三
耕　二七 B/一五三
矩　二七 B/一五三
倚　二七 B/一五三
修　二七 B/一五三
倪　二七 B/一五三
島　二七 B/一五四
師　二七 B/一五四
鬼　二七 B/一五四
徐　二七 B/一五四
逃　二八 A/一五四
追　二八 A/一五四
脈　二八 A/一五四
芻　二八 A/一五五
能　二八 A/一五五
書　二八 A/一五五
郡　二八 B/一五七
孫　二八 B/一五七
娱　二八 B/一五八
純　二八 B/一五八
陣　二八 B/一五八
陜　二八 B/一五八
邕　二八 B/一五八

十一畫

淙　二八 B/一五八
淳　二八 B/一五八
淡　二八 B/一五九
深　二八 B/一五九
清　二八 B/一五九
淨　二九 A/一六〇
淮　二九 A/一六〇
梁　二九 A/一六一
淵　二九 A/一六一
惜　二九 A/一六一
惟　二九 A/一六一
密　二九 A/一六一
寇　二九 A/一六一
商　二九 A/一六一
竟　二九 A/一六二
產　二九 A/一六二
訥　二九 A/一六二
郭　二九 A/一六二
痎　二九 A/一六二
庶　二九 A/一六二

庾　二九 A/一六二
康　二九 A/一六二
庸　二九 B/一六三
鹿　二九 B/一六三
望　二九 B/一六三
雪　二九 B/一六三
理　二九 B/一六四
救　二九 B/一六四
執　二九 B/一六四
埤　二九 B/一六四
教　二九 B/一六四
碧　二九 B/一六四
授　二九 B/一六四
採　二九 B/一六四
排　二九 B/一六四
推　二九 B/一六四
郴　二九 B/一六五
梧　二九 B/一六五
桯　二九 B/一六五
梅　二九 B/一六五
曹　三十 A/一六六
研　三十 A/一六六
硃　三十 A/一六六
乾　三十 A/一六六
常　三十 A/一六七
逍　三十 A/一六七
莊　三十 A/一六七
紫　三十 A/一六七
野　三十 A/一六八
畦　三十 B/一六八
晦　三十 B/一六八
晞　三十 B/一六八
國　三十 B/一六九
唯　三十 B/一六九
問　三十 B/一六九
崇　三十 B/一六九
崧　三十 B/一六九
崑　三十 B/一六九
笠　三十 B/一六九
鈞　三十 B/一六九
敝　三十 B/一七〇
猗　三十 B/一七〇
術　三十 B/一七〇
御　三十 B/一七〇
脚　三十 B/一七〇
扈　三十 B/一七〇
習　三十 B/一七〇
通　三十 B/一七〇
參　三一 A/一七一
晝　三一 A/一七二
屏　三一 A/一七二
尉　三一 A/一七二
張　三一 A/一七二
婦　三一 A/一七三

紺 三一 A/一七三
紹 三一 A/一七三
陸 三一 A/一七三
陵 三一 A/一七三
陳 三一 A/一七三
陰 三一 B/一七四
陶 三一 B/一七四
巢 三一 B/一七五

十二畫

游 三一 B/一七五
渾 三一 B/一七五
渚 三一 B/一七五
湛 三一 B/一七五
湘 三一 B/一七五
湖 三一 B/一七六
測 三一 B/一七六
湯 三一 B/一七六
温 三一 B/一七六
渭 三一 B/一七六
寒 三一 B/一七七
富 三二 A/一七七
寓 三二 A/一七七
童 三二 A/一七七
詠 三二 A/一七七
評 三二 A/一七七
詞 三二 A/一七八
馮 三二 A/一七八
普 三二 A/一七八
曾 三二 A/一七八
尊 三二 A/一七八
雲 三二 A/一七九
琴 三二 B/一八〇
絜 三二 B/一八〇
項 三二 B/一八一
壺 三二 B/一八一
彭 三二 B/一八一
堯 三二 B/一八一
越 三二 B/一八一
都 三二 B/一八一
揮 三二 B/一八一
揚 三二 B/一八一
搜 三二 B/一八二
握 三二 B/一八二
黄 三二 B/一八二
散 三二 B/一八二
博 三三 A/一八二
栟 三三 A/一八三
棋 三三 A/一八三
椒 三三 A/一八三
盛 三三 A/一八三
朝 三三 A/一八三
硯 三三 A/一八三
雁 三三 A/一八四

雅　三三 A/一八四
棠　三三 A/一八四
萍　三三 A/一八四
華　三三 A/一八四
菽　三三 A/一八四
菌　三三 A/一八四
菊　三三 A/一八五
虛　三三 A/一八五
景　三三 A/一八五
異　三三 A/一八五
開　三三 B/一八六
閑　三三 B/一八六
間　三三 B/一八六
鄂　三三 B/一八六
喻　三三 B/一八六
蛟　三三 B/一八六
貴　三三 B/一八六
筆　三三 B/一八六
筍　三三 B/一八六
鈍　三三 B/一八六
舒　三三 B/一八七
斐　三三 B/一八七
無　三三 B/一八七
剩　三三 B/一八七
嵇　三三 B/一八七
程　三三 B/一八七
喬　三三 B/一八七
焦　三三 B/一八七
集　三三 B/一八七
備　三三 B/一八八
衆　三三 B/一八八
傅　三三 B/一八八
傲　三四 A/一八八
粤　三四 A/一八八
復　三四 A/一八八
須　三四 A/一八九
勝　三四 A/一八九
脾　三四 A/一八九
逸　三四 A/一八九
象　三四 A/一八九
觚　三四 A/一八九
登　三四 A/一八九
發　三四 A/一八九
畫　三四 A/一八九
巽　三四 A/一九〇
强　三四 A/一九〇
給　三四 A/一九〇
絳　三四 A/一九〇
絶　三四 A/一九〇
幾　三四 A/一九一
隋　三四 A/一九一
隆　三四 A/一九一

十三畫

滏　三四 B/一九一

滋　三四 B/一九一
源　三四 B/一九一
滇　三四 B/一九一
溪　三四 B/一九一
滄　三四 B/一九二
準　三四 B/一九二
慎　三四 B/一九二
愧　三四 B/一九二
靖　三四 B/一九二
意　三四 B/一九二
新　三四 B/一九二
廉　三四 B/一九三
詳　三四 B/一九三
詩　三四 B/一九三
雍　三五 B/一九七
資　三五 B/一九七
義　三五 B/一九八
煎　三五 B/一九八
遊　三五 B/一九八
運　三五 B/一九八
道　三五 B/一九八
遂　三五 B/一九九
瑟　三六 A/一九九
瑞　三六 A/一九九
補　三五 B/一九九
聖　三六 A/二〇〇
靳　三六 A/二〇〇
勤　三六 A/二〇〇
賈　三六 A/二〇〇
楳　三六 A/二〇一
禁　三六 A/二〇一
楚　三六 A/二〇一
楊　三六 A/二〇一
極　三六 A/二〇二
楓　三六 A/二〇二
肆　三六 A/二〇二
虞　三六 A/二〇二
歲　三六 A/二〇二
葉　三六 A/二〇二
葬　三六 B/二〇二
萬　三六 B/二〇二
敬　三六 B/二〇三
葦　三六 B/二〇三
葯　三六 B/二〇三
蜀　三六 B/二〇三
鼎　三六 B/二〇三
愚　三六 B/二〇四
農　三六 B/二〇四
跨　三六 B/二〇四
路　三六 B/二〇四
鄖　三六 B/二〇四
蛻　三六 B/二〇四
過　三六 B/二〇四
嵩　三六 B/二〇四

筠 三六 B/二〇五
愛 三六 B/二〇五
禽 三六 B/二〇五
會 三六 B/二〇五
稗 三六 B/二〇五
傳 三七 A/二〇五
催 三七 A/二〇六
傷 三七 A/二〇六
鼠 三七 A/二〇六
皃 三七 A/二〇六
遁 三七 A/二〇六
殿 三七 A/二〇六
羣 三七 A/二〇七
經 三七 A/二〇七
綏 三七 A/二〇八
鄉 三七 B/二〇八
勦 三七 B/二〇八

十四畫

演 三七 B/二〇八
滿 三七 B/二〇八
漢 三七 B/二〇九
漱 三七 B/二〇九
滹 三七 B/二一〇
浸 三七 B/二一〇
漁 三七 B/二一〇
寧 三七 B/二一〇
賓 三七 B/二一〇
實 三七 B/二一〇
説 三七 B/二一〇
語 三八 A/二一一
誠 三八 A/二一一
韶 三八 A/二一一
端 三八 A/二一一
瘟 三八 A/二一一
齊 三八 A/二一二
榮 三八 A/二一二
滎 三八 A/二一二
頬 三八 A/二一二
精 三八 A/二一二
瑶 三八 A/二一二
碧 三八 A/二一二
福 三八 A/二一二
壽 三八 A/二一二
摛 三八 A/二一二
臺 三八 A/二一二
嘉 三八 A/二一三
趙 三八 A/二一三
榕 三八 A/二一三
槎 三八 A/二一三
爾 三八 A/二一三
蒲 三八 B/二一四
蒙 三八 B/二一四
夢 三八 B/二一四

墓 三八 B/二一五
慈 三八 B/二一五
對 三八 B/二一五
睽 三八 B/二一五
聞 三八 B/二一五
閩 三八 B/二一五
嗚 三八 B/二一六
幔 三八 B/二一六
圖 三八 B/二一六
管 三八 B/二一六
箋 三八 B/二一六
算 三八 B/二一六
銅 三八 B/二一六
銀 三八 B/二一六
槃 三九 A/二一七
僑 三九 A/二一七
像 三九 A/二一七
鳳 三九 A/二一七
翠 三九 A/二一七
熊 三九 A/二一七
盡 三九 A/二一七
遜 三九 A/二一七
疑 三九 A/二一七
綢 三九 A/二一七
綱 三九 A/二一八
緇 三九 A/二一八

十五畫

澂 三九 A/二一八
潛 三九 A/二一八
潤 三九 A/二一八
潞 三九 A/二一八
潘 三九 A/二一九
潏 三九 A/二一九
審 三九 A/二一九
毅 三九 A/二一九
談 三九 A/二一九
論 三九 A/二一九
廣 三九 B/二二〇
廟 三九 B/二二一
慶 三九 B/二二一
羯 三九 B/二二一
養 三九 B/二二一
鄭 三九 B/二二二
緒 三九 B/二二二
震 三九 B/二二二
璇 四十 A/二二二
敖 四十 A/二二二
穀 四十 A/二二二
熱 四十 A/二二二
增 四十 A/二二三
樗 四十 A/二二三
樓 四十 A/二二三

樊 四十 A/二二三
輟 四十 A/二二三
歐 四十 A/二二三
蓮 四十 A/二二三
蔡 四十 A/二二四
劇 四十 A/二二四
頤 四十 A/二二四
墨 四十 A/二二四
閭 四十 A/二二五
數 四十 A/二二五
箴 四十 B/二二五
篋 四十 B/二二五
篁 四十 B/二二五
篆 四十 B/二二五
節 四十 B/二二五
劍 四十 B/二二六
鄱 四十 B/二二六
稼 四十 B/二二六
稽 四十 B/二二六
黎 四十 B/二二六
儀 四十 B/二二六
樂 四十 B/二二八
德 四一 A/二二九
盤 四一 A/二二九
鄮 四一 A/二二九
劉 四一 A/二二九
魯 四一 A/二三〇
鄧 四一 A/二三〇
履 四一 A/二三〇
練 四一 A/二三〇
編 四一 A/二三〇
緝 四一 A/二三〇
緣 四一 A/二三一
畿 四一 A/二三一

十六畫

澠 四一 B/二三一
澮 四一 B/二三一
親 四一 B/二三一
辨 四一 B/二三一
龍 四一 B/二三一
謚 四一 B/二三二
諸 四一 B/二三二
諭 四一 B/二三二
麈 四一 B/二三二
糖 四一 B/二三三
遵 四一 B/二三三
遼 四一 B/二三三
霏 四一 B/二三三
靜 四一 B/二三三
撼 四一 B/二三三
燕 四一 B/二三三
整 四二 A/二三四
融 四二 A/二三四

瓢 四二 A/二三四
橫 四二 A/二三四
樵 四二 A/二三四
橘 四二 A/二三四
歷 四二 A/二三四
翰 四二 A/二三六
駮 四二 B/二三六
駱 四二 B/二三六
膚 四二 B/二三六
盧 四二 B/二三七
鄴 四二 B/二三七
默 四二 B/二三七
曉 四二 B/二三七
遺 四二 B/二三七
圜 四二 B/二三七
戰 四二 B/二三七
篔 四二 B/二三八
餘 四二 B/二三八
錢 四二 B/二三八
錦 四二 B/二三八
歙 四二 B/二三八
學 四二 B/二三九
積 四三 A/二三九
穆 四三 A/二四〇
儒 四三 A/二四〇
獨 四三 A/二四〇
衡 四三 A/二四〇
衞 四三 A/二四〇
鮑 四三 A/二四一
龜 四三 A/二四一
豫 四三 A/二四一
穎 四三 A/二四一
縉 四三 A/二四一
緯 四三 A/二四一
隨 四三 A/二四一

十七畫

濟 四三 A/二四一
鴻 四三 A/二四二
謙 四三 A/二四二
謝 四三 A/二四二
襄 四三 A/二四二
應 四三 A/二四二
營 四三 B/二四二
燭 四三 B/二四二
霞 四三 B/二四二
環 四三 B/二四二
禪 四三 B/二四二
聲 四三 B/二四三
輿 四三 B/二四三
擊 四三 B/二四三
檀 四三 B/二四三
檆 四三 B/二四三
隸 四三 B/二四三

檜 四三 B/二四三
檇 四三 B/二四三
韓 四三 B/二四三
薛 四三 B/二四四
薜 四三 B/二四四
還 四三 B/二四四
嘯 四三 B/二四五
牆 四三 B/二四五
嶺 四三 B/二四五
臨 四四 A/二四五
鍼 四四 A/二四五
鍾 四四 A/二四六
僧 四四 A/二四六
優 四四 A/二四六
避 四四 A/二四六
隱 四四 A/二四六

十八畫

雜 四四 A/二四六
顔 四四 A/二四六
甕 四四 A/二四六
豐 四四 A/二四六
璿 四四 A/二四六
禮 四四 A/二四七
職 四四 B/二四八
轉 四四 B/二四八
覆 四四 B/二四八
醫 四四 B/二四八
邇 四四 B/二四九
駢 四四 B/二四九
騎 四四 B/二四九
藏 四四 B/二四九
藍 四四 B/二四九
舊 四四 B/二五〇
蕭 四四 B/二五〇
題 四四 B/二五〇
蟫 四四 B/二五〇
簡 四四 B/二五〇
雞 四四 B/二五〇
鵝 四四 B/二五〇
魏 四五 A/二五〇
儲 四五 A/二五一
雙 四五 A/二五一
歸 四五 A/二五一
彝 四五 A/二五一
繙 四五 A/二五二
斷 四五 A/二五二

十九畫

瀛 四五 A/二五二
瀨 四五 A/二五二
懷 四五 A/二五二
韻 四五 A/二五二
識 四五 A/二五三

譚 四五 A/二五三
證 四五 A/二五三
離 四五 A/二五三
廬 四五 A/二五三
類 四五 B/二五三
瓊 四五 B/二五四
難 四五 B/二五四
麗 四五 B/二五四
願 四五 B/二五四
藝 四五 B/二五四
羅 四五 B/二五四
曝 四五 B/二五五
關 四五 B/二五五
嚴 四五 B/二五五
籀 四五 B/二五五
蟹 四五 B/二五五
鯨 四五 B/二五五
鯤 四五 B/二五五
嬾 四五 B/二五五
繹 四五 B/二五五
繪 四五 B/二五五

二十畫

賓 四五 B/二五六
竇 四六 A/二五六
蘆 四六 A/二五六
蘇 四六 A/二五六
鶡 四六 A/二五七
籌 四六 A/二五七
鐔 四六 A/二五七
釋 四六 A/二五七
繼 四六 A/二五八

二十一畫

灌 四六 A/二五八
灊 四六 A/二五八
辯 四六 A/二五八
鶴 四六 A/二五八
顧 四六 A/二五八
驂 四六 A/二五八
蘭 四六 A/二五八
蠛 四六 B/二五九
鐵 四六 B/二五九
蠡 四六 B/二五九
續 四六 B/二六〇

二十二畫

讀 四六 B/二六一
霽 四七 A/二六三
權 四七 A/二六三
疊 四七 A/二六四
鑑 四七 A/二六四
儼 四七 A/二六四
臞 四七 A/二六四

鷩 四七 A/二六四

二十三畫

欒 四七 A/二六四
麟 四七 A/二六四
巖 四七 B/二六四

二十四畫

讕 四七 B/二六五
靈 四七 B/二六五
蠹 四七 B/二六五
鹽 四七 B/二六五
孏 四七 B/二六五

二十五畫

蠻 四七 B/二六五
觀 四七 B/二六五
顱 四七 B/二六六

二十六畫

灤 四七 B/二六六

二十七畫

讜 四七 B/二六六

二十九畫

鬱 四七 B/二六六

拼音檢字

A

ai

艾 十一 B/六二

愛 三六 B/二〇五

an

安 十 B/五六

ao

熬 四十 A/二二二

傲 三四 A/一八八

B

ba

八 一 A/三

巴 六 B/三四

bai

白 十 A/五二

百 十一 B/六一

柏 二三 A/一二八

稗 三六 B/二〇五

ban

班 二六 B/一四八

半 七 A/三四

bao

包 十 A/五四

保 二四 B/一三五

寶 四五 B/二五六

抱 十五 B/八五

鮑 四三 A/二四一

bei

北 九 A/四六

備 三三 B/一八八

ben

本 八 A/四三

bi

筆 三三 B/一八六

敝 三十 B/一七〇

碧 三八 A/二一二

薜 四三 B/二四四

避 四四 A/二四六

bian

編 四一 A/二三〇
扁 二五 A/一三九
弁 十 A/五四
汴 十二 B/六八
辨 四一 B/二三一
辯 四六 A/二五八

biao

表 十五 B/八四

bie

別 十四 A/七五

bao

賓 三七 B/二一〇

bin

瀕 四五 A/二五二

bing

栟 三三 A/一八三
丙 八 B/四三
病 二六 A/一四四

bo

伯 十四 B/七八
泊 十四 B/八〇
博 三三 A/一八二
駮 四二 B/二三六

bu

卜 一 A/三
捕 二七 A/一五〇
補 三五 B/一九九
不 五 A/二三
步 十四 A/七五

C

cai

才 二 A/八
採 二九 B/一六四
蔡 四十 A/二二四

can

參 三一 A/一七一
驂 四六 A/二五八

cang

滄 三四 B/一九二
藏 四四 B/二四九

cao

曹 三十 A/一六六
草 二七 B/一五二

ce

册 十 A/五四
測 三一 B/一七六

cha

茶 二七 B/一五二
槎 三八 A/二一三

chai

柴 二四 A/一三二

chan

襌 四三 B/二四二

産 二九 A/一六二

chang

昌 十七 B/九六

長 十七 B/九四

常 三十 A/一六七

chao

晁 二七 B/一五三

巢 三一 B/一七五

朝 三三 A/一八三

chen

郴 二九 B/一六五

陳 三一 A/一七三

cheng

成 十三 B/七四

程 三三 B/一八七

誠 三八 A/二一一

chi

摛 三八 A/二一二

池 十 B/五六

恥 二七 A/一四九

赤 十三 A/七一

chong

沖 十二 B/六八

崇 三十 B/一六九

chou

籌 四六 A/二五七

chu

初 十三 A/七〇

樗 四十 A/二二三

芻 二八 A/一五五

楚 三六 A/二〇一

褚 三九 B/二二二

儲 四五 A/二五一

chuan

傳 三七 A/二〇五

chui

吹 十四 A/七五

垂 二四 A/一三四

chun

春 二一 B/一一九

純 二八 B/一五八

淳 二八 B/一五八

chuo

輟 四十 A/二二三

ci

祠 二七 A/一四九

詞 三二 A/一七八

慈 三八 B/二一五

此 十一 B/六二

次 十 B/五七

cong

淙 二八 B/一五八

cu

徂 十九 B/一〇七

cui

催 三七 A/二〇六

翠 三九 A/二一七

cun

存 十一 B/六一

D

da

大 二 A/八

dai

待 二五 A/一三七

dan

丹 六 B/三三

淡 二八 B/一五九

澹 四一 B/二三一

dang

讜 四七 B/二六六

dao

島 二七 B/一五四

道 三五 B/一九八

de

德 四一 A/二二九

deng

登 三四 A/一八九

鄧 四一 A/二三〇

di

廸 十七 B/九六

迪 二四 A/一三三

帝 二一 B/一一八

dian

滇 三四 B/一九一

殿 三七 A/二〇六

diao

釣 三十 B/一六九

die

疊 四七 A/二六四

ding

丁 一 A/二

鼎 三六 B/二〇三

定 十五 A/八一

訂 二一 B/一一八

dong

東 十六 A/八六

洞 二一 A/一一六

dou

斗 三 A/一四

竇 四六 A/二五六

du

都 三二 B/一八一

獨 四三 A/二四〇

讀 四六 B/二六一

杜 十三 B/七二

蠹 四七 B/二六五

duan

端 三八 A/二一一

斷 四五 A/二五二

dui

對 三八 B/二一五

dun

遁 三七 A/二〇六

鈍 三三 B/一八六

E

e

鵝 四四 B/二五〇

鄂 三三 B/一八六

er

兒 十九 B/一〇七

爾 三八 A/二一三

邇 四四 B/二四九

二 一 A/一

F

fa

發 三四 A/一八九

伐 十二 B/六六

法 十四 B/七八

fan

樊 四十 A/二二三

繙 四五 A/二五二

范 二四 A/一三一

fang

方 四 A/一八

坊 十三 A/七一

芳 十七 B/九五

放 十五 A/八二

fei

霏 四一 B/二三三

斐 三三 B/一八七

fen

分 六 A/三一

feng

封 二三 A/一二七

風 二五 A/一三九

楓 三六 A/二〇二

豐 四四 A/二四六

馮 三二 A/一七八

鳳 三九 A/二一七

fo

佛 十四 B/七八

fu

浮 二五 B/一四一

福 三八 A/二一二

鳧 三七 A/二〇六

甫 十三 B/七四
滏 三四 B/一九一
附 二一 A/一一六
負 二五 A/一三九
婦 三一 A/一七三
傅 三三 B/一八八
富 三二 A/一七七
復 三四 A/一八八
覆 四四 B/二四八

G

gan
干 二 A/七
甘 七 B/三八
澉 三九 A/二一八
紺 三一 A/一七三

gang
綱 三九 A/二一八

gao
高 二六 A/一四四

ge
革 二三 A/一二七
格 二七 A/一五〇

gei
給 三四 A/一九〇

gen
艮 十二 B/六八

geng
庚 十五 A/八二
耕 二七 B/一五三

gong
公 六 A/三〇
攻 十三 B/七二
宫 二六 A/一四三
碧 二九 B/一六四

gu
姑 二一 A/一一五
觚 三四 A/一八九
古 七 B/三九
谷 十四 A/七七
穀 四十 A/二二二
顧 四六 A/二五八

gua
瓜 十 A/五三
卦 十五 B/八四

guai
乖 十九 B/一〇六

guan
官 十五 A/八一
關 四五 B/二五五
觀 四七 B/二六五
管 三八 B/二一六

灌 四六 A/二五八

guang

廣 三九 B/二二〇

gui

圭 十 B/五七
龜 四三 A/二四一
歸 四五 A/二五一
癸 二五 A/一三九
鬼 二七 B/一五四
桂 二七 A/一五〇
貴 三三 B/一八六

guo

郭 二九 A/一六二
國 三十 B/一六九
果 十七 B/九六
過 三六 B/二〇四

H

hai

海 二五 B/一四二

han

寒 三一 B/一七七
韓 四三 B/二四三
汗 十 A/五四
漢 三七 B/二〇九
撼 四一 B/二三三
翰 四二 A/二三六

hao

浩 二五 B/一四二

he

合 十二 A/六四
何 十四 B/七七
和 十九 B/一〇六
河 十四 B/七九
鶡 四六 A/二五七
鶴 四六 A/二五八

heng

珩 二六 B/一四八
横 四二 A/二三四
衡 四三 A/二四〇

hong

弘 十 A/五四
宏 十三 A/七〇
洪 二一 A/一一六
鴻 四三 A/二四二

hou

侯 二四 B/一三五
后 十二 B/六七
厚 二三 A/一二八
後 二五 A/一三八

hu

滹 三七 B/二一〇
弧 二一 A/一一四

胡 二三 B/一三一
壺 三二 B/一八一
湖 三一 B/一七六
虎 十七 B/九五
扈 三十 B/一七〇

hua

花 十七 B/九五
華 三三 A/一八四
化 六 B/三三
畫 三四 A/一八九

huai

淮 二九 A/一六〇
懷 四五 A/二五二

huan

洹 二一 A/一一六
還 四三 B/二四四
環 四三 B/二四二
浣 二五 B/一四〇

huang

荒 二七 B/一五二
皇 二四 B/一三六
黄 三二 B/一八二
篁 四十 B/二二五

hui

揮 三二 B/一八一
回 十一 B/六三
晦 三十 B/一六八
會 三六 B/二〇五
檜 四三 B/二四三
繪 四五 B/二五五

hun

渾 三一 B/一七五

J

ji

嵇 三三 B/一八七
畿 四一 A/二三一
稽 四十 B/二二六
緝 四一 A/二三〇
積 四三 A/二三九
擊 四三 B/二四三
雞 四四 B/二五〇
急 二五 A/一三九
極 三六 A/二〇二
集 三三 B/一八七
幾 三四 A/一九一
紀 二五 B/一四〇
記 二六 A/一四三
濟 四三 A/二四一
繼 四六 A/二五八
霽 四七 A/二六三

jia

夾 十四 A/七五

家 二六 A/一四三
嘉 三八 A/二一三
甲 九 A/四八
賈 三六 A/二〇〇
稼 四十 B/二二六

jian

兼 二六 B/一四八
煎 三五 B/一九八
箋 三八 B/二一六
簡 四四 B/二五〇
見 十四 A/七五
建 二五 A/一四〇
劍 四十 B/二二六
鑑 四七 A/二六四
澗 三九 A/二一八

jiang

江 十 B/五四
絳 三四 A/一九〇

jiao

郊 二一 B/一一八
椒 三三 A/一八三
焦 三三 B/一八七
蛟 三三 B/一八六
脚 三十 B/一七〇
勦 三七 B/二〇八
教 二九 B/一六四

jie

痎 二九 A/一六二
節 四十 B/二二五
羯 三九 B/二二一
絜 三二 B/一八〇
介 六 A/三一
戒 十四 A/七四
芥 十七 B/九五

jin

今 六 A/三一
金 十九 A/一〇四
盡 三九 A/二一七
錦 四二 B/二三八
近 十九 B/一〇七
晋 二七 B/一五一
浸 三七 B/二一〇
缙 四三 A/二四一
禁 三六 A/二〇一
靳 三六 A/二〇〇

jing

京 十五 A/八二
荆 二七 B/一五二
涇 二五 B/一四一
經 三七 A/二〇七
精 三八 A/二一二
鯨 四五 B/二五五
井 四 B/二〇
景 三三 A/一八五
淨 二九 A/一六〇

竟 二九 A/一六二
敬 三六 B/二〇三
靖 三四 B/一九二
靜 四一 B/二三三

jiu

九 一 B/四
酒 二五 B/一四一
救 二九 B/一六四
舊 四四 B/二五〇

ju

居 二十 B/一一四
局 十四 B/七八
菊 三三 A/一八五
橘 四二 A/二三四
矩 二七 B/一五三
榘 三九 A/二一七
句 十 A/五三
具 十七 B/九五
劇 四十 A/二二四

jue

絶 三四 A/一九〇
潏 三九 A/二一九

jun

菌 三三 A/一八四
郡 二八 B/一五七

K

kai

開 三三 B/一八六

kan

刊 十 A/五二

kang

康 二九 A/一六二
亢 四 A/一九

kao

考 十一 A/五八
栲 二七 A/一五〇

ke

柯 二三 A/一二八
珂 二三 A/一二七
可 八 B/四三
克 十四 A/七四
客 二一 B/一一八

kong

空 十五 A/八一
孔 六 B/三四

kou

寇 二九 A/一六一

kua

跨 三六 B/二〇四

kuang

匡 十一 B/六二

kui

睽 三八 B/二一五

愧 三四 B/一九二

kun

坤 十五 B/八四

崑 三十 B/一六九

鯤 四五 B/二五五

困 十四 A/七五

L

lai

來 十六 A/八六

lan

藍 四四 B/二四九

蘭 四六 A/二五八

讕 四七 B/二六五

嬾 四五 B/二五五

孏 四七 B/二六五

lang

閬 四十 A/二二五

浪 二五 B/一四一

lao

老 十一 A/五七

le

樂 四十 B/二二八

lei

類 四五 B/二五三

leng

冷 十三 A/七〇

li

黎 四十 B/二二六

離 四五 A/二五三

蠡 四六 B/二五九

李 十三 B/七三

理 二九 B/一六四

禮 四四 A/二四七

立 七 A/三五

荔 二七 B/一五三

笠 三十 B/一六九

歷 四二 A/二三四

隸 四三 B/二四三

麗 四五 B/二五四

lian

廉 三四 B/一九三

蓮 四十 A/二二三

練 四一 A/二三〇

liang

梁 二九 A/一六一

兩 十六 B/九一

liao

遼 四一 B/二三三

了 一B/五

lie

列 十一B/六一

lin

林 十五B/八五
臨 四四A/二四五
麟 四七A/二六四

ling

泠 十五A/八〇
凌 二六A/一四四
陵 三一A/一七三
靈 四七B/二六五
嶺 四三B/二四五

liu

劉 四一A/二二九
柳 二三A/一二八
六 三A/一四

long

隆 三四A/一九一
龍 四一B/二三一

lou

樓 四十A/二二三

lu

盧 四二B/二三七
廬 四五A/二五三
蘆 四六A/二五六
顱 四七B/二六六
魯 四一A/二三〇
陸 三一A/一七三
鹿 二九B/一六三
路 三六B/二〇四
潞 三九A/二一八

lü

呂 十四A/七五
旅 二六B/一四七
履 四一A/二三〇
律 二五A/一三八

luan

欒 四七A/二六四
灤 四七B/二六六

lun

論 三九A/二一九

luo

羅 四五B/二五四
洛 二一A/一一七
珞 二七A/一四八
駱 四二B/二三六

M

ma

馬 二七B/一五一

mai

脈 二八A/一五四

man

鑾 四七 B/二六五
滿 三七 B/二〇八
幔 三八 B/二一六

mao

毛 六 A/三一
茅 二四 A/一三二
鄮 四一 A/二二九

mei

眉 二五 B/一四〇
梅 二九 B/一六五
楳 三六 A/二〇一

meng

夢 三八 B/二一四
蒙 三八 B/二一四
孟 二一 A/一一四

mi

祕 二七 A/一四九
密 二九 A/一六一

mian

勉 二五 A/一三九
澠 四一 B/二三一

miao

妙 十四 B/七八
廟 三九 B/二二一

mie

蠛 四六 B/二五九

min

閩 三八 B/二一五

ming

名 十二 B/六七
明 十七 B/九六
洺 二一 A/一一七
鳴 三八 B/二一六

mo

墨 四十 A/二二四
默 四二 B/二三七

mou

牟 十二 B/六八

mu

木 五 A/二三
牧 十九 B/一〇六
墓 三八 B/二一五
穆 四三 A/二四〇

N

nan

南 二三 B/一二八
難 四五 B/二五四

ne

訥 二九 A/一六二

nei

内 六 A/二九

neng
能 二八 A/一五五
ni
倪 二七 B/一五三
nian
念 十九 A/一〇四
ning
寧 三七 B/二一〇
nong
農 三六 B/二〇四

O

ou
歐 四十 A/二二三

P

pai
排 二九 B/一六四
pan
潘 三九 A/二一九
盤 四一 A/二二九
頖 三八 A/二一二
pei
佩 十九 B/一〇六
peng
彭 三二 B/一八一
pi
皮 十 A/五四
毘 二四 A/一三三
埤 二九 B/一六四
脾 三四 A/一八九
pian
片 六 B/三二
駢 四四 B/二四九
piao
瓢 四二 A/二三四
pin
品 二四 A/一三三
ping
平 七 A/三五
屏 三一 A/一七二
萍 三三 A/一八四
評 三二 A/一七七
po
坡 十五 B/八四
鄱 四十 B/二二六
pu
蒲 三八 B/二一四
浦 二五 B/一四一
普 三二 A/一七八
曝 四五 B/二五五

Q

qi

七 一 A/三
奇 十七 A/九一
耆 二七 A/一五〇
畦 三十 B/一六八
棋 三三 A/一八三
齊 三八 A/二一二
騎 四四 B/二四九
契 二三 A/一二七

qian

千 三 A/一三
謙 四三 A/二四二
前 二一 B/一一八
乾 三十 A/一六六
錢 四二 B/二三八
灊 四六 A/二五八
潛 三九 A/二一八

qiang

强 三四 A/一九〇
牆 四三 B/二四五

qiao

喬 三三 B/一八七
僑 三九 A/二一七
樵 四二 A/二三四

qie

切 五 A/二三
篋 四十 B/二二五

qin

親 四一 B/二三一
琴 三二 B/一八〇
禽 三六 B/二〇五
勤 三六 A/二〇〇

qing

青 十五 B/八三
清 二八 B/一五九
慶 三九 B/二二一

qiong

瓊 四五 B/二五四

qiu

秋 二四 A/一三四
求 十三 A/七一
仇 六 B/三三

qu

曲 十一 B/六二
屈 二一 A/一一四
祛 二七 A/一四九
臞 四七 A/二六四

quan

全 十二 A/六三
權 四七 A/二六三

que

却 十五 B/八四

卻　二四 A/一三四

qun

羣　三七 A/二〇七

R

re

熱　四十 A/二二二

ren

人　一 B/四

仁　六 B/三二

ri

日　五 B/二七

rong

容　二六 A/一四三

榕　三八 A/二一三

榮　三八 A/二一二

融　四二 A/二三四

ru

儒　四三 A/二四〇

汝　十 B/五六

入　一 B/三

rui

瑞　三六 A/一九九

S

san

三　一 B/五

散　三二 B/一八二

se

瑟　三六 A/一九九

seng

僧　四四 A/二四六

sha

沙　十二 B/六八

shan

山　二 B/一二

珊　二三 A/一二七

陝　二八 B/一五八

樧　四三 B/二四三

剡　二六 B/一四八

shang

商　二九 A/一六一

傷　三七 A/二〇六

上　二 B/一一

尚　十七 A/九二

shao

苕　二四 A/一三二

韶　三八 A/二一一

少　五 B/二七

紹　三一 A/一七三

she

涉　二五 B/一四一

歙 四二 B/二三八

shen

申 九 A/四八
伸 十四 B/七八
呻 十八 B/一〇二
深 二八 B/一五九
神 二七 A/一四九
沈 十二 B/六八
審 三九 A/二一九
愼 三四 B/一九二

sheng

升 六 B/三二
聲 四三 B/二四三
省 二三 B/一三一
盛 三三 A/一八三
剩 三三 B/一八七
勝 三四 A/一八九
聖 三六 A/二〇〇

shi

施 二一 B/一一八
師 二七 B/一五四
詩 三四 B/一九三
十 一 A/二
石 八 B/四四
拾 二三 A/一二七
實 三七 B/二一〇
識 四五 A/二五三
史 九 A/四八
始 二一 A/一一五
士 二 A/八
氏 六 B/三三
世 七 B/三八
仕 十 A/五二
示 七 B/三七
式 十 B/五七
事 十六 B/九〇
謚 四一 B/二三二
釋 四六 A/二五七

shou

守 十 B/五六
授 二九 B/一六四
壽 三八 A/二一二

shu

書 二八 A/一五五
菽 三三 A/一八四
舒 三三 B/一八七
鼠 三七 A/二〇六
蜀 三六 B/二〇三
述 二三 A/一二七
庶 二九 A/一六二
術 三十 B/一七〇
漱 三七 B/二〇九
數 四十 A/二二五

shuang

雙 四五 A/二五一

shui

水 六 A/三〇

shuo

説 三七 B/二一〇

si

司 十 A/五四

思 二四 A/一三三

四 九 B/四九

俟 二四 B/一三五

肆 三六 A/二〇二

song

松 十五 B/八五

崧 三十 B/一六九

嵩 三六 B/二〇四

宋 十二 B/六八

sou

搜 三二 B/一八二

su

蘇 四六 A/二五六

俗 二四 B/一三五

涑 二五 B/一四一

素 二七 A/一四九

suan

算 三八 B/二一六

sui

隋 三四 A/一九一

綏 三七 A/二〇八

隨 四三 A/二四一

遂 三五 B/一九九

歲 三六 A/二〇二

sun

孫 二八 B/一五七

筍 三三 B/一八六

suo

所 十九 B/一〇七

T

tai

臺 三八 A/二一二

太 五 A/二三

泰 二六 B/一四八

tan

談 三九 A/二一九

檀 四三 B/二四三

譚 四五 A/二五三

坦 十五 B/八四

tang

湯 三一 B/一七六

唐 二六 A/一四四

棠 三三 A/一八四

糖 四一 B/二三三

tao

逃 二八 A/一五四

陶　三一 B/一七四

ti

題　四四 B/二五〇

tian

天　四 B/二〇
田　九 A/四八

tie

鐵　四六 B/二五九

ting

桯　二九 B/一六五
庭　二六 A/一四四

tong

通　三十 B/一七〇
同　十一 B/六二
桐　二七 A/一五〇
童　三二 A/一七七
銅　三八 B/二一六

tou

投　十三 B/七二

tu

圖　三八 B/二一六
土　二 A/八

tui

推　二九 B/一六四
蜕　三六 B/二〇四

W

wai

外　十 A/五三

wan

玩　十五 B/八三
宛　十五 A/八一
萬　三六 B/二〇二

wang

王　四 A/一九
網　三九 A/二一七
望　二九 B/一六三

wei

韋　二五 B/一四〇
唯　三十 B/一六九
惟　二九 A/一六一
葦　三六 B/二〇三
緯　四三 A/二四一
未　七 B/三七
畏　二四 A/一三三
尉　三一 A/一七二
渭　三一 B/一七六
衛　四三 A/二四〇
魏　四五 A/二五〇

wen

温　三一 B/一七六
瘟　三八 A/二一一
文　三 B/一五
聞　三八 B/二一五

問 三十 B/一六九

weng

甕 四四 A/二四六

wo

握 三二 B/一八二

wu

吳 十四 A/七六
吾 十三 B/七四
梧 二九 B/一六五
無 三三 B/一八七
五 五 A/二五
午 六 B/三二
武 十五 A/八二
勿 六 B/三四
物 十九 B/一〇六
悟 二六 A/一四三

X

xi

西 十一 A/五八
希 十四 A/七七
晞 三十 B/一六八
惜 二九 A/一六一
溪 三四 B/一九一
席 二六 A/一四四
習 三十 B/一七〇
洗 二一 A/一一七

xia

霞 四三 B/二四二
夏 二七 A/一五一

xian

先 十二 A/六四
咸 二三 A/一二八
閑 三三 B/一八六
閒 三三 B/一八六
峴 二七 B/一五三

xiang

相 二三 A/一二八
香 二四 B/一三四
鄉 三七 B/二〇八
湘 三一 B/一七五
襄 四三 A/二四二
詳 三四 B/一九三
象 三四 A/一八九
項 三二 B/一八一
像 三九 A/二一七

xiao

逍 三十 A/一六七
蕭 四四 B/二五〇
小 二 B/一一
曉 四二 B/二三七
孝 十三 A/七一
嘯 四三 B/二四五

xie

協 十七 A/九一
謝 四三 A/二四二
蟹 四五 B/二五五

sin

心 四 A/一九
新 三四 B/一九二
鐔 四六 A/二五七

xing

星 二四 A/一三三
行 十二 B/六七
滎 三八 A/二一二
杏 十三 B/七三
姓 二一 A/一一五
幸 十五 B/八四
性 十五 A/八〇

xiong

熊 三九 A/二一七

xiu

修 二七 B/一五三

xu

盱 十七 B/九五
虛 三三 A/一八五
須 三四 A/一八九
徐 二七 B/一五四
續 四六 B/二六〇

xuan

宣 二一 B/一一七
玄 七 A/三五
璇 四十 A/二二二
璿 四四 A/二四六

xue

薛 四三 B/二四四
學 四二 B/二三九
雪 二九 B/一六三

xun

荀 二七 B/一五三
巽 三四 A/一九〇
遜 三九 A/二一七

Y

ya

押 十五 B/八四
雅 三三 A/一八四

yan

延 十四 B/七七
言 十三 A/七〇
炎 十五 A/八二
研 三十 A/一六六
顏 四四 A/二四六
嚴 四五 B/二五五
巖 四七 B/二六四
鹽 四七 B/二六五
弇 二四 A/一三四

衍 二五 A/一三七
演 三七 B/二〇八
儼 四七 A/二六四
彦 二一 B/一一八
晏 二七 B/一五三
硯 三三 A/一八三
雁 三三 A/一八四
燕 四一 B/二三三
膺 四二 B/二三六

yang

揚 三二 B/一八一
楊 三六 A/二〇一
仰 十二 B/六七
養 三九 B/二二一

yao

姚 二五 B/一四〇
堯 三二 B/一八一
瑤 三八 A/二一二
葯 三六 B/二〇三

ye

野 三十 A/一六八
叶 九 A/四八
葉 三六 A/二〇二
鄴 四二 B/二三七

yi

一 一 A/一
伊 十二 B/六六
猗 三十 B/一七〇
醫 四四 B/二四八
夷 十一 B/六二
疑 三九 A/二一七
儀 四十 B/二二六
遺 四二 B/二三七
頤 四十 A/二二四
彝 四五 A/二五一
倚 二七 B/一五三
亦 十 B/五七
抑 十三 B/七二
易 十八 A/九八
益 二六 B/一四七
異 三三 A/一八五
逸 三四 A/一八九
意 三四 B/一九二
義 三五 B/一九八
毅 三九 A/二一九
藝 四五 B/二五四
繹 四五 B/二五五

yin

因 十一 B/六三
音 二一 B/一一八
陰 三一 B/一七四
銀 三八 B/二一六
蟫 四四 B/二五〇
尹 六 B/三四

蚓 二七 B/一五三
隱 四四 A/二四六
印 十二 B/六六

ying

應 四三 A/二四二
盈 二五 A/一三九
營 四三 B/二四二
瀛 四五 A/二五二
穎 四三 A/二四一

yong

邕 二八 B/一五八
庸 二九 B/一六三
雍 三五 B/一九七
永 七 A/三五
甬 十四 B/七八
詠 三二 A/一七七
用 十 A/五三

you

幽 二四 A/一三四
優 四四 A/二四六
游 三一 B/一七五
遊 三五 B/一九八
友 五 A/二五
酉 十三 B/七四

yu

于 二 A/七
娛 二八 B/一五八
愚 三六 B/二〇四
虞 三六 A/二〇二
漁 三七 B/二一〇
餘 四二 B/二三八
輿 四三 B/二四三
羽 十二 B/六八
雨 十六 B/九〇
禹 二四 B/一三七
庾 二九 A/一六二
語 三八 A/二一一
玉 七 A/三六
郁 二三 B/一三一
喻 三三 B/一八六
寓 三二 A/一七七
御 三十 B/一七〇
豫 四三 A/二四一
諭 四一 B/二三二
鬻 四七 A/二六四
鬱 四七 B/二六六

yuan

淵 二九 A/一六一
元 四 B/二一
原 二七 A/一五一
袁 二七 A/一五〇
缘 四一 A/二三一
源 三四 B/一九一
圜 四二 B/二三七

苑 二四 A/一三二
願 四五 B/二五四

yue

月 六 B/三三
岳 十九 B/一〇七
粵 三四 A/一八八
越 三二 B/一八一

yun

芸 十七 B/九五
鄖 三六 B/二〇四
雲 三二 A/一七九
筠 三六 B/二〇五
篔 四二 B/二三八
運 三五 B/一九八
韻 四五 A/二五二

Z

za

雜 四四 A/二四六

zai

在 十一 B/六一

zang

葬 三六 B/二〇二

ze

則 二四 A/一三二
曾 三二 A/一七八
增 四十 A/二二三

zhai

宅 十 B/五六

zhan

湛 三一 B/一七五
戰 四二 B/二三七

zhang

張 三一 A/一七二

zhao

昭 二四 A/一三三
趙 三八 A/二一三

zhe

折 十三 B/七二
柘 二三 A/一二八
浙 二五 B/一四一

zhen

珍 二三 A/一二七
貞 二三 B/一三一
眞 二七 A/一五一
箴 四十 B/二二五
鍼 四四 A/二四五
陣 二八 B/一五八
震 三九 B/二二二

zheng

征 十九 B/一〇七
整 四二 A/二三四
正 七 B/三八

政 十五 B/八四
鄭 三九 B/二二二
證 四五 A/二五三

zhi

卮 十四 B/七八
知 十九 A/一〇五
直 十七 A/九二
執 二九 B/一六四
職 四四 B/二四八
止 五 B/二七
至 十一 B/六一
治 十五 A/八〇

zhong

中 五 B/二八
忠 十八 B/一〇三
鍾 四四 A/二四六
仲 十二 B/六六
重 二四 B/一三五
衆 三三 B/一八八

zhou

州 十 B/五七
周 十九 B/一〇七
肘 十四 B/七八
晝 三一 A/一七二
籀 四五 B/二五五

zhu

朱 十二 A/六四
珠 二六 B/一四八
硃 三十 A/一六六
諸 四一 B/二三二
竹 十二 A/六四
燭 四三 B/二四二
渚 三一 B/一七五
麈 四一 B/二三二
杼 十六 A/八六
注 十四 B/七八

zhuan

轉 四四 B/二四八
篆 四十 B/二二五

zhuang

莊 三十 A/一六七

zhui

追 二八 A/一五四

zhun

準 三四 B/一九二

zhuo

卓 十七 B/九五
拙 十五 B/八五

zi

滋 三四 B/一九一
資 三五 B/一九七
緇 三九 A/二一八
子 三 A/一三
紫 三十 A/一六七

字 十 B/五六

自 十二 B/六七

zong

宗 十五 A/八一

zu

祖 二七 A/一四九

zui

槜 四三 B/二四三

zun

尊 三二 A/一七八

遵 四一 B/二三三

zuo

左 八 B/四五

作 十四 B/七八